suhrkamp taschenbuch 4887

Seit 1980 gehörte Norbert Lammert dem Deutschen Bundestag an. Die großen parlamentarischen Auseinandersetzungen der jüngeren Geschichte prägten ihn – Nato-Doppelbeschluss, deutsche Einheit und europäische Integration, Irak-Konflikt –, sie überzeugten ihn von der Lebensnotwendigkeit der Debatte. Eine Überzeugung, die er in seinen Jahren als Bundestagspräsident wie kein Zweiter verkörperte. In das Parlament lud er Gäste wie Papst Benedikt XVI., Schimon Peres, Navid Kermani oder Wolf Biermann ein. Und als Redner mahnte er unmissverständlich an, sich auseinanderzusetzen. Mit der Demokratie, mit deutscher Erinnerung, Europa und der Migration.

Norbert Lammert, 1948 in Bochum geboren, war unter Helmut Kohl Parlamentarischer Staatssekretär in drei Bundesministerien. Von 2005 bis 2017 bekleidete er das Amt des Bundestagspräsidenten.

Norbert Lammert

Wer vertritt das Volk?

Reden über unser Land

Suhrkamp

Erste Auflage 2017
suhrkamp taschenbuch 4887
Originalausgabe
© Suhrkamp Verlag Berlin 2017
Suhrkamp Taschenbuch Verlag
Umschlagfoto: © ullstein bild – Schicke
Umschlaggestaltung: Rothfos & Gabler, Hamburg
Druck und Bindung: CPI – Ebner & Spiegel, Ulm
Printed in Germany
ISBN 978-3-518- 46887-6

Inhalt

Vorbemerkung

Nein, Sprache ist nicht das einzige Werkzeug der Politik, es gibt auch andere handfeste, auch gewalttätige Formen zur Verdeutlichung von Ansprüchen und zur Durchsetzung von Interessen. Es ist zweifellos eine zivilisatorische Errungenschaft im Zusammenleben der Menschen, Konflikte untereinander argumentativ auszutragen statt mit physischer Gewalt. Moderne, aufgeklärte Politik vollzieht sich in Sprache. Sie artikuliert sich in geschriebenen Texten und sie formt sich über das gesprochene Wort.

Die Demokratie ist die einzige Staatsform, die die freie Rede nicht nur zulässt, sondern braucht. Sie baut geradezu auf Rede und Gegenrede als probates Mittel, um politisches Denken und Handeln öffentlich zu erklären, zu rechtfertigen und im Werben um Zustimmung Mehrheiten zu schaffen. Reden können und sollen Orientierung bieten. Gerade im Zeitalter von Tweets und Kurzstatements gibt die Rede Raum, um die Komplexität politischer Fragen differenziert darzustellen, Sachverhalte, mögliche Lösungswege und deren Konsequenzen zu erklären. Das ist in der Regel eine anspruchsvolle und deshalb ernste Sache, aber im politischen Alltag darf Sprache auch Humor, gelegentlich auch Ironie ausdrücken. Denn für die Politik gilt wie im richtigen Leben: Ernsthaftigkeit und Leichtigkeit schließen sich nicht aus. Mit finsterer Miene und schrillem Ton wird kein Problem leichter gelöst.

Ein Buch mit Reden ist ein uneinlösbares Versprechen. Schließlich wird hier die Rede als gesprochener und gehörter Text wieder zum gelesenen Geschriebenen. Für die Resonanz einer Rede sind aber – im Unterschied zu anderen Textformen – Gestik, Mimik und Stimme nicht unerheblich, im Gegenteil: Sie sinds für die Glaubwürdigkeit des Redners mitentscheidend. Die unmittelbare Wirkung eines gesprochenen Textes hängt stark davon ab, *wie* etwas gesagt wird, jedenfalls nicht allein davon, *was* gesagt wird. Und nicht zuletzt lebt die Rede von der Interaktion des Sprechenden mit seinen Zuhörern. Der Reiz einer Rede in ihrer verschriftlichten Form besteht hingegen in ihrem Charakter als Dokument der Zeitläufte.

Die hier versammelten Reden habe ich in den vergangenen Jahren zu ganz verschiedenen Anlässen an unterschiedlichen Orten in Deutschland wie im Ausland gehalten. Die exemplarische Auswahl umfasst Gedenkreden zu wichtigen Ereignissen der deutschen Geschichte, Trauerreden auf bedeutende Repräsentanten unseres Staates, Festreden zu Ausstellungseröffnungen und Jubiläen, Dankreden bei Preisverleihungen, Würdigungen verdienter Künstler, Fachreden bei Kongressen und Grundsatzreden zur politischen Lage bei Staatsakten wie dem Tag der Deutschen Einheit oder anlässlich der Wahl des Bundespräsidenten. Sie spiegeln Herausforderungen der vergangenen Jahre und berühren die großen Themen unserer Zeit, ob mit Blick auf das zusammenwachsende Europa oder auf die Chancen und Risiken der Globalisierung. Die Themensetzung ergab sich aus den repräsentativen Aufgaben meines über zwölf Jahre ausgeübten Amtes als Bundestagspräsident – und sie folgte auch persönlicher Neigung, etwa bei den Themen aus Kunst, Kultur und Religion. Zusammen verdeutlichen sie meinen Blick auf Land und Leute, auf unseren Staat, die Demokratie und die Lektionen aus unserer Geschichte sowie auf Persönlichkeiten, die für Deutschland Bedeutendes geleistet haben oder mir persönlich wichtig sind.

Für den Nachhall einer Rede ist der Ort, an dem sie vorgetragen wird, von nicht zu unterschätzender Bedeutung. Einige der hier abgedruckten Reden habe ich im Plenum des

Deutschen Bundestages gehalten, dem zentralen politischen Forum unserer Republik und meine Wirkungsstätte über 37 Jahre. Zuletzt trat ich hier am 5. September 2017 vor die Abgeordneten – um mich zu verabschieden und um mich zu bedanken, vor allem aber um noch einmal als Redner für das zu werben, was ich für unabdingbar halte, wenn wir die Grundlagen bewahren wollen für die glücklichsten Zeiten, die dieses Land je hatte.

Norbert Lammert, November 2017

Die Demokratie steht und fällt mit dem Engagement ihrer Bürgerinnen und Bürger

Abschiedsrede zu Beginn der letzten Sitzung des Deutschen Bundestages in der 18. Wahlperiode, 5. September 2017

Ich begrüße Sie alle herzlich zur letzten Plenarsitzung des Deutschen Bundestages in der 18. Wahlperiode. Für viele Kolleginnen und Kollegen – auch für mich – ist dies zugleich die letzte Sitzung als gewählte Abgeordnete hier im Hohen Haus. Nicht wenige von uns haben in der Zeit ihrer Zugehörigkeit zum Deutschen Bundestag mit der Überwindung der Teilung unseres Landes die größte, spektakulärste und zugleich friedliche Veränderung in der jüngeren Geschichte unseres Landes nicht nur miterlebt, sondern auch aktiv mitgestaltet.

Um zu würdigen, was wir heute längst für selbstverständlich halten, muss man gelegentlich daran erinnern, wie es vorher war. Als ich 1980 zum ersten Mal in den Deutschen Bundestag gewählt wurde, war Deutschland geteilt und Europa auch, in zwei rivalisierenden Militärbündnissen organisiert, die sich bis an die Zähne bewaffnet an einer durch Mauer und Stacheldrahtzäune befestigten deutsch-deutschen Grenze gegenüberstanden. Damals, Anfang der 1980er-Jahre – Bundeskanzler war Helmut Schmidt –, wurde innerhalb und außerhalb des Parlamentes leidenschaftlich über den sogenannten NATO-Doppelbeschluss gestritten, den die einen für den Anfang vom Ende der westlichen Zivilisation hielten und bekämpften und die anderen für die Voraussetzung der territorialen Integrität der westlichen Staatengemeinschaft.

Unter den Bedingungen des Kalten Krieges und – wie fast alle glaubten – den damit verbundenen unverrückbaren Verhältnissen im eigenen Land wie in Europa haben wir in den 1980er-Jahren im Deutschen Bundestag vorsichtig damit begonnen, dem zunächst in einer ehemaligen Pädagogischen Akademie provisorisch untergebrachten Deutschen Bundestag angemessene Arbeitsbedingungen zu verschaffen, und haben schließlich den Bau eines neuen Plenarsaales beschlossen, der, als er fertig war, nicht mehr gebraucht wurde. Denn inzwischen war die Mauer in Berlin gefallen und mit der Mauer zugleich die Verhältnisse, die scheinbar ein für alle Mal in Beton gegossen waren. Wenn wir, liebe Kolleginnen und Kollegen, in diesem Jahr, wie in jedem Jahr, am 9. November an den Fall der Mauer 1989 erinnern, dann ist seitdem so viel Zeit vergangen, wie die Mauer überhaupt gestanden hat: 28 Jahre.

Der Bau wie der Fall der Mauer waren das Symbol der politischen Kräfteverhältnisse in Europa und ihrer Veränderungen. Auch der Deutsche Bundestag hat sich in dieser Zeit, vor und nach der Wiederherstellung der deutschen Einheit und nach dem Umzug von Parlament und Regierung von Bonn nach Berlin, natürlich immer wieder verändert, sich immer wieder neu zusammengesetzt; aber im Wesentlichen arbeitet er in Berlin ganz genau so, wie es in Bonn eingeübt worden war. Vieles hat sich verändert, vieles hat sich bewährt und ist geblieben.

Der Deutsche Bundestag ist im Vergleich zu anderen Parlamenten innerhalb und außerhalb der Europäischen Union in seinen verfassungsmäßigen Aufgaben, in seiner Zusammensetzung und in seiner Ausstattung stärker und einflussreicher als die meisten Parlamente auf diesem Globus. Für

Minderwertigkeitskomplexe besteht kein Anlass. Aber der Deutsche Bundestag ist nicht immer so gut, wie er sein könnte und vielleicht auch sein sollte. Dass Parlamente Regierungen nicht nur bestellen, sondern auch kontrollieren, ist im Allgemeinen unbestritten; im konkreten parlamentarischen Alltag ist der Eifer bei der zweiten Aufgabe nicht immer so ausgeprägt wie bei der ersten.

»Die Abgeordneten des Deutschen Bundestages [...] sind Vertreter des ganzen Volkes, an Aufträge und Weisungen nicht gebunden und nur ihrem Gewissen unterworfen.«

So steht es im Grundgesetz. Und ganz genau so ist es auch gemeint.

Dass die Regierungsbefragung in jeder Sitzungswoche des Deutschen Bundestages noch immer zu den Themen stattfindet, die die Regierung vorgibt und nicht das Parlament, ist unter den Mindestansprüchen, die ein selbstbewusstes Parlament für sich gelten lassen muss.

Das wird auch dadurch nicht völlig ausgeglichen, dass es inzwischen immerhin gelungen ist, sicherzustellen, dass leibhaftige Mitglieder der Bundesregierung an der Regierungsbefragung teilnehmen.

Wir haben, liebe Kolleginnen und Kollegen, in diesem Haus zweifellos immer wieder herausragende Debatten erlebt; aber bei selbstkritischer Betrachtung sollten wir einräumen, dass in der Regel hier im Hause immer noch zu häufig geredet und zu wenig debattiert wird.

Wir beraten in jeder Legislaturperiode einige Hundert Gesetzentwürfe; ich glaube, eher zu viele als zu wenige.

Dass wir gelegentlich offensichtlich Dringliches vertagen und dafür weniger Wichtiges für dringlich erklären, dazu fällt mir mindestens ein prominentes Beispiel ein, das ich jetzt nicht mehr ausdrücklich vortrage.

Wir haben uns, meine Damen und Herren, liebe Kolleginnen und Kollegen, von der Asylgesetzgebung in den 1990er-Jahren über die Föderalismusreformen bis hin zum kürzlich verabschiedeten neuen Länderfinanzausgleich einen allzu großzügigen Umgang mit unserer Verfassung angewöhnt und sie häufiger und immer umfangreicher, regelmäßig auch komplizierter verändert, als es ihrem überragenden Rang und dem Respekt entspricht, den wir dem Gestaltungsanspruch künftiger Parlamente und ihrer Mehrheiten schulden.

Hier im Deutschen Bundestag schlägt das Herz der Demokratie, und hier im Bundestag heißt auch hier im Bundestag, nicht in der Geheimschutzstelle des Deutschen Bundestages.

Verlässlich kann und muss es in dem gemeinsamen, aber nicht immer präsenten Bewusstsein schlagen, dass eine vitale Demokratie nicht daran zu erkennen ist, dass am Ende Mehrheiten entscheiden, sondern daran, dass auf dem Weg bis zur Entscheidung Minderheiten ihre Rechte wahrnehmen können.

Dafür zu sorgen, ist die nicht immer einfache, aber nach meinem Verständnis vornehmste Aufgabe des Parlamentspräsidenten.

Umso dankbarer bin ich Ihnen, liebe Kolleginnen und Kollegen dieser wie der beiden vorhergehenden Legislaturperioden, dass Sie mich gleich dreimal, für insgesamt zwölf Jahre, in dieses Amt gewählt haben. Ich habe es gerne, nach besten Kräften und gelegentlich auch mit einem gewissen Vergnügen ausgeübt, und ich empfinde es als Privileg meiner Biografie – neben dem Glück, in einem freien Lande zu leben –, meinem Land an dieser prominenten Stelle dienen zu können.

Eine schönere, anspruchsvollere Aufgabe hätte es für mich nicht geben können. Deswegen möchte ich mich bei allen bedanken, die mich dabei in diesen Jahren begleitet und unterstützt haben: bei Ihnen, liebe Kolleginnen und Kollegen, bei den Fraktionen, bei den Parteien, bei den Mitarbeiterinnen und Mitarbeitern der Bundestagsverwaltung, den vielen Unsichtbaren, ohne die dieses Parlament nicht so leistungsfähig sein könnte, wie es glücklicherweise ist, bei den Medien für mal diese und mal andere Berichterstattungen und insbesondere bei den Wählerinnen und Wählern.

Vieles aus diesen Jahren wird mir und vermutlich all denen, die dabei gewesen sind, ganz gewiss in Erinnerung bleiben: die erste Rede eines deutschen Papstes vor einem gewählten deutschen Parlament – auch das –, die denkwürdige gemeinsame Sitzung des Deutschen Bundestages mit der französischen Nationalversammlung hier im Reichstagsgebäude aus Anlass des 50. Jahrestages des Élysée-Vertrages – damals konnte man gewissermaßen besichtigen, wie nahe wir uns inzwischen sind und wie gründlich sich dieses Europa verändert hat –, die großen Ansprachen zum Beispiel des israelischen Staatspräsidenten Schimon Peres oder des damaligen polnischen Staatspräsidenten Bronislaw Komorowski zur Erinnerung an traumatische Ereignisse unserer gemeinsamen Geschichte, aber auch die Auftritte von Navid Kermani und Wolf Biermann zum Geburtstag des Grundgesetzes und zum Jahrestag des Mauerfalls, die sich jeweils auf ihre Weise von dem bei solchen Gelegenheiten im Hohen Haus Erwarteten und Üblichen deutlich unterschieden.

Und dass mal den einen dies und mal den anderen jenes nicht nur gefallen hat, das war zugegebenermaßen eingepreist.

Ich weiß nicht, ob es kühn ist, nach dem Dank zum Schluss noch eine Bitte vorzutragen – oder am liebsten gleich zwei.

Zunächst an die Mitglieder des nächsten und künftiger Bundestage: Bewahren Sie sich bitte, wenn eben möglich, die nach den Abstürzen unserer Geschichte mühsam errungene Fähigkeit und Bereitschaft, über den Wettbewerb der Parteien und Gruppen hinweg den Konsens der Demokraten gegen

Fanatiker und Fundamentalisten für noch wichtiger zu halten.

Ich habe in den vergangenen Jahren viele, viele Parlamente kennengelernt und erlebt, und wenn ich auf irgendetwas tatsächlich stolz bin, dann darauf, dass dieses Parlament mehr als irgendein anderes, das ich je erlebt habe, bereit und in der Lage ist, wenn es wirklich wichtig ist, das gemeinsame Suchen und Vertreten gemeinsamer Lösungen für noch wichtiger zu halten als den üblichen Konkurrenzreflex.

Es muss auch in Zukunft möglich sein, bei den ganz großen Problemen und Streitfragen, die polarisieren und das Land zu spalten drohen, Mehrheiten in diesem Parlament zu suchen und zu finden, die größer oder anders sind als die Mehrheiten, über die eine jeweilige Koalition ohnehin verfügt.

Dann habe ich eine Bitte an die Wählerinnen und Wähler: Nehmen Sie bitte das Königsrecht aller Demokraten, in regelmäßigen Abständen selbst darüber befinden zu können, von wem sie regiert werden wollen, so ernst, wie es ist.

Das ist für uns heute scheinbar eine Selbstverständlichkeit; aber dieser Zustand ist, wie wir alle wissen, weder der Normalzustand der deutschen Geschichte, noch ist es die Regel für die ganz große Mehrheit der heute auf diesem Globus lebenden Menschen. Viele Millionen Menschen in aller Welt beneiden uns um die Einflussmöglichkeiten, die wir haben und die ihnen vorenthalten sind.

Autoritäre Regime brauchen kein bürgerschaftliches Engagement. Sie mögen es nicht, sie behindern es, und wenn es nicht anders geht, verbieten sie es. Die Demokratie braucht es.

Und wir wissen aus noch nicht ganz so lange zurückliegenden Phasen der deutschen Geschichte, dass auch Demokratien ausbluten können, dass sie ihre innere Kraft verlieren, wenn sie die Unterstützung der Menschen verlieren, für die es sie gibt. Die Demokratie steht und fällt mit dem Engagement ihrer Bürgerinnen und Bürger. Das ist die wichtigste Lektion, die ich in meinem politischen Leben gelernt habe, und dieser Einsicht und dieser Verantwortung werde ich verpflichtet bleiben. In diesem Sinne bleiben wir ganz sicher miteinander verbunden.

Parlamente und Parteien

Man muss es nicht mehr aufregend finden, aber freuen dürfen wir uns durchaus

Rede zum Tag der Deutschen Einheit, Dresden, 3. Oktober 2016

Man muss es nicht mehr aufregend finden, dass wir – mehr als ein Vierteljahrhundert nach Wiederherstellung der staatlichen Einheit Deutschlands – unseren Nationalfeiertag schon zum zweiten Mal hier in Dresden feiern. Aber freuen dürfen wir uns durchaus darüber, dass selbstverständlich geworden ist, was über Jahrzehnte völlig ausgeschlossen schien: Einheit in Freiheit.

Man darf sogar dagegen sein. Aber diejenigen, die heute am lautesten schreien und pfeifen und ihre erstaunliche Empörung kostenlos zu Markte tragen, haben offensichtlich das geringste Erinnerungsvermögen daran, in welcher Verfassung diese Stadt und dieses Land sich befunden haben, bevor die Deutsche Einheit verwirklicht werden konnte.

Mein besonderer Respekt gilt all den Menschen in Dresden, Sachsen und Thüringen, Sachsen-Anhalt und Brandenburg, Mecklenburg-Vorpommern und Berlin, die wissen, was sie selbst in diesen Jahren geleistet haben und nicht vergessen haben, welche Unterstützung sie dabei von anderen erhalten haben.

Die erste Dresdner Einheitsfeier 2000 hat eine große deutsche Zeitung unter der Überschrift »Bratwurst und Barock« als Veranstaltung beschrieben, bei der »den Deutschen an diesem zehnten Jahrestag der wiedererlangten Einheit das fröhliche Feiern nicht so recht gelingen will«. Seitdem ist manches anders geworden – in diese wie in jene Richtung. Rundum fröhlich ist Dresden auch in diesem Jahr nicht – und Deutschland auch nicht.

Das Jahr 2016 macht Zusammenhänge, aber auch Spannungen deutlich, mit denen Europa und seine Nachbarn im 21. Jahrhundert zu tun haben:

In Großbritannien haben die Wähler in einer Volksabstimmung mit knapper Mehrheit beschlossen, aus der Europäischen Union auszutreten. Die junge Generation, die von dieser Entscheidung am längsten betroffen sein wird, hat daran am wenigsten teilgenommen und damit die Mehrheit gegen die eigenen Interessen erst ermöglicht.

In der Türkei haben Teile der Armee die demokratisch gewählte Regierung durch einen Putsch gewaltsam stürzen wollen und sind am Widerstand der Bevölkerung gescheitert, die nun die bittere Erfahrung macht, dass die Verfassungsordnung nicht nur von Militärs herausgefordert wird.

In Syrien und den angrenzenden Regionen erleben die Menschen nun schon im fünften aufeinanderfolgenden Jahr die gnadenlose Anwendung brutaler militärischer Gewalt, die Hunderttausenden das Leben gekostet und Millionen aus ihren zerstörten Heimatorten vertrieben hat. In Aleppo ist an diesem Wochenende das letzte noch funktionstüchtige Krankenhaus bombardiert worden.

Auch an der östlichen Grenze Europas dauern die militärischen Auseinandersetzungen zwischen Russland und der Ukraine ebenso an wie die völkerrechtswidrige Annexion der Krim.

Allein diese Konflikte zeigen deutlich, dass die europäische Friedensordnung, wie sie in der Charta von Paris im Jahr 1990 von den europäischen Mitgliedsstaaten der KSZE, den USA, Kanada, der Sowjetunion und der Türkei feierlich bekräftigt wurde, weder selbstverständlich war noch ein für alle Mal gesichert ist.

Die Unterzeichner bekundeten damals ausdrücklich die Anerkennung nationaler Selbstbestimmung, die Nichteinmischung in innere Angelegenheiten und die Unantastbarkeit der bestehenden Grenzen. Es war ein Glücksversprechen – und es richtete sich an einen historisch zerstrittenen Kontinent, der wie unser Land lange geteilt war und dem – wie Deutschland auch – Einheit und Demokratie nun dauerhaft beschieden sein sollten.

Der Triumph der Demokratie in ganz Europa war nicht »das Ende der Geschichte«, wie kluge Beobachter voreilig verkündeten. Die Geschichte war offen – und das ist sie auch heute. Wir Deutsche haben damals eine neue Chance bekommen und wir haben sie genutzt – mit kräftiger Unterstützung unserer Nachbarn und Freunde. Wir haben Brücken gebaut, im Innern und nach außen. Sie alle haben das Land gestaltet im Bewusstsein unserer besonderen deutschen Geschichte.

Meine Damen und Herren,

vor 100 Jahren, im Dezember 1916, mitten im ersten Weltkrieg, erhielt das Eingangsportal unseres Parlaments in Berlin als Widmung die markante Inschrift: »Dem deutschen Volke«, das Reichstagsgebäude selbst war damals bereits 22 Jahre alt.

Die Festlegung auf eine Inschrift war im Kaiserreich ebenso umstritten wie die Volksvertretung selbst. Dem Kaiser, dem das Parlament ebenso entbehrlich schien wie das dafür errichtete Reichstagsgebäude, wurden die Worte »Dem deutschen Reich« vorgeschlagen, Wilhelm II. plädierte für den Schriftzug »Der deutschen Einigkeit« – er misstraute dem Parlament als einem Ort widerstreitender Meinungen und Interessen und beschwor die nationale Geschlossenheit.

Alles nur Geschichte? Die vor einhundert Jahren beschlos-

sene Widmung »Dem deutschen Volke«, die dem im Kriegs-
verlauf zunächst gewachsenen Selbstvertrauen der meisten
damaligen Parlamentarier entsprach, konnte unmittelbar
vor Weihnachten 1916 montiert werden. Es war das Jahr
brutaler deutsch-französischer Schlachten um Verdun und
an der Somme, an deren Ende es ohne wesentliche Verschie-
bung des Frontverlaufs und damit ohne Geländegewinne auf
beiden Seiten mehr als hunderttausend Tote gab. Die Lettern
der Widmung waren aus eingeschmolzenen französischen
Kanonenkugeln gegossen – erbeutet in den Befreiungskrie-
gen gegen Napoleon.

Die damit beauftragte Bronzegießerei Loewy gehörte einer
jüdisch-deutschen Familie, deren Sohn sich vom Judentum
abgewandt hatte. Er ließ sich taufen, und nachdem er sich
1918 hatte adoptieren lassen, glaubte er sich mit seinem neu-
en Namen Erich Gloeden sicher – zu sicher. Von den Nationalsozialisten wurde er verhaftet, weil er Verfolgten geholfen
hatte – darunter auch einem General aus dem Widerstand des
20. Juli. Gloedens Frau, seine Schwiegermutter und er selbst
wurden im November 1944 in Plötzensee durch das Fallbeil
getötet.

Geschichte. Die Nationalgeschichte jedes Landes ist die
Summe der vielen persönlichen Geschichten von Menschen,
die meist unbeobachtet bleiben oder schnell vergessen werden. Geschichten wie die Erich Gloedens zählen zu unserem
historischen Erbe. Seine Geschichte zeigt beispielhaft, wie
in unserem Land noch vor wenigen Generationen Menschen
ausgeschlossen wurden aus der Nation, deren selbstver-
ständliche Mitglieder sie waren, wie sie Rechte und Schutz
verloren, ausgeliefert waren – in einer Zeit, da die Weimarer
Republik zerschlagen, der Reichstag ausgebrannt, das Parlament entmachtet und politische Gegner an Leib und Leben
bedroht waren.

Diese Erfahrungen sind uns Verpflichtung und sie lassen uns gerade am Nationalfeiertag auch darüber nachdenken, wie und was sich in den vergangenen einhundert Jahren verändert, glücklich gewandelt hat, wer und was deutsch ist und wen Deutschland heute in seine Rechtsordnung einschließt – für wen die gewählten Abgeordneten des Deutschen Bundestages unter der Widmung »Dem deutschen Volke« Gesetze debattieren und beschließen.

Angesichts vieler Veränderungen, der objektiven Schwierigkeiten und der bisweilen auch zu Unrecht aufgetürmten scheinbaren Probleme, die uns heute beschäftigen, steht außer Frage, dass »dem deutschen Volke« selbst aufgegeben ist, nach einer zeitgemäßen Bestimmung dessen zu suchen, was Deutschland im 21. Jahrhundert sein will. Das wissen wir gegenwärtig offensichtlich nicht so genau. Darüber darf und muss gestritten werden. Wer aber in diesem Streit das Abendland gegen tatsächliche und vermeintliche Bedrohungen verteidigen will, muss seinerseits in dieser Auseinandersetzung den Mindestansprüchen der westlichen Zivilisation genügen: Respekt und Toleranz üben und die Freiheit der Meinung, der Rede, der Religion wahren und den Rechtsstaat achten.

Deutschland ist heute anders als vor einhundert Jahren – glücklicherweise – und anders auch als vor 26 Jahren. Deutschland verändert sich, weil sich nicht nur die Welt und unsere Nachbarschaft verändert, sondern auch das Volk in Deutschland. Die unterschiedlichen Lebensgeschichten erzählen, wer wir sind und woher wir kommen, was uns prägt und was wir von den hier geltenden Werten und Regeln erwarten, die im Übrigen dazu dienen, dass alle in Deutschland lebenden Menschen hier ihr Lebensglück suchen können und hoffentlich auch finden. Und wo immer gewohnte Verhaltensmuster von Zuwanderern mit hier geltenden Gesetzen kollidieren, gelten selbstverständlich die hiesigen Regeln. Für alle. Ausnahmslos.

Aus einem Brief zum scheinbar immer wiederkehrenden Thema Flucht und Vertreibung: »Unser Boot ist hoffnungslos überladen. Der Korb schwebt schon über dem Meer, als ich den Arm des Mannes zurückkreiße. Ich hebe meine Tochter heraus und wickele sie mir vor die Brust. Sie ist erst zwei Tage alt. Ich habe sie noch in der Hafenstadt geboren, am nächsten Tag ging es auf diesen Kahn. Sie schreit kaum. [...] Ich selbst spüre nichts. Die Erleichterung kommt erst später, als wir in den Baracken der Notunterkunft sitzen. Wir sind davongekommen, mit unserem Leben. Angekommen sind wir noch lange nicht.« Davongekommen. Angekommen. Das klingt in unseren Ohren wie das Schicksal eines Flüchtlings aus dem Nahen Osten. Es ist aber die Geschichte einer jungen Frau, die 1945 mit ihrer Familie aus Königsberg floh.

Auch in diesem Jahr sind wir immer wieder mit Ereignissen, Bildern und Berichten konfrontiert, die wir uns im 21. Jahrhundert nicht mehr vorstellen wollten.

»Eine Viertelstunde, nachdem wir abgelegt hatten, fiel der Motor unseres Bootes aus. Alle fingen an zu schreien. [...] Meine Schwester sprang ins Wasser und fing an, das Boot zu ziehen. Nach einer Weile sprang ich hinterher. In dem Moment konnte ich nicht denken, ich sah nur mein Leben an mir vorbeiziehen.«

Auch diese junge Frau ist über das Wasser geflüchtet. Yusra Mardini, geboren in Syrien, lebt seit etwas mehr als einem Jahr mit ihrer Familie in Deutschland. Im Sommer nahm die 18-Jährige an den Olympischen Spielen in Brasilien teil. Die Schwimmerin startete in der Mannschaft der Flüchtlinge. »Manchmal eröffnet einem das Leben Möglichkeiten, wenn man sie am wenigsten erwartet«, sagt sie.

Dieser Staat, dessen Einheit wir heute feiern, unsere Gesellschaft, kann und will Möglichkeiten eröffnen, ein Leben in Frieden und Freiheit zu führen: »Dem deutschen Volke«, Hiergeborenen und Zugewanderten, Jungen und Alten, Frauen und Männern, Christen, Muslimen und Juden, Armen und Reichen. Vielfalt ist keine Worthülse – längst wohnen hier in Sachsen gebürtige Schwaben, aber auch Tschechen und Polen, haben Brandenburgerinnen Bremer mit türkischen Wurzeln geheiratet, sind einst aus der DDR freigekaufte Berliner vom Rhein zurück an die Spree gezogen, Westfalen haben in Mecklenburg-Vorpommern ihr Glück gemacht, Niedersachsen in Thüringen – als Ministerpräsidenten zum Beispiel. Und ein Dresdner Schauspieler beeindruckt seit Jahren ein millionenstarkes Fernsehpublikum im »Münster-Tatort«.

Deutschland ist ein vitales Land, ein attraktiver Standort, eine vielfältige, bunte Gesellschaft, durch Persönlichkeiten geprägt, die Tradition wie Innovation überzeugend verkörpern:

Ein in Bangkok geborener Oberstleutnant leitet die Big Band der Bundeswehr, eine Chinesin wurde Vizepräsidentin einer bayerischen Universität, eine Syrerin ist in diesem Jahr Weinkönigin in Trier, ein türkischstämmiger Muslim war Schützenkönig einer katholischen Schützenbruderschaft in Werl/Westfalen, und eine Fernsehmoderatorin, deren Familie aus dem Irak stammt, verteidigt die Freiheit sowie die Rechte und Pflichten der Presse in Deutschland gegen demokratiegefährdende Anwürfe. Deutsche Fußball-, Olympia- und Paralympics-Mannschaften sind erfolgreich auch deshalb, weil ihre Mitglieder mit ihren Mannschaftskameraden mit welcher Herkunft und Hautfarbe auch immer gemeinsame Ziele verfolgen und zusammen kämpfen. Unter einer Flagge.

Wir sind heute in der glücklichen Lage, die Einheit, die wir heute feiern, gestalten zu können – anders als die Deutschen über Jahrhunderte ihrer Geschichte. Der Wunsch nach »Einigkeit und Recht und Freiheit« war lange eine wirklichkeitsfremde Vorstellung, so zum ersten Mal formuliert 1841, vor 175 Jahren, geträumt auf einer Insel, im Wind auf der Klippe. Die Insel war Helgoland und gehörte damals nicht zu Deutschland, das es als Nationalstaat noch nicht gab, sondern zum Britischen Königreich.

Der Träumer war Hoffmann von Fallersleben, dessen Sehnsucht nach nationaler Einheit und Freiheitsrechten sein »Lied der Deutschen« zum Ausdruck brachte. Im Jahr darauf wurde der Professor für deutsche Sprache aus dem Lehramt an der Universität Breslau entlassen – seiner politischen Gedichte wegen. Das damalige Recht war nicht auf seiner Seite. Die Einheit war damals noch weit entfernt, die Freiheit war jedenfalls sehr entwicklungsfähig.

In der Geschichte des »Deutschlandlieds« spiegeln sich die Turbulenzen der deutschen Geschichte wie in der Inschrift des Reichstags. Nationalistisch-aggressiv intonierten Soldaten die erste Strophe ebendieses Liedes im Ersten Weltkrieg: »Deutschland, Deutschland über alles«. In diabolischer Einfalt übernahm die nationalsozialistische Führerriege diese erste Strophe sinnwidrig in ihren Propagandafeldzug gegen das eigene und später gegen die anderen Völker. Und es war nur folgerichtig, dass das gleiche Regime die zweite und dritte Strophe verbot. Da war von Recht und Freiheit längst nicht mehr die Rede – und die Einheit des Landes überstand der folgende Krieg auch nicht.

Heute genießen wir wie selbstverständlich Rechte, die Hoffmann von Fallersleben und seinen Zeitgenossen verwehrt waren. Wir leben in staatlicher Einheit, in Recht und Freiheit. Wir leben in Frieden mit unseren Nachbarn. Deutschland ist ein demokratischer Staat. Sicher nicht perfekt, aber gewiss in besserer Verfassung als jemals zuvor. Das Paradies auf Erden ist hier nicht. Aber viele Menschen, die es verzweifelt suchen, vermuten es nirgendwo häufiger als in Deutschland. Wenn das so ist, haben wir eine doppelte Legitimation, darauf zu bestehen, dass dieses Land in seinen Grundorientierungen so bleibt, wie es ist.

Nach einer Anfang dieses Jahres beim Weltwirtschaftsforum in Davos vorgestellten Umfrage unter 16 000 Menschen aus aller Welt, Meinungsführern in Wirtschaft, Wissenschaft und Verwaltung, gilt Deutschland mit Blick auf politische Stabilität, wirtschaftliche Prosperität, soziale Sicherheit, Bildung, Wissenschaft und Infrastruktur als »bestes Land« auf dieser Erde.

Das ist vielleicht doch übertrieben. Aber offensichtlich ist: Vieles ist uns gelungen, manches offenbar besser als anderen; doch im Vergleich mit anderen Ländern zeichnen wir uns gerade nicht durch ausgeprägte Zufriedenheit aus. In einem virtuellen Glücksatlas des amerikanischen Gallup-Instituts, das die gefühlten Erfahrungen unter 138 befragten Nationen erfasst, ordnen die Deutschen sich auf Rang 46 ein – zwischen dem Senegal und Kenia. Nach einer neuen Umfrage haben wir uns weiter nach oben gearbeitet, direkt hinter Vietnam. Man muss das nicht für die sprichwörtliche deutsche Bescheidenheit halten.

Wir können und dürfen durchaus etwas mehr Selbstbewusstsein und Optimismus zeigen. Arthur Schopenhauer, in Danzig geboren, in Frankfurt/Main gestorben, der weder die erste deutsche Einheit 1871 erlebt hat noch die zweite 1990, aber in vielen deutschen und europäischen Städten gelebt und Erfahrungen gesammelt hat, darunter auch Dresden, hat eine Beobachtung formuliert, die auch heute noch aktuell scheint: »Ein eigentümlicher Fehler der Deutschen ist, dass sie, was vor ihren Füßen liegt, in den Wolken suchen.« In dieser gesamtdeutschen Begabung sind »Ossis und Wessis« längst ein Herz und eine Seele.

Wir leben in Verhältnissen, um die uns fast die ganze Welt beneidet. Und wir stehen – auch deshalb – vor Herausforderungen, die wir bewältigen müssen und können, wenn wir es wollen.

Die Deutsche Einheit fordert uns alle, die Zufriedenen wie die Unzufriedenen, aber gerade am heutigen Tag dürfen wir uns außer der Wahrnehmung der Rückschläge, Hemmnisse und Zukunftsängste durchaus auch Zufriedenheit erlauben, wenn nicht gar ein Glücksgefühl. Wir sind ein Volk und wir leben jetzt so zusammen, wie es ganze Generationen vor uns nur träumen konnten: in Einigkeit und Recht und Freiheit.

Das sind gleich drei gute Gründe zum Feiern. Mindestens drei. In diesem Sinne wünsche ich uns allen, hier in Dresden und überall im Lande, einen friedlichen und fröhlichen Nationalfeiertag.

Wenn das nicht gegen unsere Mindeststandards verstößt, dann hat diese Gesellschaft keine Standards mehr

Vortrag bei einer Veranstaltung der Landeszentrale für politische Bildung Sachsen, Dresden, 31. Oktober 2017

Unter den viel zu vielen Einladungen, die ich bekomme und von denen ich die meisten gar nicht und andere mit mehr oder weniger großer Begeisterung absolviere, habe ich die Einladung zu dieser Veranstaltung ganz besonders gern angenommen. Dafür gibt es mindestens drei Gründe: das Thema, den Ort und den Anlass.

Als mir Frank Richter wenige Tage nach dem 3. Oktober 2016 – einen jener Nationalfeiertage, die man besonders lange in Erinnerung behalten wird – einen liebenswürdigen Brief schrieb und darin einige freundliche Bemerkungen zu meiner Rede mit der Anfrage verband, ob man über die darin unmittelbar angesprochenen Themen hinaus nicht miteinander ins Gespräch kommen könne, hat mir das erstens vom Grundsatz her sofort eingeleuchtet. Zweitens war es mir auch wegen einer Anmerkung plausibel, die Frank Richter mit Blick auf jene Replik machte, mit der ich manche bemerkenswerten Äußerungen am Rande dieser Feierlichkeiten kommentiert hatte. Ich darf ihn zitieren: »Gleichwohl fehlte mir der Hinweis darauf, dass auch Politiker kräftig an der Spirale verbaler Entgleisungen und Beschimpfungen gedreht haben. Ich sehe in den unterzivilisierten Erscheinungen auf den Straßen und in den ›sozialen Netzwerken‹ das vulgäre Spiegelbild des Umgangs mancher Politiker, wie wir ihn in Talkshows besichtigen können.«

Das hat mir sehr gut gefallen, zumal es mir gleich zu Beginn die Gelegenheit gibt, eine denkbare Meinungsverschiedenheit auszuräumen, die wir ganz gewiss nicht haben. Denn zweifellos trifft es zu, dass nicht jede, wohl aber manche der nicht nur, aber insbesondere rhetorischen Eskalationen, die wir seit geraumer Zeit erleben, bei nüchterner Betrachtung nicht in einem Einbahnstraßenverkehr entstanden sind. Vielmehr folgen diese Eskalationen meistens einer fatalen Eigendynamik, bei der irgendwann ein nie ausgerufener, aber schwerlich dann noch zu übersehender Unterbietungswettbewerb stattfindet, bei dem am Ende nur noch die schrillsten und dümmsten Rufe öffentlich wahrgenommen werden. Wahr ist leider auch, dass zu dieser Spirale verbaler Entgleisungen und Beschimpfungen nicht nur Populisten beigetragen haben und weiter kräftig beitragen, sondern auch manche andere, die sich mit den Populisten auseinandersetzen und von diesen distanzieren wollen.

Ich bin auch deswegen gern gekommen – mit einem schönen Zufall am letzten Tag Ihrer Amtszeit als Direktor der Sächsischen Landeszentrale für politische Bildung –, weil ich Ihnen meinen ganz persönlichen Respekt für die Arbeit bekunden möchte, die Sie in vielen Jahren – nicht erst in dieser Funktion, aber auch und gerade in dieser Funktion – geleistet haben. Glücklicherweise sind eskalierte Formen politischer Auseinandersetzungen nicht überall im Lande gleich verbreitet. Aus Gründen, die ich jedenfalls heute nicht untersuchen werde, kommen sie hier aber auffällig häufig vor. Deswegen ist es besonders gut, dass es einzelne Persönlichkeiten gab und gibt, die die Bewahrung des zivilisierten Diskurses als ihre ganz besondere persönliche Herausforderung empfinden und sich im wörtlichen und übertragenen Sinne als Moderatoren betätigen. Das ist zwar immer noch keine Gewähr dafür, dass eine Spirale wieder nach unten zurückgeführt werden kann. Aber mindestens stoppt es gelegentlich die fatale Eigendynamik solcher Eskalationsprozesse, und das scheint Ihnen, Herr Richter, erstaunlich oft gelungen zu sein.

In der Frankfurter Allgemeinen Zeitung habe ich vor einigen Wochen gelesen, Sie hätten »mit sonorer Stimme [...] Diskussionen bisweilen lächelnd, bisweilen unnachgiebig und streng, aber stets ausgleichend« dirigiert. Wenn sich die Kontrahenten partout nicht verstehen wollten, dann habe er noch einen besonderen Trick: »Er lässt sie das jeweils beste Argument ihres Gegners vortragen. So werden sie gezwungen, die Dinge vom Standpunkt des anderen aus zu betrachten.« Ob sich daraus ein Richter'scher Lehrsatz der politischen Pädagogik entwickelt, werden wir alle – sub specie aeternitatis – mit Interesse verfolgen. Jedenfalls ist es mir ein Bedürfnis, diesen ganz persönlichen Dank und Respekt zu Protokoll zu geben. Und nachdem mir der Landtagspräsident vorhin mitgeteilt hat, dass alles, was heute Abend hier vorgetragen wird, aufgezeichnet, dokumentiert und damit für das Gedächtnis der Menschheit archiviert wird, ist es mir besonders recht, dass auch diese Bemerkung zu Protokoll kommt.

Selbstverständlich gefällt mir auch der Ort, an dem diese Veranstaltung stattfindet. Man hätte für diesen Anlass schwerlich einen besseren finden können – nicht einmal den Sitz des heutigen Landtags –; denn die Fragilität parlamentarischer Demokratie kommt hier besonders gut zum Ausdruck. Ich bewege mich zwar nicht nur in Wallot'schen Bauten, aber immer wieder besonders gern. Deswegen fällt mir der Wechsel aus dem einen in das andere bedeutende, von Paul Wallot errichtete Parlamentsgebäude leicht. Aber es lohnt natürlich schon, daran zu erinnern, dass hier gerade mal ein Vierteljahrhundert lang ein gewähltes Parlament getagt hat und dass es 1933 mit diesem Parlament ein Ende hatte, wie anderswo in Deutschland auch. Im Anschluss residierte hier der NSDAP-Gauleiter Martin Mutschmann als ein vom neuen Reichskanzler eingesetzter sächsischer Ministerpräsident und Reichsstatthalter Sachsens.

Im selben Jahr hat der berühmt-berüchtigte Staatsrechtler Carl Schmitt in seiner Schrift »Der Begriff des Politischen« scheinbar abschließend erklärt, was das Wesen der Politik sei. Schmitt schreibt: »Die eigentliche politische Unterscheidung ist die Unterscheidung von Freund und Feind. Sie gibt menschlichen Handlungen und Motiven ihren politischen Sinn [...]. Insofern sie nicht aus anderen Merkmalen ableitbar ist, entspricht sie für das Politische den relativ selbstständigen Merkmalen anderer Gegensätze: Gut und Böse im Moralischen, Schön und Hässlich im Ästhetischen, Nützlich und Schädlich im Ökonomischen. [...] Die Unterscheidung von Freund und Feind bezeichnet die äußerste Intensität einer Verbindung oder Trennung. [...] Der politische Feind braucht nicht moralisch böse, er braucht nicht ästhetisch hässlich zu sein; er muß nicht als wirtschaftlicher Konkurrent auftreten, und es kann vielleicht sogar vorteilhaft und rentabel scheinen, mit ihm Geschäfte zu machen. Er bleibt aber ein Anderer, ein Fremder.«

Freund und Feind als vermeintlicher Kern der Politik. Ich glaube, man kann über das Thema »Umgang mit politischen Auseinandersetzungen« nicht reden, bevor man sich darüber verständigt hat, was man für den Kern – wenn schon nicht das Wesen – des Politischen hält. Nach meinem Verständnis von Politik ist es die Einsicht in die Aussichtslosigkeit einer verlässlichen Beantwortung der Wahrheitsfrage. Wir wissen nicht, was wahr ist. Aber wir haben unsere jeweiligen Meinungen und Überzeugungen. Und gelegentlich scheint es so, als seien diese Überzeugungen und Meinungen umso gefestigter, je weniger wir wissen, was wahr ist. Politik handelt nicht von Wahrheiten, sondern von Meinungen und Interessen. Gerade weil wir die Wahrheitsfrage nicht beantworten können, ist Politik nötig und Demokratie möglich. Ihre Voraussetzung ist aber, dass niemand für seine Überzeugungen und Meinungen und Interessen einen Absolutheitsanspruch erheben darf. Niemand.

Nun haben wir uns längst daran gewöhnt, es für ein kommodes, jedenfalls anderen denkbaren Lösungen überlegenes Verfahren zu halten, Streitfragen durch Mehrheitsentscheidungen zu lösen, woran sich wiederum das fröhliche Missverständnis angeschlossen hat, dass eine Bestätigung durch die Mehrheit so etwas wie der Nachweis der Richtigkeit der eigenen Position sei. Wenn überhaupt, dann ist das genaue Gegenteil richtig: Nur weil man die Richtigkeit der eigenen Position nicht verlässlich belegen konnte, war die Abstimmung nötig geworden. Sie wäre schlicht gegenstandslos, wenn dieser Beweis hätte angetreten werden können. Demokraten müssen sich immer wieder ins Bewusstsein heben, dass die logische Voraussetzung ihres eigenen Handelns der Verzicht auf Wahrheitsansprüche ist. Mehrheitsentscheidungen gelten nicht, weil sie wahr sind – bedauerlicherweise gelten sie selbst dann, wenn sie offenkundig nicht wahr sind. Sie gelten, weil man sich in Ermangelung besserer Kriterien darauf verständigt hat, das gelten zu lassen, was eine Mehrheit für richtig hält. Und folgerichtig gelten sie auch nur so lange, bis eine andere Mehrheit etwas anderes beschließt.

Der Landtagspräsident hat in seiner Begrüßung darauf hingewiesen, dass wir nicht nur, aber insbesondere in den modernen, den sogenannten sozialen Medien – warum diese Medien im Übrigen sozialer sein sollen als die anderen, hat sich mir bis heute nicht erschlossen –, eine Art der Auseinandersetzung erleben, die sich, freundlich formuliert, durch besondere Robustheit auszeichnet und, weniger freundlich formuliert, durch genau den Unterbietungswettbewerb, den ich bereits angesprochen habe.

Vor wenigen Tagen hat Rolf Schwartmann, ein Professor für Rechtswissenschaften, der gleichzeitig Leiter der Kölner Forschungsstelle für Medienrecht an der Technischen Hochschule Köln ist, in einer unserer großen Zeitungen einen beachtlichen Beitrag unter dem Titel »So bekämpft man die Lüge im Netz« veröffentlicht. Dieser Artikel beginnt mit der vermutlich von niemandem bestrittenen Bemerkung, die Demokratie brauche Debatten ohne Hass und Verzerrung. »Das ist eine Voraussetzung für das Funktionieren unseres Staates. In den sozialen Medien ist sie nicht mehr gesichert.« Er formuliert dazu drei Thesen, die ich kurz nennen will, ohne im Einzelnen auf diesen Artikel, den ich Ihrer Lektüre allerdings durchaus empfehlen möchte, einzugehen:

Erstens: »Das Grundrecht auf Meinungsfreiheit verliert derzeit rasant an Legitimation.« Das ist mal eine Auskunft! »Das Grundrecht auf Meinungsfreiheit verliert derzeit rasant an Legitimation. In den sozialen Netzwerken ist es zum Vorwand für Ehrverletzungen und gezielte Desinformation geworden. Ethische und rechtliche Verantwortung spielen kaum eine Rolle. Wir können das Grundrecht auf Meinungsfreiheit aber nur erhalten, wenn dessen Grenzen auch in den sozialen Medien gewahrt bleiben. Das geschieht nicht mehr.«

Zweitens: »Die Demokratie läuft deshalb Gefahr, sich von innen zu zersetzen. Wenn Falschmeldungen Wahlentscheidungen beeinflussen, wird eine Wahl nicht mehr auf Basis von Fakten entschieden und ist rechtswidrig.« Die Schlussfolgerung finde ich für einen Juristen zwar etwas voreilig, aber gut. »Ohne wirksam gewählte Volksvertreter kann sich ein demokratischer Staat nicht neu konstituieren.«

Drittens: »Um die kommenden Wahlen in Bund und Ländern zu schützen, müssen sich Staat und Wirtschaft ihrer Verantwortung stellen. Dazu müssen sie einen neuen institutionellen Rahmen für die Meinungsfreiheit schaffen. Der gegenwärtige funktioniert nicht mehr. Es gibt derzeit keine Institution der Selbstkontrolle, die das Recht auf freie Meinungsbildung und dessen Missbrauch in der Waage hält.«

Nun ist die Beschreibung des Problems – wie oft im Leben – ein bisschen einfacher als die Präsentation einer überzeugenden Lösung zu dessen Überwindung. Und dass alles, was in diesem Kontext zum Thema Meinungsfreiheit vorgeschlagen wird – mit welcher Motivation auch immer –, mit dem Risiko vermeintlicher oder tatsächlicher Zensur eines nicht dispositionsfähigen Grundrechts behaftet ist, muss ich sicher nicht im Einzelnen erläutern. Aber ich will doch zumindest das Ausmaß der Entwicklung mit wenigen Zahlen verdeutlichen, wobei ich ausdrücklich darauf hinweise, dass ich mich jetzt aus gegebenem Anlass auf den politischen Teil dieses Problems beschränke und damit ausdrücklich nicht die Botschaft verbinde, außerhalb politischer Auseinandersetzungen existiere es nicht. Es gibt dieses Problem inzwischen überall – und keineswegs exklusiv in der politischen Arena.

Nach Medienrecherchen hat es zwischen 2010 und 2015 fast 500 Angriffe allein auf Wahlkreisbüros und Geschäftsstellen von Parteien gegeben, die meisten mit rechtsextremem Hintergrund. Das Bundeskriminalamt nimmt pro Tag – pro Tag! – eine Straftat gegen Amts- oder Mandatsträger auf. Die Zahl der Übergriffe hat sich binnen eines Jahres verzigfacht. Das Bundesinnenministerium hat im Rahmen der sogenannten Politisch motivierten Kriminalität allein vom Januar bis September 2016 – das letzte Quartal ist da noch nicht erfasst, jedenfalls noch nicht aufgearbeitet – 813 Delikte gegen Amts- und Mandatsträger gezählt, darunter 18 Gewalttaten. Im gleichen Zeitraum wurden 93 Übergriffe auf Medienvertreter erfasst, 123 Straftaten gegen Hilfsorganisationen und ehrenamtliche Helfer, 1839 Straftaten gegen Flüchtlinge. Das Landeskriminalamt hier in Sachsen hat von Januar bis August vergangenen Jahres 72 Angriffe auf Abgeordnetenbüros gezählt, darunter sind auch Mehrfachangriffe. Aufgeklärt ist keiner der Vorfälle.

Meine Damen und Herren, wir reden hier nicht über Petitessen. Wir reden hier auch ganz offenkundig nicht nur über einen rhetorischen Entgleisungsprozess, sondern wir reden längst über die heimliche – oder besser gesagt unheimliche – Transformation rhetorischer Entgleisungen in faktische Übergriffe. Herta Müller, unsere Literatur-Nobelpreisträgerin, die mit vielen Sachsen die Erfahrung teilt, viele Jahre unter autoritären Bedingungen verbracht zu haben, hat bei der Verleihung des Heinrich-Böll-Preises im November 2015 gesagt: »Wenn Worte wie ›Volksverräter‹ und ›Lügenpresse‹ lange genug spazieren gehen, geht auch mal ein Messer spazieren.«

Bei einer der leidenschaftlichsten und kontroversesten Auseinandersetzungen, die es in einem unserer Nachbarländer im vergangenen Jahr gegeben hat – nämlich der Entscheidung über den Austritt Großbritanniens aus der Europäischen Union –, ist eine Parlamentarierin ermordet worden. Sie ist nicht durch einen Unfall zu Tode gekommen, sondern sie wurde das erklärte Opfer eines Hasses gegenüber einem politischen Konzept, das man auf gar keinen Fall zu akzeptieren bereit war. Die jetzige Kölner Oberbürgermeisterin hat 2015 ihren eigenen Wahlkampf soeben mit Mühe und Not überlebt.

Ich empfehle uns dringend das, was längst stattfindet in

unserem eigenen Land – nicht nur rhetorisch, aber insbesondere als eine scheinbar nicht zu stoppende rhetorische Unterbietungswelle –, so ernst zu nehmen, wie es ernst genommen werden muss: In den sogenannten sozialen Medien ist das früher Unsägliche längst sagbar geworden. Das Internet ist sicher nicht die Ursache von wahrgenommenen oder eingebildeten Verrohungstendenzen in unserer Gesellschaft, aber deren mit Abstand wichtigster Katalysator. Wir können längst eine weitere Eskalationsstufe insoweit feststellen, dass unter die früher regelmäßig anonymen Beschimpfungen, Verleumdungen und Bedrohungen jetzt zunehmend Klarnamen – manchmal vorgetäuschte, nicht selten aber tatsächliche Klarnamen – gesetzt werden.

Ich will Ihnen unter den vielen unsäglichen, aber sagbar gewordenen Beispielen nur eines vortragen, das jetzt ausdrücklich nicht einen Politiker betrifft – andernfalls könnte ich den gesamten Abend mit unzähligen Beispielen verderben, die ich von Kollegen bekomme. Allein von den kommunalen Mandatsträgern erklären laut einer Umfrage inzwischen 58 Prozent, dass sie regelmäßig diese Art von »Wählerkommunikation« zu spüren bekämen. Stattdessen will ich Ihnen ein Beispiel vortragen, von dem vor einigen Monaten in einem großen deutschen Magazin zu lesen war, das sich mit der behaupteten Selbstreinigungs- oder Regulierungsfähigkeit der sozialen Medien beschäftigt hat: Im Februar 2016 hat eine bekannte Schauspielerin auf ihrer Facebook-Seite ein Video eingestellt, das die berühmt-berüchtigten Vorgänge in Clausnitz dokumentierte, als Anwohner einen Bus mit Flüchtlingen umringten und Polizisten verängstigte Menschen ins Freie zerrten. Sie hat diese Filmaufnahme mit folgendem persönlichen Kommentar versehen: »Ich schäme mich gerade so sehr, Deutsche zu sein, wenn ich die Bilder aus Clausnitz sehe. Mir gefriert das Blut in den Adern bei so viel Unmenschlichkeit und Hass.« Zwei Tage nach diesem Clausnitz-Post meldete sich ein Facebook-Nutzer unter einem Namen, der sich später als Pseudonym herausstellte, auf der Seite der Schauspielerin mit folgendem Kommentar: »Man sollte eine Kettensäge nehmen und dir deine scheißhässliche Kackfresse einfach zerhäckseln. Name: Krepier unwertes Leben verrecke.« Die Schauspielerin sagt, sie sei ungemütliche Post gewohnt und pflege in der Regel nicht zu reagieren. Nach Rücksprache mit Freunden und der eigenen Agentur habe sie dies jedoch sowohl bei der Polizei angezeigt als auch bei Facebook gemeldet. Und nach vielen Zwischenschritten der Nichtreaktion oder der hinhaltenden Reaktion sei die ultimative Auskunft von Facebook gewesen: Der eigene Check habe ergeben, dass dieser Post »nicht gegen unsere Gemeinschaftsstandards« verstoße.

Meine Damen und Herren, wenn das nicht gegen unsere Mindeststandards verstößt, dann hat diese Gesellschaft keine Standards mehr. Und wenn die Selbstregulierung verantwortlicher Medien – warum auch immer – nicht funktioniert, dann muss es anders gehen. Jedenfalls sind hier sowohl Gesetzgeber wie Justiz aufgefordert.

Ich habe kurz vor Weihnachten einen Brief sowohl an den Bundesinnenminister und an den Bundesjustizminister als auch an die Vorsitzenden der Innenminister- und der Justizministerkonferenz der Länder geschrieben mit der dringenden Bitte einmal aufzuarbeiten, was da stattfindet. Zumal ich durch Rückmeldungen von Kollegen den begründeten Eindruck habe, dass die allermeisten Verfahren wegen Verleumdungen, Beschimpfungen und offenen Drohungen nach wenigen Tagen eingestellt werden. Entweder geschieht das mit der Begründung, dass der Absender nicht identifizierbar sei – ich hätte fast gesagt, bei keinem Fahrraddiebstahl wird so schnell wegen der Nichtidentifizierbarkeit ein Verfahren eingestellt wie bei Verleumdungen und Bedrohungen –, oder es passiert mit der noch atemberaubenderen Begründung, es handele sich »erkennbar um eine virtuelle Bedrohung und nicht um eine tatsächliche«.

Manches spricht dafür, dass von den Justizverwaltungen – für die die Länder die Verantwortung tragen – solche Fälle nicht auf gleiche, sondern auf unterschiedliche Weise gehandhabt werden. Mich interessiert privat wie dienstlich, ob und welche unterschiedlichen Handhabungen es gibt und ob das auf Dauer ein erträglicher Zustand sein kann. Jedenfalls empfehle ich uns dieses Thema dringend für eine sorgfältige, nicht hysterische, aber entschlossene Behandlung.

Nun will ich gern und freiwillig auf die Eingangsbemerkung zurückkommen, dass manche der unerfreulichen Eskalationen, die wir im Netz finden, auch in den Umgangsformen und in der Behandlung politischer Sachverhalte eine Ursache haben, die ein zunehmend nervöses Publikum im sogenannten etablierten System beobachtet. Ich will behutsam, aber ernsthaft auf ein Dilemma aufmerksam machen, vor dem Deutschland stärker steht als irgendein anderes Land in Europa. Ich habe in den Jahren meiner politischen Tätigkeit sehr viele, vielleicht alle Parlamente in Europa und die damit verbundenen Parteiensysteme kennengelernt. Dabei ist mir ein Unterschied aufgefallen, der mich an einen Zustand erinnert, den das Deutschland der Weimarer Zeit tatsächlich erlebt hat – mit den sich daraus ergebenden Selbstdemontage-Effekten einer parlamentarischen Demokratie: Ich spreche von einem Freund-Feind-Verhältnis konkurrierender Parteien und Politiker zueinander.

Man kann nicht überall, aber an vielen Stellen in Europa nach wie vor beobachten, dass das Verhältnis der Parteien zueinander, auch der gewählten Parlamentarier zueinander, nicht das von Konkurrenten, sondern das von Feinden ist – mit der sich daraus jedenfalls subjektiv ergebenden Legitimation, den eigenen Wahlsieg, der in der Regel unter korrekten Bedingungen zustande gekommen ist, für die Legitimation zur Vernichtung des Gegners zu halten, mindestens aber zur Beseitigung der Bedingungen, unter denen andere Mehrheitsverhältnisse zustande kommen können.

Das haben wir glücklicherweise in Deutschland nicht mehr. Wir haben, ganz im Gegenteil, nach den traumatischen Erfahrungen einer gescheiterten Demokratie eine erstaunliche Balance zwischen dem natürlichen Konkurrenzreflex politischer Parteien und aktiver Politiker auf der einen Seite und der Konsens- und Kompromissfähigkeit der gleichen Parteien und Politiker – insbesondere dann, wenn es sich um wesentliche Herausforderungen handelt – auf der anderen Seite. Ich behaupte einmal, in kaum einem anderen Land in Europa würde es gelingen, über solche hochkomplexen und deswegen auch unpopulären Themen wie beispielsweise Griechenlandhilfe oder Flüchtlingswelle nicht nur einen Diskurs zu führen und darüber – wenn auch heftig – zu streiten, was denn vielleicht am ehesten vernünftig und zumutbar ist, sondern am Ende zu parlamentarischen Mehrheiten zu kommen, die wesentlich größer sind als jene, über die eine ohnehin schon viel zu große Große Koalition alleine verfügt.

Für diese Errungenschaft unseres politischen Systems zahlen wir den hohen Preis, dass ein beachtlicher Teil von Wählerinnen und Wählern sich mit ihrer Skepsis gegenüber bestimmten politischen Entscheidungen nicht repräsentiert fühlen, weil sie – wie vernünftig die Entscheidung am Ende auch gewesen sein mag – den zutreffenden Eindruck haben: Aber mein Einwand kommt da nicht vor; ich fühle mich mit dem, was ich für richtig halte, nicht vertreten. Dass dieses nicht nur eingebildete Problem des Nichtvertretenseins, vielleicht sogar der politischen Hilflosigkeit, dann regelmäßig durch Lautstärke kompensiert wird, ist kein völlig neuer Effekt.

Aus diesem Dilemma heraus gibt es – wie übrigens meistens bei Dilemmata – keinen Königsweg. Denn es wird Ihnen hoffentlich einleuchten, dass ich mich nur schwer zu der Empfehlung entschließen kann, das aufzugeben, was ich gerade als Errungenschaft der deutschen Demokratie gepriesen habe: nämlich das Bemühen um eine gemeinsame Lösung, auch und gerade bei großen Herausforderungen, für noch wichtiger zu halten als die Profilierung gegenüber der politischen Konkurrenz.

Aber wir dürfen nicht aus den Augen verlieren – schon gar nicht im Bewusstsein der jüngeren Erfahrungen –, dass dies seinen Preis hat. Wenn Parlamente nicht mehr als Orte des Streits wahrgenommen werden – meinetwegen auch als Orte der künstlichen oder der tatsächlichen Empörung –, dann werden die Straßen und Plätze zu Orten des Streits und der Empörung. Wenn leise Hinweise auf dieses oder jenes, nicht oder scheinbar nicht hinreichend diskutierte Problem nicht wahrgenommen werden, sind laute Töne die absehbare Folge.

Nun wollte ich noch ein paar Sätze zu den Medien – den klassischen, den scheinbar nichtsozialen Medien – sagen, was ich mir aber aus Zeitgründen spare. Vielleicht können wir das Thema später in der Diskussion noch einmal aufgreifen. Deshalb nehmen Sie jetzt bitte die Ankündigung für die Tat, dass ich auch den Medien in diesem Zusammenhang eine beachtliche Verantwortung zuweise, weil sie natürlich – mehr als die konkurrierenden Parteien und politischen Gruppierungen – Moderatoren sein könnten und vielleicht auch sein sollten und es an vielen Stellen längst nicht mehr sind. Sie sind es deshalb nicht mehr, weil sie sich unter dem Konkurrenzdruck, unter dem sie stehen, längst bewusst oder unbewusst an jenen Über- und Unterbietungswettbewerben beteiligen, die die Mindeststandards rationaler Kommunikation zu ruinieren drohen.

Dass ich nicht in Talkshows gehe, hat sich inzwischen herumgesprochen. Ich zähle es zu den großen Triumphen meiner Laufbahn, dass ich schon seit mehreren Jahren nicht einmal mehr angefragt werde. Offenkundig ist das Thema durch, jedenfalls was Talkshows und Lammert betrifft. Aber ich will Ihnen nicht verhehlen: Ich gebe auch immer »ungerner«, immer zögerlicher Interviews. Denn selbst wenn – was in der Regel sichergestellt ist – das, was gefragt und was geantwortet wurde, korrekt wiedergegeben wird, muss man in neun von zehn Fällen damit rechnen, dass der eigentliche Zweck des Interviews nicht das Vermitteln differenzierter Auskünfte zu komplizierten Fragen war, sondern das Produzieren von Agenturmeldungen. Ich kann sagen, was ich will, daraus wird immer: »Lammert fordert, Lammert kritisiert, Lammert empört sich, Lammert weist zurück«. Es gibt die Stellungnahme als solche gar nicht mehr, sondern es gibt sie nur noch in einer exaltierten Form. Auf diese Weise wird gewissermaßen die Hysterie zum Standard der Kommunikation – mit den absehbar fatalen Auswirkungen, die eine solche Hysterisierung nach sich zieht.

Der Kollege Rößler hat vorhin Timothy Garton Ash zitiert. Ich möchte auf ihn nicht nur, aber auch deswegen zum Schluss noch einmal zurückkommen, weil er – zu meiner Freude – in diesem Jahr den Karlspreis erhält, wobei offenkundig nicht zuletzt das von Ihnen zitierte große jüngste Buch »Redefreiheit« eine wesentliche Rolle gespielt hat. Er setzt sich darin sehr intensiv mit der Frage auseinander, ob und was man denn gegen die rhetorische Eskalation und die damit verbundenen Risiken tun könne, und er empfiehlt – etwas zugespitzt formuliert –, am Ende möglichst nichts zu tun. Zweifelsohne hat er damit den Vorzug einer ausgeprägten liberalen Gesinnung auf seiner Seite. Die Krux besteht aber gleichzeitig darin, dass er das von ihm selbst beschriebene Problem mit seiner Empfehlung, sich damit zwar auseinanderzusetzen, es um Gottes willen aber nicht zu regulieren, vermutlich doch eher verlängert als verringert.

Unser Bundespräsident Joachim Gauck hat sich in seiner letzten großen Rede »Wie soll es aussehen, unser Land« im Schloss Bellevue ebenfalls mit diesem Thema befasst und sich am Ende Garton Ash ausdrücklich mit der etwas populäreren Formel angeschlossen: »Heftig streiten, aber mit Respekt und mit dickem Fell.« Dagegen kann man schwerlich etwas haben. Aber die Frage ist, ob es genügt, das dicke Fell, wenn es den Respekt nicht mehr gibt.

Heute ist der Geburtstag von Theodor Heuss. Er kann ihn nicht mehr feiern, aber wir können uns gelegentlich an seine klugen Bemerkungen erinnern. Einen Satz will ich hier hervorheben: »Man muss das als gegeben hinnehmen: Demokratie ist nie bequem.« Das ist sicher wahr. Ich möchte hinzufügen: Wir sollten nicht als gegeben hinnehmen, dass zu viele Demokraten zu oft zu bequem sind, sondern dass nur durch die Bereitschaft, diese Staatsform so ernst zu nehmen, wie sie es verdient, die Vorzüge von Freiheit und Selbstbestimmung und Partizipation auf Dauer erhalten werden können.

Den Deutschen ist ihr Auto im Zweifelsfall noch lieber als ihre Demokratie

Rede bei der Adenauer Lecture an der Universität zu Köln, 9. Mai 2017

Über Konrad Adenauer ist fast alles gesagt. Längst ist er von seinen Anhängern wie von seinen früheren Gegnern auf eigentlich alle politischen Altäre der Republik erhoben worden. Viele Nachgeborene halten ihn für einen der Säulenheiligen dieser Republik. Aber da bekanntlich allzu viel Weihrauch den Heiligen schwärzt, empfinde ich es als eine doppelt intelligente Entscheidung der Kölner Universität, eine Adenauer Lecture eben nicht seiner Biografie, sondern den Themen zu widmen, die entweder ihm damals schon besonders wichtig waren, oder die seitdem an Bedeutung gewonnen haben. Ich verstehe deswegen diese Einladung, für die ich mich bedanke, nicht als Aufforderung, ein weiteres Konrad-Adenauer-Hochamt zu zelebrieren, sondern den Auftakt zur Beschäftigung mit großen Themen unserer Zeit zu leisten. Und ich freue mich, dass das heute Abend mit einem Thema erfolgen soll, das Konrad Adenauer viel wichtiger war, als manche vermuten mögen.

Als ich 1966 Mitglied der Partei wurde, die Adenauer gegründet hatte, war er übrigens gerade als Parteivorsitzender zurückgetreten. Zwischen diesen ähnlich bedeutenden Ereignissen besteht kein Kausalzusammenhang; weder ist er zurückgetreten, weil ich drohte, Mitglied zu werden, noch habe ich mich erst entschließen können, Mitglied zu werden, als er endlich gegangen war, sondern ich bin schlicht und ergreifend zum damals satzungsrechtlich frühestmöglichen Zeitpunkt, nämlich an meinem 18. Geburtstag, der CDU Deutschlands beigetreten – was mich jetzt seit mehr als 50 Jahren nicht in einen Zustand ungebrochener Dauereuphorie versetzt, aber auch nie wirklich in meinen Grundüberzeugungen verunsichert hat.

Meine Damen und Herren, dass sich weder Parteien noch Parlamente auf dem Höhepunkt ihres öffentlichen Ansehens befinden, Parteien schon gar nicht, das ist oft und hinreichend vernehmbar mit einschlägigen Untersuchungen dokumentiert und vorgetragen worden. In diesem Kontext ist nicht weiter erstaunlich, dass sich mir nicht zum ersten Mal die Frage nach der Relevanz politischer Parteien stellt, denn sie haben unter allen politischen Institutionen stabil die geringste Reputation. Das ist also nicht völlig neu, in Deutschland schon gar nicht. Aber der Umstand, dass der Befund nicht neu ist, macht ihn ja deswegen nicht irrelevant.

Ich möchte meine Überlegungen zu Zustand und Perspektiven der Parteiendemokratie in Deutschland mit vier Zitaten zu Beginn illustrieren, die von jeweils bedeutenden Persönlichkeiten aus verschiedenen Ländern und verschiedenen politischen Systemen stammen, welche ihre Reserven gegenüber politischen Parteien auf unterschiedliche, aber jeweils unmissverständliche Weise erkennen lassen. Als sich George Washington, das ist zugegebenermaßen lange her, 1796 aus seinem Amt als erster Präsident der Vereinigten Staaten von Amerika verabschiedete, erklärte er seinen Wählerinnen und Wählern in seiner Abschiedsbotschaft: »Lasst mich euch nochmals auf das eindringlichste vor den verderblichen Wirkungen der Parteien warnen.« Bismarck wiederum sagte am 8. Mai 1884 vor dem Deutschen Reichstag: »Die politischen Parteien sind der Verderb unserer Verfassung und der Verderb unserer Zukunft.« Das dritte Zitat stammt von einer 1925 anlässlich der Wahl Paul von Hindenburgs zum Reichspräsidenten der Weimarer Republik geprägten Münze: »Für das Vaterland beide Hände, aber nichts für die Parteien.« Und viertens schließlich Konrad Adenauer, der auf einer Veranstaltung seiner Partei am 5. Mai 1946 in Wuppertal sagte: »Es ist ja unser großes Unglück in der Vergangenheit gewesen, dass wir uns viel zu wenig mit Politik befasst haben. Auch ich habe seit 1918 mich von der Parteienpolitik in sehr starkem Maße zurückgehalten und mich lediglich meinen Berufspflichten gewidmet. Das war nicht richtig. Parteipolitik ist nicht schön und Parteipolitik bringt nicht viel Freude. Aber die Beschäftigung mit ihr ist eine Pflicht.« Das war in den Gründungswochen der Partei auf einer, man möchte fast sagen: im wörtlichen wie übertragenen Sinne planierten Fläche, auf der der politische, wirtschaftliche, moralische, kulturelle Neuaufbau unseres Landes vorzunehmen war.

Konrad Adenauer hat übrigens – das sei in Parenthese eingeschoben – mit Blick auf die fünf herausragenden Ämter, die er in seiner bemerkenswerten Biografie wahrgenommen hat, als Kölner Oberbürgermeister, als Präsident des Preußischen Staatsrats, als Präsident des Parlamentarischen Rates in Bonn, als Bundeskanzler und als Parteivorsitzender, die Gründung und Etablierung einer völlig neuen politischen Partei selbst für seine bedeutendste einzelne politische Leistung gehalten. Das wird manche überraschen, werden manche ihm auch gar nicht zutrauen, ist aber eine im Lichte seiner Erfahrungen durchaus nachvollziehbare Priorisierung.

Ich habe mir vorgenommen, zu dem beinahe enzyklopädischen Thema Parteiendemokratie beziehungsweise Ansehen von, Einwände gegen, Erwartungen an und Perspektiven von

Parteien zehn Bemerkungen zu machen und bitte vorab um Nachsicht, dass trotzdem nicht jeder Aspekt, der in diesem Zusammenhang sicher von Interesse sein mag, in dem gegebenen Zeitrahmen von mir angesprochen werden kann.

Zunächst würde ich gerne darauf hinweisen, dass die Frage, welche Rolle politische Parteien in einem System parlamentarischer Demokratie spielen können, spielen sollen und spielen müssen, im Kontext sowohl der Vorgaben unserer Verfassung bedacht werden muss als auch der nicht unbedingt deckungsgleichen weiterführenden Ansprüche der Wissenschaft, der Erwartungen der Öffentlichkeit und der wiederum gelegentlich durchaus dahinter zurückbleibenden oder auch darüber hinausgehenden Vorstellungen von Medien. Allein dieser Kranz von Erwartungen ist keineswegs identisch, sondern eher konkurrierend. Anders formuliert: Aus der Perspektive politischer Parteien stellt es sich geradezu hoffnungslos dar, all diesen diffusen, teilweise sich ausdrücklich widerstrebenden Erwartungen gleichzeitig Rechnung tragen zu wollen. Dass im Übrigen für die Arbeitsbedingungen und Gestaltungsmöglichkeiten politischer Parteien neben dem Parteienrecht, das sich explizit auf ihre Aufgaben und ihr Funktionieren bezieht, das allgemeine Verfassungsrecht, das Wahlrecht und das Immunitätsrecht ebenfalls von Bedeutung sind, muss und kann hier jetzt auch gar nicht im Einzelnen ausgeführt werden – man muss es aber wenigstens im Hinterkopf haben.

Zweiter Hinweis: Es ist heute fast genau 25 Jahre her, seit das Bundesverfassungsgericht eine seiner denkwürdigen Entscheidungen zum Parteienrecht, in diesem Falle nicht zum ersten und nicht zum letzten Mal zum Parteienfinanzierungsrecht, getroffen und damals bestehende Regelungen für verfassungswidrig erklärt hat. Es war bei genauem Hinsehen eine der eher seltenen Kurskorrekturen des Gerichts;

vielleicht sollte ich zurückhaltend formulieren: Justierungen, die auch beim Bundesverfassungsgericht immer mal wieder vorkommen, auch wenn sie im Tenor der jeweils letzten Urteilsbegründung nur noch mit großen Rechercheaufwand zu erkennen sind. Mit diesem Urteil vom 9. April 1992 hat das Bundesverfassungsgericht das bis dahin geltende System der Wahlkampfkostenerstattung durch eine permanente staatliche Teilfinanzierung der politischen Parteien ersetzt. Es hat damit seine frühere Position revidiert, man könne die Aufwendung der Parteien für ihre Wahlkämpfe säuberlich von denen für ihre sonstigen Aktivitäten unterscheiden. Stattdessen sei eine staatliche Teilfinanzierung der Parteien, die sich auf deren gesamte Tätigkeit bezieht, mit dem Grundgesetz vereinbar. Im Juli 1966, also vor jetzt gut 50 Jahren, hatten die Richter des gleichen Verfassungsgerichts entschieden, dass es mit dem Grundsatz der freien und offenen Meinungs- und Willensbildung vom Volk zu den Staatsorganen nicht vereinbar sei, den Parteien Zuschüsse aus Haushaltsmitteln des Bundes zu ihrer gesamten Tätigkeit zu gewähren und die dauernde finanzielle Fürsorge für die Parteien zu einer Staatsaufgabe zu machen. Dagegen lasse es sich verfassungsrechtlich rechtfertigen, wenn die notwendigen angemessenen Wahlkampfkosten ersetzt würden. Allein dieses Thema und allein die beiden bemerkenswert gegensätzlichen Einschätzungen ein und desselben obersten deutschen Gerichts würden fast ausreichen, um das Spannungsverhältnis zwischen verfassungsrechtlichen Fundamentalansprüchen und handfesten politischen Alltagsrealitäten hinreichend zu illustrieren, einschließlich der damit gelegentlich verbundenen Versuchungen.

Die innerhalb von gut 25 Jahren doch erstaunliche Kurskorrektur des Bundesverfassungsgerichts erscheint mir nachträglich umso bemerkenswerter, als es schon im April

1952, und damit im ersten Jahr des eigenen Bestehens, in einem Urteil zur Sperrklausel im schleswig-holsteinischen Landeswahlgesetz bündig erklärt hatte: »Heute ist jede Demokratie zwangsläufig ein Parteienstaat.« Das ist eine erstaunlich apodiktische Formulierung, die das Verfassungsgericht in heutiger Besetzung vielleicht nicht mehr so formulieren würde. Dass ausnahmslos alle modernen, ernsthaften Demokratien tatsächlich Parteiendemokratien sind, wird allerdings wohl mehr als ein Zufall sein – und lässt auf Funktionszusammenhänge schließen, die jenseits ausgeprägter Sympathien und Antipathien, die sich auf Verfassungsinstitutionen und andere politische Einrichtungen erkennbar unterschiedlich verteilen, von Belang sein müssen.

Dritter Hinweis: Ich habe mich bereits in meiner Studienzeit aus auch praktischen Gründen relativ früh mit dem Parteiwesen, seiner Geschichte, seiner Entwicklung, seinen gelegentlichen Verirrungen intensiv beschäftigt. Zu den Büchern, die mich damals als Student spontan sehr beeindruckt haben, gehört das von Ernst Fraenkel 1964 veröffentlichte und später zum Standardwerk avancierte »Deutschland und die westlichen Demokratien«. In diesem Buch des deutsch-amerikanischen und damals längst in den Vereinigten Staaten lebenden Politikwissenschaftlers finden sich folgende bemerkenswerte Formulierungen: Was wir brauchen, sind »politische Parteien, die sich nicht scheuen zuzugeben, dass sie ihre Führer in die strategisch bedeutsamen Positionen in Regierung und Verwaltung bringen wollen. Parteien, die sich nicht scheuen zuzugeben, dass sie mit den Interessengruppen Hand in Hand arbeiten müssen, ohne diesen Interessengruppen gegenüber zu kapitulieren. Parteien, die sich nicht scheuen zuzugeben, dass sie auf ihre Abgeordneten einen Druck ausüben, weil ohne Fraktionsdisziplin parlamentarisch nicht regiert werden kann.« – Das könnte von Adenauer sein, ist aber von Fraenkel. Meine Damen und Herren, stellen Sie sich mal nur einen Augenblick vor, der gleiche Text würde heute von einem Generalsekretär oder Fraktionsvorsitzenden auf irgendeiner Jubiläumsveranstaltung oder gar als Vorlesung in einer deutschen Hochschule gehalten.

Fraenkel fuhr damals fort: »Wir benötigen Parteien, die die innere Kraft besitzen, sich von traditionellen Vorstellungen loszusagen, die, weil sie unter andersartigen politischen Voraussetzungen entstanden sind, lediglich eine Vorbelastung für einen funktionierenden parlamentarischen Betrieb darstellen. Wir benötigen aber auch Parteien, die trotz aller Bekenntnisse zu der Notwendigkeit einer pragmatischen Haltung zur Politik mit einem letzten Rest wehmütiger Romantik sich der Träume ihrer Jugend nicht schämen, als es noch so schön war in der Politik, weil wir wirklich geglaubt haben, dass Prinzipien die Welt regieren.« Diese erstaunliche Verbindung fröhlicher Resignation mit dem selbstbewussten Trotz gegenüber den Realitäten des Lebens hat mich nicht nur damals außerordentlich beeindruckt. Ich halte sie nach wie vor für eine beachtliche Hilfestellung beim Umgang mit den rechtlichen Ansprüchen, den öffentlichen Erwartungen, der medialen Begleitung und den tatsächlichen wie praktischen Funktionsanforderungen eines realen parlamentarischen Systems. Ich will damit aber ausdrücklich die Eingangsbemerkung weder relativieren noch einkassieren, dass es in der Tat verständliche Gründe dafür gibt, dass gerade in jüngerer Zeit immer wieder die Frage nach der Relevanz politischer Parteien in einem ganz grundsätzlichen Sinne gestellt wird. Denn dafür, dass uns heute die Dominanz politischer Parteien im gegebenen politischen System nicht in gleicher Weise selbstverständlich erscheint, wie es vielleicht vor 30 oder 40 Jahren noch der Fall gewesen sein mag, gibt es hinreichend viele, aber auch ganz unterschiedliche Gründe.

Das führt mich zu meinem vierten Punkt, nämlich der Frage nach der Bindekraft politischer Parteien. Natürlich ist es diskussionswürdig und auch diskussionsbedürftig, ob Parteien in einer seit dem 19. und 20. Jahrhundert erheblich veränderten Gesellschaft mit ihren beachtlichen Vorgeschichten und Traditionen und mit ihrem – freundlich formuliert – Ballast noch angemessene, zukunftsträchtige, schon gar zentrale politische Agenturen sind und sein können. Damit ist die Frage nach der Bindungswirkung politischer Parteien gestellt. Bei der man allerdings, wie ich finde, auch keine weniger realistischen Erwartungen an ausgerechnet diese gesellschaftlichen Institutionen haben sollte als an nahezu alle anderen gesellschaftlichen Institutionen. Wie groß ist denn noch die Bindungswirkung anderer gesellschaftlicher Institutionen? Von Gewerkschaften? Von Kirchen? Von Vereinen und Verbänden aller Art? Sie ist jedenfalls in all diesen Fällen signifikant niedriger, als das noch bei der vorigen Generation und schon gar bei der vorvorherigen Generation der Fall gewesen ist. Deswegen müsste ich eigentlich nicht im Einzelnen vortragen, dass die Zahl der in politischen Parteien organisierten Mitglieder in Deutschland in den letzten 20 bis 25 Jahren nicht nur deutlich zurückgegangen ist, sondern sich ziemlich genau halbiert hat: dass die – Stand März dieses Jahres – beim Bundeswahlleiter insgesamt registrierten 110 politischen Parteien und Gruppierungen insgesamt 1,24 Millionen Mitglieder haben, während es 1990 noch 2,4 Millionen Mitglieder gewesen sind. Und um auch dies gleich wieder zu relativieren: Adenauers Partei hat heute mit etwas weniger als 440 000 Mitgliedern mehr noch als in den ersten 25 Jahren ihres Bestehens, also in der gesamten Amtszeit Adenauers als Parteivorsitzender. Eine andere Zahlenrelation ist auch von praktischer Bedeutung: Von den 1,25 Millionen in Parteien zusammengeschlossenen Menschen werden etwa

15 Prozent als aktive Mitglieder eingeschätzt. Und wenn ich Ihnen jetzt sage, dass wir in Deutschland etwa 200 000 Mandate in Gemeindevertretungen und Kreistagen, bei Bürgermeister- und Bürgerschaftswahlen zu vergeben haben, können Sie selbst eine interessante Relation herstellen.

Es gibt natürlich eine Reihe von Begründungen, warum es sich mit den Parteien und ihren Mitgliedern so entwickelt hat, wie es sich entwickelt hat. Ganz sicher gehört zu diesen Erklärungsansätzen, dass die politischen Parteien, wie im Übrigen viele andere Institutionen auch, erkennbar an Vertrauen verloren haben. Aber auffällig finde ich schon, dass sich – bleiben wir beim Erklärungsansatz Vertrauen – der Vertrauensverlust gegenüber politischen Parteien in dieser Weise spektakulär abbildet, während zugleich andere Institutionen – ich nehme jetzt als Beispiel den ADAC, bei dem es ebenfalls Gründe für die Vermutung gibt, dass er sich nicht mehr in gleicher Weise eines ungeteilten Vertrauensvorschusses der deutschen Öffentlichkeit erfreuen kann – ihren Mitgliederbestand nicht nur erhalten, sondern ausgebaut haben. So stehen in diesem Land 1,2 Millionen Parteimitgliedern 19 Millionen ADAC-Mitglieder gegenüber. Diesen Umstand könnte man feuilletonistisch zugespitzt als ein Indiz für die Vermutung anführen, dass den Deutschen ihr Auto im Zweifelsfall noch lieber ist als ihre Demokratie.

Das werden Sie jetzt zu Recht für eine Vereinfachung halten. Deutlich wird daran aber, dass die Bereitschaft, sich für etwas sehr Konkretes zu engagieren, das man für ein unmittelbar eigenes Interesse hält, signifikant stärker ausgeprägt ist als die Bereitschaft, sich für etwas Allgemeines zu engagieren – schon gar für den außerordentlich mühsamen, aber unvermeidlichen Prozess, aus der Fülle der jeweils einzelnen, sich teilweise wechselseitig ausschließenden Interessen so etwas wie eine mehrheitsfähige, optimalerweise konsensfähige Lösung zu entwickeln. Jedenfalls lässt sich schwerlich übersehen, dass zwar nicht alle, aber doch viele, die früher bereit waren, sich politischen Parteien anzuschließen, oder tatsächlich Parteimitglieder waren, sich heute eher in Bürgerinitiativen engagieren. Das hat den Vorteil, dass man sich nicht endgültig, schon gar nicht förmlich mit irgendeinem mehr oder weniger klandestinen Verein verbinden muss, dass man für ein ganz unmittelbares Interesse eintreten kann und dass solche Initiativen in aller Regel zeitlich befristet sind. Danach hat man wieder freie Kapazitäten, sich dem nächsten eigenen Interesse zu widmen – oder es sein zu lassen.

Fünftens: Wie ist es mit dem Partizipationsinteresse der Bürger bestellt? Es gibt jedenfalls ganz offenkundig unterschiedliche Orientierungen, die die eine Form von Engagement begünstigen und die andere Form eher erschweren. Hierbei handelt es sich durchaus um ein eher prinzipielles Problem, was die Artikulation und die Verfolgung von Interessen betrifft. Wir können das anhand einer Fülle von Umfragen nachvollziehen, aus denen deutlich wird, dass sich das Partizipationsinteresse der Bürger ganz wesentlich auf die Erwartung konzentriert (um nicht zu sagen: reduziert), handfeste eigene Interessen persönlich verfolgen und möglichst umsetzen zu können. Zugleich besteht die ausgeprägte Erwartung an die Politik, dass diese sich nicht mit einzelnen Interessen gemein machen dürfe. Diesen Umstand hat der Politikwissenschaftler Graf Kielmansegg vor einigen Jahren in die bündige Formulierung gebracht: »Die Gemeinwohlverantwortung tragen die Politiker, die Wähler dürfen an sich selbst denken.« Das scheint grob unfair, ist bei ruhiger Betrachtung aber leider zutreffend. In dieser Diskrepanz liegt ein zusätzliches Dilemma für die Politik und die Parteien, die in letzter Konsequenz auf das Urteil der Wähler angewiesen sind, das zu einer selbstkritischen Befassung in den Parteien auffordert.

Sechste Bemerkung: Außer der mal mehr und mal weniger sorgfältigen Bestandsaufnahme über Aufgaben, Funktionen und die Leistungsfähigkeit von Parteien gibt es inzwischen mindestens seit einem Vierteljahrhundert so etwas wie eine Fundamentalkritik, für deren geistigen Patenonkel man beinahe einen unserer Bundespräsidenten halten könnte, nämlich Richard von Weizsäcker, der 1992, also vor genau 25 Jahren, in einem denkwürdigen, vielzitierten großen Interview mit der *Zeit* seine Vorbehalte, Einwände und Zweifel an der Parteiendemokratie in einer so unmissverständlichen Weise zum Ausdruck gebracht hat, dass er sein ohnehin gespanntes Verhältnis zu seinem damaligen Parteivorsitzenden endgültig ruinierte. Erschienen ist dieses Interview damals unter der besonders akzentuierten Überschrift »Machtversessen, machtvergessen« – also dem doppelten Vorwurf, die Parteien seien machtgierig, gleichzeitig aber nicht bereit oder nicht in der Lage, die Aufgaben tatsächlich kompetent wahrzunehmen, die mit dieser Machtposition nun zweifellos verbunden, jedenfalls gedacht seien.

Als Beispiel für eine jüngere Variante der Fundamentalkritik will ich die einschlägige Polemik von Arnulf Baring zitieren, die er vor rund zehn Jahren formuliert hat und bei der man ohne Wissen um die Urheberschaft heute vermutlich auf einen anderen Autor getippt hätte: »Es festigt sich im Lande die Überzeugung, dass unser Parteiensystem, in welcher Farbkombination auch immer, den heutigen Herausforderungen in keiner Weise gewachsen ist. Und daher von der Krise verschlungen werden wird, wenn es nicht die Kraft zur durchgreifenden Erneuerung findet. Wenn unsere Parteien weder programmatisch noch personell in der Lage sind, die Bevölkerung mit klaren Alternativen zu konfrontieren und damit Richtungsentscheidungen zu erzwingen, ist diese Republik am Ende. Die Geduld der Deutschen ist, wenn nicht alles täuscht, am Ende. So wie bisher geht es auf keinen Fall weiter, die Situation ist reif für einen Aufstand gegen das erstarrte Parteiensystem.«

Den Aufstand hat es dann auch prompt gegeben. Nachdem das erstarrte Parteiensystem in jüngster Zeit erkennbar in Bewegung geraten ist, liegt die Nachfrage nahe, ob nun eine Woge der Begeisterung durch das Land läuft oder ob nicht vielmehr die einen Besorgnisse durch andere abgelöst wurden, weil ganz offenkundig auch und gerade diejenigen, die die Veränderungen dringend für erforderlich halten, von den Veränderungen, die tatsächlich zustande gekommen sind, auch wiederum nicht restlos überzeugt sind. Dies gilt mit Blick auf die neuen Parteien, die dabei entstehen, wie auch mit Blick auf Ersatzagenturen. In Hamburg ist damals eine Partei, die sich zur Vereinfachung hochkomplexer, programmatischer Parteien schlicht nach ihrem Gründer nannte, die Schill-Partei, auf Anhieb mit 18 Prozent in die Bürgerschaft und gleich auch in den Senat gewählt worden. Und etwas zeitversetzt ist in Gestalt der Piratenpartei eine völlig neue Gruppierung mit einem völlig anderen Selbstverständnis und Profil in ein halbes Dutzend Landtage gewählt worden, aus denen sie nun genauso schnell wieder verschwinden. Genau heute konnte man in einem FAZ-Beitrag von Claus Leggewie und Christoph Bieber unter der Überschrift »Piratendämmerung« diesen interessanten Befund lesen: »Die oft angekündigte Auflösung des stabilen und überschaubaren Parteiensystems lässt hierzulande weiter auf sich warten. Die Traditionsparteien verzeichnen derzeit sogar Neueintritte en masse und lassen Umfrage- oder Ergebniskrisen hinter sich. Während anderswo in Europa die Parteienlandschaften zerfasern und dabei immer kleinteiliger und polarisierter werden, besitzt das deutsche Parteiensystem noch immer erstaunliche Selbstheilungskräfte.« Wenn mich mein Eindruck im Übrigen nicht täuscht, war auch die Begeisterung für plebiszitäre anstelle repräsentativer Entscheidungen schon einmal größer als derzeit. Auch dafür gibt es nachvollziehbare Gründe – sowohl in Anbetracht lokaler, regionaler und nationaler Erfahrungen als auch mit Blick auf europäische Erfahrungen, die über Glanz und Elend plebiszitärer Willensbildung Aufschlüsse vermitteln.

Die siebte Bemerkung gilt dem Verhältnis von Parteien und Parlamentarismus: Es scheint ziemlich sicher, dass, wer für Parlamentarismus ist, schwerlich prinzipiell gegen Parteien sein kann, weil es bislang jedenfalls keine überzeugenden Nachweise für alternative Gestaltungsmöglichkeiten parlamentarischer Demokratien ohne politische Parteien gibt. Ich will uns auch ein bisschen leiser die Frage stellen, ob es wirklich Indizien dafür gibt, dass politische Systeme dort besonders stark und überzeugend sind, wo Parteien besonders schwach sind. Es gibt ganz offenkundig in verschiedenen ernstzunehmenden Demokratien nicht nur sehr unterschiedliche rechtliche, sondern tatsächliche Rahmenbedingungen für politische Parteien. Wenn ich jedenfalls eine ganz besonders große, besonders ehrwürdige, seit Jahrhunderten bestehende Demokratie jenseits Europas mit viel Sympathie und nüchternem Blick zugleich betrachte, fällt es mir außerordentlich schwer zu behaupten, dass die offenkundige Schwäche des dortigen Parteiensystems zu den Stärken dieses politischen Systems gehören würde.

Achtens: Parteien und Fraktionen. Wenn ich sehr verknappt ein paar Bemerkungen über Parteien und Fraktionen mache, dann deshalb, um die kaum umstrittene Vermutung zu bestätigen, dass der Parlamentarismus Parteien braucht, die nach Wahlen über ihre Fraktionen die zum Teil angekündigte, vorhersehbare und manchmal eben auch nicht vorhersehbare Art der Krisenbewältigung leisten müssen. Denjenigen, die sagen, »Das muss aber doch prinzipiell auch anders gehen«, will ich mit Blick auf die deutschen Erfahrungen zurufen, dass es bei aller abstrakter Begeisterung für die Unabhängigkeit von Persönlichkeiten erstaunlicherweise seit 1949 in 18 aufeinanderfolgenden Bundestagswahlen und in einem Zeitraum von inzwischen fast 70 Jahren nur eine Handvoll unabhängiger Kandidaten gegeben hat, die je in den Deutschen Bundestag gewählt wurden. Und selbst in diesen ganz wenigen Ausnahmefällen aus den Anfangsjahren der Republik kann man mit Blick auf die tatsächliche Unabhängigkeit der Parteien oder deren Unterstützung durch Parteien daran Zweifel haben, ob sie tatsächlich Ausnahmen von dieser Regel darstellen. Mit anderen Worten: Die große Mehrheit der Wählerinnen und Wähler, die den Parteien nicht über den Weg trauen, ziehen im Zweifelsfall – und solche Zweifelsfälle gibt es offenkundig reichlich – die Kalkulierbarkeit des eigenen Wahlverhaltens, die in der Verbindung von Personen und Parteien liegt, den reinen Sympathiebekundungen vor.

Man könnte dazu eine Reihe spektakulärer Versuchsanordnungen vortragen, etwa einen ganz besonders berühmten Fall aus der unmittelbaren Nachbarschaft. Ein langjähriger, unangefochtener Oberbürgermeister, der gleichzeitig der direkt gewählte Bundestagsabgeordnete war, erklärte in dem Augenblick, als seine Partei Doppelmandate nicht mehr akzeptieren wollte und ihn als Bundestagsabgeordneten nicht wieder aufstellte, seine Partei werde schon sehen, wie sie damit zurande käme, wenn er nun als unabhängiger Kandidat antreten würde – mit dem Ergebnis, dass nicht der Oberbürgermeister gewählt wurde, sondern der von seiner Partei an seiner Stelle aufgestellte neue Bewerber.

Das relative Stärkeverhältnis von Parteien und Fraktionen ist ein weiterer Aspekt, der zweifellos eine intensive, auch kritische Betrachtung verdient. Ich glaube, es gehört nicht viel Mut zu der Auskunft, dass da, wo Parteien überhaupt eine parlamentarische Repräsentanz haben – das gilt ja nur für ein gutes halbes Dutzend, die im Bundestag oder in den Länderparlamenten vertreten sind –, dass also da, wo Parteien überhaupt eine parlamentarische Repräsentanz haben, eher die Fraktionen die Politik der Partei bestimmen als umgekehrt. Wenn Fraktionen in bestimmten Situationen ausdrücklich auf die Zuständigkeit der Partei verweisen – das kommt auch vor –, ist das nicht immer Ausdruck ihrer Einschätzung des Prioritätsverhältnisses, sondern hat dann auch wiederum meist durchsichtige Gründe. Jedenfalls sind die Fraktionen, wenn man ihre Rolle als Willensbildungsagenturen in unserem politischen System berücksichtigt, bei genauerem Hinsehen in dieser Funktion noch wichtiger als die politischen Parteien. Dadurch eröffnet sich ein doppeltes Spannungsverhältnis, nicht nur zwischen Partei und Fraktion, sondern auch und gerade zwischen Abgeordneten und Fraktionen. Das ist im Übrigen nicht nur ein abstraktes Problem, sondern gelegentlich ein sehr konkretes. Die tatsächliche Dominanz der Fraktionen im politisch-parlamentarischen Willensbildungsprozess ist mit Abstand größer, als es sowohl der Verfassungslage als auch der Geschäftslage des Bundestages selbst entspricht. Gerade weil ich von der Unverzichtbarkeit von Fraktionen als Organisationsstrukturen eines handlungsfähigen Parlaments unter beinahe jedem Gesichtspunkt absolut überzeugt bin, muss man gelegentlich daran erinnern, dass die Fraktionen nicht Verwalter eines Depot-Stimmrechts von Abgeordneten sind und dass nicht die Fraktionen ein Rederecht in Parlamenten haben, sondern die gewählten Abgeordneten. Das ist keineswegs eine banale, sondern eine unter prinzipiellen wie praktischen Gesichtspunkten gelegentlich hochkomplexe Konfliktlage. Bei genauem Hinsehen scheitert im Übrigen auch jede scheinbar genialische Lösung dieses Spannungsverhältnisses an der Realität – womit wir wiederum bei den berühmt-berüchtigten Kompromissen, Vereinbarungen und Deals sind, die sich aus verständlichen Gründen einer besonders skeptischen Betrachtung durch die Öffentlichkeit erfreuen, von der Beobachtung durch die Medien noch gar nicht zu sprechen.

Und damit bin ich neuntens bei den Medien, mit denen ich jetzt den Rest des Abends das Auditorium in allgemeine Euphorie versetzen könnte. Auch dazu will ich aber wenigstens ein paar Hinweise auf Veränderungen der Rahmenbedingungen machen und besondere Herausforderungen benennen, die damit für die politische Arbeit im Allgemeinen und die der Parteien im Besonderen verbunden ist. Dass sich mit der beinahe grundlegenden Veränderung des Mediensystems in den letzten 20, 25 Jahren nicht nur, aber auch die Begleitung des politischen Geschäfts durch die Medien in einer nicht marginalen, sondern beinahe prinzipiellen Weise verändert hat, halte ich für offenkundig, wird aber in der Analyse politischer Entscheidungsprozesse nach wie vor unterbelichtet.

Das beginnt schon bei den Quantitäten. Wenn ich gelegentlich gefragt werde, was denn die auffälligste Veränderung seit dem Wechsel des deutschen Parlamentarismus von Bonn nach Berlin gewesen sei, dann pflege ich darauf hinzuweisen, dass ich zunächst nach wie vor überrascht bin, wie wenig sich am deutschen Parlamentarismus tatsächlich verändert hat, weil ich selber fast nicht für möglich gehalten hätte, dass wir die so genannte Bonner Demokratie geradezu im Maßstab eins zu eins auf die größere Bühne in Berlin heben. Zu den signifikanten Veränderungen gegenüber den Bonner Verhältnissen gehört aber die dramatische Ausweitung der

Kulisse. Und zwar an zwei Stellen: Interessenverbände und Medien. Beide sind nahezu explodiert und etwa im Faktor zehn größer als zu Bonner Zeiten, rein statistisch kommen auf jeden Bundestagsabgeordneten zehn professionelle Lobbyisten und zehn professionelle Medienvertreter. Und ich rede von Berlin, ich rede nicht von der Republik. Würde ich die Gesamtrelation bilden, kämen wir noch zu erstaunlicheren, um nicht zu sagen deprimierenden Relationen. Nun muss man neben dieser quantitativen Veränderung die qualitativen Veränderungen betrachten, die sich durch die Digitalisierung der Medien ergeben haben. Man muss gar nicht zum Fatalismus neigen, und ich bin von meinem Temperament her dazu eigentlich auch besonders wenig geeignet; dass aber längst nicht mehr die Printmedien die Themen und schon gar die Taktzahlen für die Berichterstattung bestimmen, sondern dass umgekehrt die elektronischen Medien auch für die Printmedien Themen und Taktzahlen setzen, daran ist, was immer man sich wünschen möchte, kein ernsthafter Zweifel erlaubt. Die Dominanz der elektronischen Medien gegenüber den Printmedien begünstigt aber einen Trend, der häufig genug beschrieben worden ist und nicht nur, aber gerade mit Blick auf die Politik prägende und, wie ich persönlich finde, hochproblematische Effekte erzeugt: nämlich den zunehmenden Vorrang von Bildern gegenüber Texten, den immer größeren Vorrang von Schlagzeilen gegenüber Analysen, den offensichtlichen Vorrang von Zuspitzungen gegenüber Differenzierungen; den immer deutlicheren Vorrang von kurzen gegenüber längeren Sachverhaltsdarstellungen, den geradezu erschreckenden Vorrang von Schnelligkeit gegenüber Gründlichkeit der Informationsvermittlung und den deprimierend eindeutigen Vorrang der Unterhaltung gegenüber der Information. Bezüglich der vermeintlichen oder der tatsächlichen Auswanderung relevanter politischer Debatten aus den Parlamenten in den Medien erlaube ich mir aus Zeitgründen jetzt nur den Hinweis, dass die Talkshow die Anwendung des Prinzips des Vorrangs der Unterhaltung vor der Information auch auf den Bereich der Politik ist. Die scheinbare Selbstverständlichkeit, mit der diese Gesellschaft diskutiert, ist jedenfalls auch ein relevanter Befund – mal abgesehen davon, dass damit die – natürlich nicht rechtliche, aber faktische – Akquise eines bestimmten Politikertyps befördert wird, der anschließend besonders gern als abschreckendes Beispiel vorgeführt wird; worin sich gewissermaßen die Selbstreferenzialität dieser Art von Perspektivwechsel in einer besonders ernüchternden Weise niederschlägt.

In diesem Zusammenhang möchte ich auf einen kleinen empirischen Befund aufmerksam machen, bei dem mich nicht völlig verwundern würde, wenn manche von ihnen den gar nicht registriert haben. Die Berichterstattung über Plenardebatten des Bundestages ist in den wichtigsten deutschen Print- und Onlinemedien in den letzten zehn Jahren um 41 Prozent zurückgegangen. Den naheliegenden Einwand, dass die Plenardebatten nicht annähernd den Unterhaltungswert anderer Formate erreichen, akzeptiere ich sofort; bestätigt aber eher die von mir beschriebene Prioritätenbildung in der Gesellschaft im Allgemeinen und in öffentlich-rechtlichen wie privaten Rundfunk- und Fernsehanstalten im Besonderen. Wenn ich nämlich die gleiche Frage nicht unter Unterhaltungsgesichtspunkten beantworte, sondern unter Relevanzgesichtspunkten, dann fällt es nicht ganz leicht, diesen Rückgang der Berichterstattung für plausibel zu halten. Denn in genau diesem Zehn-Jahres-Zeitraum hat es die Weltfinanzkrise gegeben und wir hatten eine Dauerdebatte über die tatsächliche oder vermeintliche Stabilität des Euro und die nicht nur vermeintliche, sondern tatsächlich fragwürdige Stabilität der Haushaltsfinanzierung einer erstaunlich großen Zahl von Mitgliedsländern dieses gemeinsamen Währungsraums. Wir haben eine keineswegs routinemäßige Fortsetzung, sondern eine völlig neue Qualität der Herausforderung durch einen internationalen Terrorismus, der uns mit dem Anspruch eigener, organisierter Staatlichkeit in einem Format erreicht, mit dem sich frühere Parlamente und Regierungen so nie haben befassen müssen. Wir reden außerdem von gigantischen Migrationsherausforderungen, von denen kein ernsthafter Beobachter vermuten kann, dass sie spätestens dann ein für alle Mal beendet sein werden, wenn der Nahe Osten einmal befriedet wäre – was übrigens auch nicht bis zum nächsten Wochenende gelingt. Was schließlich die technischen und eben nicht nur die technischen, sondern auch die gesellschaftlichen Implikationen der Digitalisierung betrifft, haben wir ein Mega-Thema, von dem wir vielleicht registrieren können, dass es inzwischen in das allgemeine Problembewusstsein eingedrungen ist. Dass wir dieses Problem bewältigt oder gar erledigt hätten, davon kann nun wirklich keine Rede sein. Das heißt, wir reden über einen Zehn-Jahres-Zeitraum, in dem es ganz offenkundig nicht an hoch relevanten, politischen Sachverhalten gemangelt hat, die aber in einer entsprechenden Berichterstattung nicht oder nur am Rande, jedenfalls ganz gewiss nicht vorrangig, vorkommen.

Dazu kommt eine gespaltene, gelegentlich auch virtuose Erwartungshaltung der Medien, die der Chefkommentator des *Stern*, Hans-Ulrich Jörges, vor gut einem Jahr einmal in folgender Weise, wie ich finde sehr prägnant, zusammengefasst hat: »Weil eine wahrnehmbare Opposition fehlt, ist die politische Debatte weitgehend abgestorben. Zuckt es gelegentlich noch einmal, wird die unabdingbare Konfrontation der Meinungen unter maßgeblicher Beteiligung der Medien als zerstörerischer Streit denunziert. Journalistische Gesinnungspolizei patrouilliert selbst gegen kleinste Häkeleien der großkoalitionären Generalsekretäre und beschreit das drohende große Zerwürfnis.« Mit anderen Worten: Es kann eigentlich jede beliebige Art von Aufführung stattfinden, sie ist in jedem Fall daneben. Entweder, weil die Debatte nicht alternativ genug ist, nicht genug klare Kante zeigt, zu konsensual ist – oder eben umgekehrt, oder meinetwegen auch beides gleichzeitig, jeweils natürlich mit durchaus beachtlichen Argumenten. Die Gleichzeitigkeit dieser Erwartungen schließt aber im Ergebnis aus, dass die Adressaten dieser Kritik überhaupt eine Performance abliefern können, die diesem wechselnden, aber immer strengen Urteil Rechnung trägt.

Letzter Punkt: Parteienrecht. Hierzu haben wir eine regelmäßige, systematische Befassung, die auch dadurch ihren Niederschlag findet, dass es Bestandteil des geltenden Parteienrechts ist, dass der Bundestagspräsident jedes zweite Jahr einen Bericht zur Entwicklung des Parteiensystems unter besonderer Berücksichtigung von Finanzierungsaspekten vorzulegen hat, der dabei immer mal wieder auch auf naheliegende, notwendige, jedenfalls aus seiner Sicht dringliche Korrekturen verweist, von denen der Gesetzgeber manchmal einige aufnimmt, manchmal auch nicht – das im Einzelnen zu konkretisieren, muss jetzt anderen Veranstaltungen überlassen bleiben. Dass jedenfalls das Parteienrecht zu dem juristisch verbindlichen Korsett gehört, in dem Parteien ihre Aufgaben wahrnehmen müssen, daran will ich doch noch einmal erinnern, einschließlich des Hinweises, dass das schon eine nicht ganz simple Versuchsanordnung für die besonderen Bedingungen von politischen Parteien ist.

Konrad Hesse, ein renommierter deutscher Verfassungsrechtler, hatte schon mal zum 30. Geburtstag des Parteiengesetzes in einem Aufsatz die Vermutung formuliert: »Das

Parteiengesetz steht mit dem Wesen von Parteien in ähnlicher Weise im Widerspruch wie das Kirchenrecht mit dem Wesen von Kirchen.« Das halte ich für eine intelligente Beobachtung, wobei im Übrigen in dem einen wie hoffentlich in dem anderen Falle die begründeten Zweifel an der Zweckmäßigkeit der jeweils vorhandenen rechtlichen Regelungen die Schlussfolgerung nicht unbedingt nahelegen, dass das Existenzrecht der Institutionen offenkundig fragwürdig sei.

Was bleibt als Resümee? Zunächst bleibt der Befund, dass eine funktionierende parlamentarische Demokratie ohne politische Parteien schwer vorstellbar und noch schwerer realisierbar ist. Dass zweitens allerdings ausgerechnet diese schwer ersetzbaren Parteien sich im Prozess eines noch stärkeren Vertrauensverlustes befinden, als er für andere Institutionen zu beobachten ist. Deswegen ist der Hinweis, dass die Demokratie glücklicherweise kein System ist, das die Herbeiführung verbindlicher Entscheidungen auf einen Vertrauensvorschuss begründet, nicht gänzlich überflüssig. Tatsächlich verhält es sich umgekehrt. Die Demokratie bindet Einfluss und Macht an Voraussetzungen, an Bedingungen, an Befristungen, weil sie zu einem prinzipiellen Vertrauensvorschuss nicht bereit ist. Somit ist das Problem des nicht ausreichenden oder verlorengehenden Vertrauens aus guten Gründen im System strukturell berücksichtigt. Ich persönlich glaube, dass ein Teil der mäßigen Begeisterung des geneigten Publikums über die Performance unserer politischen Institutionen weniger mit deren offenkundigen Fehlleistungen und Defiziten zu tun hat, sondern mit der vergleichsweise beachtlich gut gelingenden Erledigung der diesem System anvertrauten Aufgaben. Oder, um es anders zu formulieren: In der Politik ist kaum eine andere Aufgabe schwieriger zu lösen als für eine Demokratie im Normalzustand Leidenschaft zu entwickeln. Ausnahmezustände generieren ihre eigenen

Leidenschaften. Aber es fällt mir außerordentlich schwer, mir Ausnahmezustände als Normalzustände zu wünschen, um die Leidenschaften verfügbar zu machen, die uns im funktionierenden Alltag einer für selbstverständlich gehaltenen Demokratie offenkundig abhandenkommen. Eine funktionierende Demokratie ist bedauerlicherweise eine eher langweilige als begeisternde, täglich ansteckende Euphorie erzeugende Veranstaltung. Bei allen berechtigten Erwartungen daran, eine Demokratie zu vitalisieren, muss man die damit verbundene Versuchung im Auge behalten, Aufmerksamkeit zu erzeugen, indem man Knallkörper entzündet, ohne dass damit ein handfester Beitrag zur Verstärkung der Leistungsfähigkeit des politischen Systems verbunden wäre.

Auch deshalb ist mein Resümee ambivalent. Stabilität haben wir im Hinblick auf die Grundsätze der Verfassung unseres Systems einschließlich der rechtlichen Rahmenbedingungen unserer Parteiendemokratie. Mit Blick auf die Wahrnehmung dieser Parteiendemokratie durch die Wählerinnen und Wähler, was Bedeutung, Ansehen und Leistungsfähigkeit der Parteien betrifft, ist mein Resümee hingegen eingetrübt. Politische Parteien sind sicher die wichtigsten einzelnen Transmissionsriemen gesellschaftlicher Veränderungen in staatliches Handeln. Deswegen dürfen sich Parteien nicht wie wandelnde Denkmäler verstehen, die den Zustand der Gesellschaft zum Zeitpunkt ihrer Gründung auf Dauer zu bewahren hätten. Sie müssen lebendige Membranen sein, die Veränderungen vermitteln, in beide Richtungen übrigens. Ich persönlich bin überzeugt, dass die Erfolgsgeschichte der zweiten deutschen Demokratie nicht zuletzt auch den politischen Parteien zu verdanken ist. Bei keiner anderen Institution in Deutschland ist die Diskrepanz zwischen tatsächlicher Leistung und allgemeiner Reputation so groß wie bei den Parteien. Perfekt sind die Parteien sicher nicht, ebenso wenig wie Unternehmen, Banken, Gewerkschaften, Vereine, Verbände, Kirchen, selbst Universitäten. Aber sie haben mit ihren immer weniger, gleichwohl immer noch vielen tausenden ehrenamtlichen Funktions- und Mandatsträgern einen beachtlichen Beitrag zur Artikulation von Interessen wie zur Konsensbildung unserer Gesellschaft geleistet, der mehr Anerkennung verdient, als das in der Öffentlichkeit meist geschieht. Und deswegen nochmal Adenauer: »Schön ist das nicht immer. Viel Freude macht es noch seltener. Aber die Beschäftigung ist Pflicht.«

Demokratie bedeutet mehr
als die bloße Existenz eines Parlaments

Rede in der Generaldebatte der Vierten Weltparlaments-
präsidentenkonferenz,
New York, 1. September 2015

In den vergangenen 15 Jahren – seit der Verabschiedung der
Millenniums-Entwicklungsziele – hat die Weltgemeinschaft
in einigen wichtigen Bereichen bemerkenswerte Fortschritte erzielt. Leider gilt dies nicht für die Entwicklung der Demokratien in der Welt. Im Gegenteil: Das vergangene Jahr
2014 war das 9. Jahr in Folge, in dem es gravierende Rückschläge für die bürgerlichen und politischen Rechte in einigen Ländern gab. Wissenschaftliche Studien weisen darauf
hin, dass heute weniger als die Hälfte der Weltbevölkerung in
stabilen, funktionierenden demokratischen Staaten lebt.

Wir sind uns hoffentlich einig, dass Demokratie mehr ist
als nur ein Begriff. Wir stimmen hoffentlich darin überein,
dass Demokratie mehr bedeutet als die bloße Existenz eines Parlaments und mehr als freie und faire Wahlen und die
Herrschaft der Mehrheit: Demokratie umfasst den Schutz
von Minderheiten, die Kontrolle von Regierung und Verwaltung, Rede-, Presse- und Religionsfreiheit, Rechtsstaatlichkeit und unabhängige Gerichte. Lediglich zwei Dutzend von
etwa zweihundert Staaten werden diesen Ansprüchen in vollem Umfang gerecht. Und auf der anderen Seite gibt es über
fünfzig Staaten, in denen autoritäre Regime an der Macht
sind. Heute beobachten wir sogar, wie sich die Idee einer so

genannten »illiberalen Demokratie« ausbreitet, wobei dies natürlich ein Widerspruch in sich ist, denn entweder reden wir über liberale Lebensbedingungen oder wir haben eben keine funktionierende Demokratie.

Wir sind alle Parlamentarier, wir haben als Sprecher und Präsidenten unsere Verpflichtungen in unseren Heimatländern, aber wir sind uns hoffentlich alle bewusst, dass wir unter deutlich unterschiedlichen Arbeitsbedingungen agieren: In manchen Ländern gibt es freie Wahlen, in anderen nicht; es gibt Länder, in denen ein fairer Wettbewerb zwischen mehreren Parteien und Kandidaten herrscht, und Länder, in denen dieser Wettbewerb nicht stattfindet. Es gibt Länder, in denen alle Zugang zu öffentlichen Ämtern und Parlamentsmandaten haben, und es gibt Länder, in denen das nicht der Fall ist. Es gibt Länder mit unabhängigen Gerichten und Länder ohne unabhängige Gerichte, Länder mit Pressefreiheit und Länder, in denen Zensur herrscht. In vielen Ländern wird die Regierung vom Parlament kontrolliert; in einigen anderen kontrolliert umgekehrt die Regierung das Parlament.

Die Stärkung der Grundsätze der Demokratie beginnt damit, dass wir die Wirklichkeit so schildern, wie sie ist, und sie ändern, wo immer es notwendig ist. Fünfundzwanzig Jahre nach der gewaltigen Transformation der mittel- und osteuropäischen Länder in parlamentarische Demokratien gibt es zurzeit nur ein ermutigendes Beispiel für den erfolgreichen demokratischen Wandel: Tunesien. Und dieses Land sollte nicht nur unseren Beifall und unsere Glückwünsche erhalten, sondern auch unsere nachdrückliche Unterstützung für seine weitere Entwicklung.

Liebe Kolleginnen und Kollegen, meine Damen und Herren, es ist einfach, eine neue Entschließung zu verabschieden, die »die Demokratie in den Dienst von Frieden und Entwick-

lung« stellt. Es ist viel mehr Ehrgeiz nötig, um das umzusetzen, »was das Volk will«. Ich hoffe sehr, dass wir diesen Ehrgeiz und die Stärke entwickeln, die wir brauchen, um das umzusetzen, was wir beschreiben.

Erinnerung und Geschichte

Wie viel Erinnerung braucht Demokratie?

Rede bei den Politikergedenkstiftungen im Zeughauskino des Deutschen Historischen Museums, Berlin, 19. Juni 2017

Wie viel Erinnerung braucht Demokratie? Das Thema setzt jedenfalls voraus, dass Demokratie Erinnerung braucht. Wobei die scheinbar schlichte übrigbleibende Frage, wie viel sie eigentlich braucht, offensichtlich von mir beantwortet werden soll – worauf ich Ihnen nur begrenzte Aussichten eröffnen kann, und schon gar nicht verbindliche Antworten oder Auskünfte. Aber ich will gerne ein paar Überlegungen dazu beitragen, zumal ich nicht nur das Anliegen der Politikergedenkstiftungen für grundsympathisch, sondern unter vielerlei Gesichtspunkten auch für notwendig halte.

Wie viel Erinnerung braucht Demokratie? Und wer ist dafür eigentlich zuständig? Und wie misst man das, was da gebraucht wird? Und wie viel von dem, was gebraucht würde, wird tatsächlich beigetragen – oder umgekehrt: wie viel fehlt offenkundig und an welcher Stelle fehlt es, und durch wen müsste es beigetragen werden?

Die Politik könnte es sich einfach machen, wenn sie dem hochangesehenen englischen Historiker Eric Hobsbawm folgen würde. Für ihn hat Geschichte in Politikerhand nichts zu suchen. »Die beste Form der Vergangenheitsbewältigung«, so hat er nicht irgendwann zufällig, sondern bei der Verleihung eines renommierten Historikerpreises erklärt, die beste Form der Vergangenheitsbewältigung sei, »die Vergangenheit hinter sich, und die Geschichtsschreibung ganz den

Historikern zu überlassen«. Diese prägnante Bemerkung bestätigt mindestens die Eric Hobsbawm nachgesagte Freude an einer auffälligen Pointe, lässt aber möglicherweise doch eine Unterschätzung der fundamentalen Bedeutung von Vergangenheitsbezügen nicht nur im Allgemeinen, sondern insbesondere für die Konstituierung und Legitimierung politischer Ordnungen erkennen. Staatliches Handeln vollzieht sich immer in historischen Kontexten, ausnahmslos. Und die Wahrnehmung staatlichen Handelns vollzieht sich zwar nicht immer, aber doch vergleichsweise häufig und bei manchen Staaten noch häufiger als bei anderen auch in historischen Kontexten – was für eine sehr differenzierte Behandlung dieses Themas spricht, schon gar aus deutscher Perspektive. Die Identität einer Person wird wesentlich durch ihre Herkunft bestimmt und für die Identität von Ländern, von Völkern und von Nationen gilt das in sehr ähnlicher Weise. Sich die Identität eines Landes und die mehr oder weniger ausgeprägte, übrigens auch und gerade aus diesem Grunde mehr oder weniger ausgeprägte Identifikation der Bürgerinnen und Bürger eines Landes mit dem eigenen Land ohne die Herkunft vorzustellen, ist eine ziemlich theoretische Übung und nicht sehr wirklichkeitsnah.

Die Gegenwart ist immer nicht nur, aber doch wesentlich das Produkt der Vergangenheit; und die Zukunft ist nur schwer zu bewältigen, ohne Bewusstsein von dem, was früher war – überzeugend gelingt das jedenfalls selten. Noch mehr als Personen stehen Nationen unter Beobachtung ihrer Zeitgenossen. Und wenn das für irgendeine Nation ganz sicher gilt, dann für unsere. Dass dies für die Deutschen in der Wahrnehmung ihrer Nachbarn ein geradezu prägender Aspekt des Verhältnisses ist, das ist hinreichend häufig und zu Recht beschrieben worden, so dass es keiner weiteren Erläuterung bedarf. Aus der Art und Weise, wie sich eine Gesellschaft und ein Staat zur eigenen Geschichte verhalten, lassen sich durchaus beachtliche Rückschlüsse auf das jeweilige Selbstverständnis ziehen. Insofern reden wir, wenn wir über Erinnerung im Allgemeinen und Erinnerungskultur im Besonderen sprechen, direkt und indirekt immer auch über staatliche Verantwortung.

Viele werden von mir jetzt nicht zum ersten Mal hören, dass es zu meinem Kulturverständnis gehört, dass der Staat nicht für Kultur zuständig ist, wohl aber für die Bedingungen, unter denen sie stattfindet – was nicht dasselbe ist. Welche Bücher in einem Land geschrieben werden, welche Theaterstücke wie inszeniert werden, welche Bilder wie gemalt werden, welche Skulpturen mit und ohne 10-Jahres-Ausstellungen an prominenten Plätzen stehen, geht den Staat nichts an, außer dass er möglich machen sollte, dass all dies stattfinden kann, wenn er denn ein Kulturstaat sein will. Ich weise deswegen auf diesen Umstand hin, weil sich nach diesem Verständnis eine inhaltliche Kompetenz des Staates für Kunst und Kultur ausdrücklich nicht ergibt, die ich allerdings für einen einzigen Bereich der Kulturpolitik ausdrücklich reklamiere: die Erinnerungskultur!

Dass der Staat sich aus diesem Teil von gesellschaftlichem Nachdenken, Entwickeln, Weiterentwickeln des eigenen Selbstverständnisses heraushalten könnte, halte ich weder für wirklichkeitsnah noch für durchdacht. Hier kann er sich nicht alleine auf die zu sichernden Rahmenbedingungen zurückziehen, sondern er muss sich zur Geschichte des eigenen Staates, des eigenen Landes verhalten, und in der Art und Weise, in der er das tut oder auch lässt, prägt er die Erinnerungskultur einer Gesellschaft. Ich räume ein, dass der Begriff »Erinnerungskultur« genauso problematisch ist wie fast alle ähnlichen Begriffe, so habe ich auch Zweifel am Begriff »Geschichtspolitik« – ein Begriff, den ich noch problematischer finde als den Begriff »Erinnerungskultur«, denn weder ist Politik für Geschichtsschreibung zuständig noch Geschichtsschreibung für Politik. Beide folgen ihren jeweils eigenen Ansprüchen und diese sind ganz sicher nicht deckungsgleich. Allerdings hat Geschichte ebenso wenig nur mit Vergangenheit zu tun, wie Politik nur auf die Bewältigung der Gegenwart reduziert werden darf. Wesentlicher Maßstab für ihre Relevanz ist der Beitrag, den sie jeweils zur Bewältigung der Zukunft leisten. Deswegen müsste vielleicht der noch vollständigere Titel unseres gemeinsamen Nachdenkens lauten: Wie viel Erinnerung braucht die Zukunft einer Demokratie?

Tatsächlich beobachten wir seit geraumer Zeit sowohl regelmäßige Hinweise auf ein vermeintlich neues Interesse an der Geschichte als auch regelmäßige Klagen über einen erschreckenden Mangel an historischen Kenntnissen. Für beides gibt es Belege. Ich will nur darauf hinweisen, dass wir in Deutschland eine bemerkenswerte Zahl von teilweise sehr aktiven Geschichtswerkstätten haben, dass sich autobiografische Erinnerungen mit einer bemerkenswerten Regelmäßigkeit auf Bestsellerlisten finden, dass historische Ausstellungen eine beachtliche Konjunktur haben und keineswegs unterdurchschnittliche, sondern oft auffällig überdurchschnittliche Zuschauerzahlen. Im Film werden historische Stoffe wiederentdeckt, selbst im Fernsehen hat sich für eine bestimmte Art der erzählenden Dokumentation historischer Ereignisse der wiederum hübsche Begriff des »Histotainments« eingeschlichen, der offenkundig diejenigen, die vor dem Begriff Geschichte reflexhaft scheuen könnten, durch die Andeutung von Unterhaltung bei Laune halten soll. Aber ich bin ein bisschen zögerlich, wenn ich mit einer wiederkehrenden Regelmäßigkeit von vermeintlich neuem Interesse an der Geschichte lese, weil ich den Eindruck habe, dass die Wahrnehmung dieses Interesses vielleicht neuer ist als das Interesse selbst. Denn wenn man etwa auf die großen kunst- und kulturhistorischen Ausstellungen der jüngeren Vergangenheit verweist und nach dem Anfang einer solchen Serie von Entwicklungen sucht, bei den großen Ausstellungen über Karl den Großen, die Ottonen, die Salier, die Stauffer, den 30-jährigen Krieg, die Geschichte Preußens, die Paulskirche 48/49 – und wir reden über eine Serie wirklich bundesweiter, teilweise international wahrgenommener großer historischer Ausstellungen seit den 70er Jahren –, dann ist das immerhin ein Zeitraum von gut 40 Jahren, in dem es ein tatsächliches oder eingebildetes neues Interesse an Geschichte gegeben haben soll. Wir arbeiten uns gewissermaßen von Karl dem Großen immer mehr an die jüngere Gegenwart heran, und kaum sind wir dort angekommen, stellen wir fest, dass es ein ganz neues Interesse an der Geschichte gibt. Ich bin da nicht so sicher, und schon gar nicht bin ich mir sicher, ob dies ein nachhaltiges Interesse ist, ob es über die offenkundig ausgeprägte spontane Neigung, sich auch und gerade mit historischen Sachverhalten zu beschäftigen, hinaus ein nachhaltiges Aufarbeiten und Einarbeiten historischer Wahrnehmungen in aktuelle Lebensbezüge diesseits und jenseits der Politik gibt. Denn so richtig der Hinweis auf die erstaunliche Literatur, die erstaunliche Konjunktur von Ausstellungen, Filmen und anderen einschlägigen Darstellungsformen ist, so einschlägig sind leider auch die Untersuchungen, die das historische Wissen oder Nichtwissen nachwachsender Schülergenerationen dokumentieren. Viele von Ihnen kennen die berühmte – fast hätte ich gesagt berühmt-berüchtigte – Umfrage im Auftrag der Stiftung zur Aufarbeitung der SED-Diktatur und des Verbandes der Geschichtslehrer Deutschlands, die vor fünf Jahren ja zu dem rundum ernüchternden Ergebnis führte, dass fünf Prozent der deutschen Gymnasiasten den früheren SED-Chef Walter Ulbricht für einen oppositionellen Liedermacher halten und sieben Prozent meinen, Erich Honecker sei der zweite Bundeskanzler der Bundesrepublik Deutschland gewesen. Und wenn man dann aus einer späteren Studie hinzunimmt, dass die Hälfte der befragten Schüler in Nordrhein-Westfalen das DDR-Regime für demokratisch legitimiert halten, dann ist der Befund eben leider gar nicht witzig, sondern er zeigt, dass sich hinter der oberflächlichen Beschäftigung mit Personen, Sachverhalten und Ereignissen jedenfalls nicht immer die vertiefte Auseinandersetzung mit Abläufen, Entwicklungen, Ereignissen, deren Ursachen und insbesondere auf deren Wirkungen finden lässt.

Dass die jüngere deutsche Geschichte häufig eher ein Bedürfnis nach Distanz gegenüber dem eigenen Land und der eigenen Geschichte erzeugt als einen spontanen Wunsch nach Identifikation, dafür wird man mit Blick auf den besonderen Verlauf der deutschen Geschichte mindestens Verständnis aufbringen müssen – jedenfalls erklärt es fast hinreichend den in den allermeisten unserer Nachbarländer sehr viel unkomplizierteren Bezug der Menschen zur eigenen Geschichte, als er in Deutschland zu beobachten ist. Vielleicht hat dieses nach wie vor feststellbare Bedürfnis nach Distanz aber auch zu tun mit der verständlichen, gleichwohl unzulässigen Verkürzung der Wahrnehmung deutscher Geschichte. Denn diese deutsche Geschichte hat weder 1933 begonnen, noch war sie 1945 zu Ende. Und auch die heimliche, um nicht zu sagen unheimliche Variante der gleichen Verkürzung führt zu dem gleichen Befund: Die deutsche Geschichte hat nicht 1945 erst begonnen, nachdem sie 1933 vermeintlich zu Ende gegangen war. Wir befinden uns immer in der Kontinuität einer Geschichte, die nicht nur sehr viel komplizierter ist als manche andere, sondern auch sehr viel länger und vielfältiger und vielseitiger war, als sie in aller Regel wahrgenommen wird.

Es hätte einen gewissen Reiz, sich mit kritischen Stimmen deutscher und internationaler Autoren zum Verhältnis der Deutschen zu ihrer eigenen Geschichte auseinanderzusetzen – ich begnüge mich mit dem Hinweis, den Adolf Muschg immer mal wieder gegeben hat, der frühere Schweizer Präsident der Akademie der Künste in Berlin, der diesem Land mit großer Sympathie, aber eben auch mit ausgeprägtem Beobachtungsvermögen gegenübersteht und der uns Deutschen immer mal wieder »Traditionsignoranz und Indifferenz gegenüber der eigenen Nationalkultur« vorgeworfen hat – da treffen die Unbefangenheit des Schweizers im Verhältnis zur eigenen Landesgeschichte und die von ihm zutreffend beobachtete Befangenheit der Deutschen im Umgang mit ihrer Geschichte aufeinander.

Natürlich muss im Zentrum deutscher Gedenkpolitik die doppelte Diktaturerfahrung im 20. Jahrhundert stehen, die zur kollektiven Erinnerung aller Deutschen gehört. Im antitotalitären Grundkonsens unserer Republik hat die Aufarbeitung beider Systeme mit ihren jeweiligen Gemeinsamkeiten und Unterschieden eine erhebliche, wiederum politische Bedeutung. Mit dem im Jahr 2008 verabschiedeten Gedenkstättenkonzept des Bundes, das es übrigens gar nicht geben müsste, wenn es eine staatliche Verantwortung für dieses Thema nicht gäbe, mit diesem Gedenkstättenkonzept des Bundes soll die über die Jahre entwickelte und von staatlichen wie zivilgesellschaftlichen Institutionen getragene Erinnerungs- und Gedenkkultur zur NS-Zeit wie zur zweiten deutschen Diktatur gestärkt werden.

Nun ist es eher ein Kalauer als eine zielführende Bemerkung, darauf hinzuweisen, dass sich Geschichte nie wiederholt und die Befassung mit historischen Ereignissen, wenn schon nicht als Kompass, so doch ganz sicher als Orientierung für die Bewältigung aktueller und zukünftiger Herausforderungen taugt. Nach meinem persönlichen Urteil ist die Nachkriegsgeschichte Deutschlands in einem beachtlichen Umfang allerdings die eindrucksvolle Widerlegung der stabilen Vermutung, das Einzige, was sich aus der Geschichte lernen lasse, sei, dass sich nichts aus ihr lernen lasse. Wenn es ein Land in Europa – vielleicht auch weiter darüber hinaus – gibt, für das dies weder objektiv noch im Selbstverständnis zutrifft, dann ist das wiederum Deutschland. Die jetzt beinahe 70-jährige Geschichte der Bundesrepublik ist nicht nur, aber auch ein bemerkenswerter, jahrzehntelanger Lernprozess im Umgang mit der eigenen Geschichte und ihrer Aufarbeitung, der übrigens auch keineswegs geradlinig erfolgt ist. Aber dass es nicht nur in Europa kein zweites Land gibt, das so viel Grund hat wie wir, sich mit der eigenen Geschichte auseinanderzusetzen, sondern dass es tatsächlich auch kein zweites Land gibt, das sich so gründlich wie wir dieser eigenen Einsicht gestellt und unterzogen hat, das gehört wiederum auch zu den ermutigenden Erfahrungen und schlägt sich übrigens auch in der Wahrnehmung Deutschlands durch unsere Nachbarn nieder. Dass dieses Land überhaupt wieder als gleichberechtigtes Land in der europäischen Völkerfamilie angenommen und wahrgenommen wird und darüber hinaus mit Blick auf unsere Geschichte erstaunlicherweise von manchen inzwischen schon fast für das Modell der Entwicklung einer modernen Staats- und Gesellschaftsordnung gehalten wird, ist ohne die Wahrnehmung unserer konsequenten, gründlichen und im Wortsinn rücksichtslosen Befassung mit der eigenen Geschichte nicht erklärbar.

Nun gehört es zu den besonders delikaten Aufgaben sowohl für Historiker wie für staatliche Institutionen, in ihrem jeweiligen Umgang mit historischen Entwicklungen und Ereignissen weder die Handschriften zu übersehen, die Persönlichkeiten für diese Entwicklungen und Ereignisse beigetragen haben, noch die großen Entwicklungslinien der Landesgeschichte hinter solchen Köpfen verschwinden zu lassen. Denn Geschichte ist immer beides. Sie lässt sich nie von den handelnden Personen lösen, aber sie lässt sich durch das jeweils handelnde Personal alleine auch nie hinreichend erklären.

In diesen Tagen unter dem Eindruck des Todes von Helmut Kohl wird viel darüber nachgedacht und geschrieben, ob denn eigentlich der Prozess der Wiedervereinigung ohne ihn, ohne seine besondere Persönlichkeit so hätte stattfinden können. Das werden mit größerem zeitlichem Abstand künftige Historiker auch nicht ohne Restzweifel beantworten können. Beachtlich ist schon, dass es in der vergleichsweise kurzen Zeit von einem Vierteljahrhundert nach diesen Ereignissen eine weit verbreitete Vermutung gibt, dass sich der Ablauf der Ereignisse ohne seinen persönlichen Beitrag so nur schwer vorstellen lässt. So wie, ohne dass ich dieses Beispiel überstrapazieren möchte, der persönliche Beitrag Otto von Bismarcks zur Gründung des Deutschen Nationalstaates auch schwer substituierbar erscheint, schon gar nicht durch den damaligen preußischen König und späteren deutschen Kaiser – was übrigens ein anderes interessantes Thema zur Erinnerungskultur ist. Um die Jahrhundertwende vom 19. zum 20. Jahrhundert sind zur Festigung der Erinnerung an den ersten deutschen Kanzler einige Dutzende »Bismarck-Türme« errichtet worden, wobei ich jetzt den ästhetischen Teil dieser Denkmalspflege gar nicht in die nähere Betrachtung rücke – das kommt uns sowohl vom Volumen wie von der Form der Heldenverehrung doch stark übertrieben vor, zumal es ganz offenkundig die wirklichen Gewichte nicht zutreffend wiedergibt. Wie eben auch Helmut Kohl, und damit komme ich zur Zeitgeschichte zurück, die deutsche Einheit nicht hätte wiederherstellen können, wenn es nicht die Bürgerrechtsbewegung in der DDR gegeben hätte und die Mauer zuvor nicht vom nicht-freien Teil Deutschlands eingeschoben, eingedrückt, niedergerissen worden wäre. Beide Beispiele illustrieren wohl hinreichend den relativen Zusammenhang von Ereignissen, von Strukturen und einzelnen Personen, die in solchen Situationen an einflussreichen Positionen sind oder nicht sind und mit glücklicher oder unglücklicher Handschrift einen förderlichen oder weniger förderlichen Einfluss auf die herrschenden Verhältnisse nehmen.

Das veranlasst mich, mindestens mit einem Satz auf den 17. Juni zu sprechen zu kommen. Der 17. Juni 1953 gehört für mich zu den herausragenden Ereignissen der jüngeren deutschen Geschichte, und fast jeder, der mit diesem Ereignis einen konkreten Namen verbinden sollte, käme erheblich in Schwierigkeiten. Mit mindestens zulässiger Vereinfachung wird man sagen können, dass es den 9. November 1989 ohne den 17. Juni 1953 nicht gegeben hätte, wenn die sich wiederum natürlich nachträglich logisch erschließenden Zwischenetappen des Ungarnaufstandes in Budapest und der Niederschlagung des Prager Frühlings 1968 und der Solidarność in Polen nicht in diese Serie von gescheiterten Aufständen einbeziehen ließen, die am Ende dann den Zusammenbruch eines autoritären Regimes zur Folge hatten, weil die Menschen nicht bereit waren, das Scheitern ihres eigenen Freiheitswillens als letztes Wort der Geschichte zu akzeptieren.

Freiheitskämpfe verdienen nicht erst dann Respekt, wenn sie erfolgreich gewesen sind, sondern dann, wenn sie stattfinden. Und gerade deswegen ist Erinnerungskultur mehr als die Erinnerung an herausragende Persönlichkeiten – oder umgekehrt ist eine der wichtigsten Aufgabe der Erinnerungskultur, an Persönlichkeiten zu erinnern, an die sich niemand mehr erinnert, ohne die es diejenigen, an die wir uns – auch dank der Arbeit der Stiftungen – erinnern, aber sicher nicht gegeben hätte.

Wie verhalten wir uns zur eigenen Geschichte? Wie identifizieren wir die Markierungspunkte, die erklären helfen, warum dieses Land jetzt so ist, wie es ist? Was ist uns davon wichtig und wie schlägt sich das, was wir für wichtig halten, in welcher Art von Strukturen, Institutionen, meinetwegen auch in einzelnen Denkmälern nieder? Allein die Geschichte des Freiheits- und Einheitsdenkmals ist ein beinahe exemplarischer Beleg für unsere Schwierigkeiten im souveränen Umgang mit der Erinnerung an eine komplizierte deutsche Geschichte. Denn es gibt eine, wenn auch vergleichsweise übersichtliche, aber eindrucksvolle deutsche Freiheits- und Demokratiegeschichte, die übrigens auch nicht erst in den 80er Jahren des vergangenen Jahrhunderts begonnen hat, sondern die sich spätestens in den Übersetzungen des Einflusses der Französischen Revolution auf damals ganz unterschiedlich verfasste kleinere deutsche Territorialstaaten in ihren Anfängen finden und nachzeichnen lässt und die über das Wartburgfest, das Hambacher Fest in die Frankfurter Paulskirche geführt haben, einem wiederum gescheiterten Anlauf zur Etablierung einer demokratischen Ordnung in einem deutschen Nationalstaat. Der Versuch, beides – Demokratie und Nationalstaat – gleichzeitig zu realisieren, war offenkundig zu ehrgeizig, aber jeder, der nicht ganz zu Unrecht diesen Anlauf als Beispiel für ein Scheitern erklärt, übersieht, dass es die Verfassung, die wir heute haben, ohne die Frankfurter Paulskirchenverfassung gar nicht gäbe, obwohl oder weil diese Verfassung nie in Kraft getreten ist. An solche Zusammenhänge zu erinnern, ist nicht die exklusive, wenn auch professionelle Aufgabe von Historikern, vor allem ist die Erinnerung daran unverzichtbarer Bestandteil des Selbstverständnisses unseres Landes und muss deswegen nicht nur, aber eben auch als staatliche Aufgabe begriffen werden.

Meine Damen und Herren, der israelische Schriftsteller Amos Oz hat in einem Interview einmal gesagt: »Wenn ich bei den Friedensgesprächen etwas zu sagen hätte, würde ich die Tontechniker anweisen, die Mikrofone abzuschalten, sobald irgendeine der Verhandlungsparteien anfängt, von der Vergangenheit zu reden. Sie werden dafür bezahlt, Lösungen für die Gegenwart und für die Zukunft zu finden.« Das darf ein Schriftsteller sagen, aber es funktioniert weder im Nahen Osten noch in Europa. Weder Deutsche noch Polen, weder Israelis noch Palästinenser können ihre Zukunft unter Verdrängung oder Leugnung ihrer gemeinsamen Vergangenheit gestalten. Und je unversöhnlicher die Verhältnisse wurden und je länger sie andauern, desto zutreffender ist diese Lebensweisheit: Das Geheimnis der Versöhnung ist Erinnerung, nicht das Vergessen, nicht das Verdrängen dessen, was stattgefunden hat, sondern das Aufarbeiten dessen, was stattgefunden hat. Der bewusste, nicht selten schmerzhafte Prozess des Sich-Verhaltens zu dem, was stattgefunden hat, ist die unverzichtbare Voraussetzung für eine Aussicht auf eine gemeinsame Bewältigung gemeinsamer Zukunftsherausforderungen.

Nun sind die Erfahrungen, die wir als Personen wie als Länder, Nationen oder als Staaten gemacht haben, nicht identisch – jeder hat seine Erfahrungen gesammelt und der Hinweis auch und gerade von Historikern, dass es eine gemeinsame europäische Geschichtserzählung deswegen nicht gebe und auch nur schwer geben könne, weil hier doch ganz unterschiedliche Erfahrungen gemacht wurden, ist keineswegs von der Hand zu weisen. Aber der richtige Hinweis auf die unterschiedlichen Erfahrungen ist zugleich eine schlechte Begründung für die Verweigerung eines gemeinsamen Aufarbeitens unterschiedlicher Erfahrungen. Da fallen mir gerade aus der jüngeren Vergangenheit erfreuliche und weniger erfreuliche Beispiele ein. Im Prozess der Aufarbeitung einer besonders schwierigen gemeinsamen Vergangenheit waren wir zwischen Deutschland und Polen sicher schon mal ein bisschen weiter, als wir es gegenwärtig offenkundig sind. Aber daraus zu schlussfolgern, diese gemeinsame Auseinandersetzung mache keinen Sinn, ist weder historisch begründbar noch politisch vernünftig.

Wie viel Erinnerung braucht Demokratie? Braucht eigentlich nur Demokratie Erinnerung, braucht sie mehr davon als andere politische Systeme? Dazu kann ich Ihnen keine abschließende Auskunft geben, sondern zunächst nur die starke Vermutung äußern, dass die Demokratie tatsächlich mehr als andere Staatsformen der ständigen Selbstvergewisserung bedarf, weil sie andere Stützen der Stabilität, über die autoritäre Systeme reichlich verfügen, nicht nur nicht im Repertoire führt, sondern ausdrücklich aus dem Repertoire verbannt hat.

Kann es überhaupt ein Zuviel an Erinnerung geben? Ja, ich glaube, durchaus. Es gibt auch ein Risiko der Vergangenheitsfixierung, der Realitätsflucht, auch dafür gibt es Beispiele. Trotzdem glaube ich, dass unter Berücksichtigung der tatsächlich stattfindenden Entwicklungen, Neigungen und Reflexe das Risiko größer ist, zu wenig in diese Befassung mit der eigenen Geschichte und ihre Lebendigkeit im öffentlichen Bewusstsein zu investieren. Denn der Preis der Geschichtsvergessenheit, des Verlustes von Erinnerung oder des Verdrängens ist Kopflosigkeit. Eine Gesellschaft, die sich nicht erinnern will oder nicht erinnern kann, ein Staat, der so tut, als habe er mit seiner eigenen Vergangenheit nichts zu tun, enthauptet sich gewissermaßen, weil er sich der Mittel beraubt, die er zur eigenen Selbstvergewisserung braucht.

In diesem Sinne möchte ich mich bei den Initiatoren ausdrücklich bedanken, dass sie dieses komplizierte Thema in einer so demonstrativen Weise auf die Tagesordnung heben. Ich verbinde damit nicht nur die Hoffnung, sondern eigentlich auch die sichere Erwartung, dass das mit einer solchen einmaligen öffentlichen Veranstaltung dann auch sicher nicht sein Bewenden haben kann, sondern dass das Thema immer wieder Gegenstand einer gemeinsamen Befassung sein und bleiben muss. Und ich bin froh, dass wir heute in Deutschland das Maß an Konsens über den Stellenwert von Erinnerungskultur haben, das uns in die Lage versetzt, über ein solches Thema nicht nur folgenlos zu reflektieren, sondern auch operativ daraus Handlungsschritte zu entwickeln, die, wenn es denn hinreichend begründbar ist, gegebenenfalls auch den Haushaltsgesetzgeber erreichen können.

Wer mitfühlen und mitdenken will, braucht Deutungen des Geschehens

Rede zum Gedenken an die Opfer des Nationalsozialismus, Deutscher Bundestag, 27. Januar 2016

»Wer Unfreiheit und Willkür kennt, der weiß Freiheit und Recht zu schätzen. Die Selbstverständlichkeit aber, mit der unser Volk Freiheit und Recht erleben darf, vermittelt mitunter zu wenig Gespür für die Gefahren von Willkür und Unfreiheit. Das ist das große Problem, vor dem jeder Rechtsstaat steht.«

Meine Damen und Herren, mit diesem Hinweis hat der damalige Bundespräsident Roman Herzog 1996 in seiner Ansprache im Deutschen Bundestag den 27. Januar zum jährlichen Gedenktag für die Opfer des Nationalsozialismus erklärt – als beständige Mahnung zur Weitergabe der Erinnerung an das nationalsozialistische Unrechtsregime mit seinen entsetzlichen Ausprägungen und Folgen.

Seit zwanzig Jahren halten wir alljährlich an dem Tag inne, an dem 1945 Soldaten der Roten Armee das Konzentrationslager Auschwitz-Birkenau befreiten und Menschen vorfanden, von denen jeder Einzelne ein kaum vorstellbares Ausmaß an »Unfreiheit und Willkür« erlitten hatte – Menschen, die ihrer Rechte, ihrer Unversehrtheit und ihrer Würde beraubt, gequält, ausgebeutet und in den Tod geschickt werden sollten.

»Fast jeder Überlebende hat seinen ›Zufall‹, das Besondere, Spezifische, das ihn oder sie unvermutet am Leben erhalten hat«, schreiben Sie, verehrte Frau Klüger, in Ihrem autobiographischen Band *weiter leben*. Ihr eigener lebensrettender »Zufall« führte Sie mit Ihrer Mutter und einer Freundin nach Christianstadt in ein heute fast vergessenes Außenlager des Konzentrationslagers Groß-Rosen in Schlesien, in dem insbesondere die deutsche Rüstungsindustrie KZ-Häftlinge erbarmungslos ausnutzte. Auch Sie waren als Kind verdammt zu Arbeitsdiensten, die für ungezählte Menschen in tödlicher Erschöpfung endeten. Der sicheren Ermordung konnten Sie so entgehen, doch dass Sie dem Tod wirklich entkommen würden, war in diesem Augenblick längst nicht ausgemacht.

Meine Damen und Herren, wir gedenken heute der Opfer der nationalsozialistischen Gewaltherrschaft. Wir gedenken all der ermordeten Juden Europas, der Sinti und Roma, der kranken und behinderten Menschen, der Homosexuellen und all derer, denen ihr Recht auf Leben abgesprochen wurde, der Gequälten und Ermordeten. Wir gedenken derer, die Widerstand leisteten, die ihr Leben als Andersdenkende verloren, weil sie sich nicht beugten und ihre politische Überzeugung, ihre Moral oder ihren Glauben nicht aufgaben. Wir gedenken der Kriegsgefangenen und Deserteure, der ungezählten zivilen Opfer der nationalsozialistischen Gewaltherrschaft in ganz Europa und wir gedenken in diesem Jahr insbesondere auch der Zwangsarbeiterinnen und Zwangsarbeiter. Wir erinnern an unvorstellbare Menschheitsverbrechen, an Völkermord und daran, was Menschen anderen Menschen angetan haben. Wir verneigen uns vor den Toten – und wissen zugleich um die tiefen, lebenslang schmerzenden Wunden, unter denen die Überlebenden dieser Schrecken leiden. »Die Folter«, schreibt Ruth Klüger, »die Folter verlässt den Gefolterten nicht, niemals, das ganze Leben lang nicht.«

Im Gedenken an das Leid dieser Gezeichneten, der Toten und Verwundeten, und die in deutschem Namen begangenen Verbrechen, den weit in alle Bevölkerungskreise hineinreichenden Verlust von Humanität vor Augen, bekennen wir uns dazu, wachsam gegenüber Unmenschlichkeit zu bleiben und uns gegen Ausgrenzung, gegen Antisemitismus, Rassismus und Fremdenfeindlichkeit zu stellen. Die Auseinandersetzung mit »Unfreiheit und Willkür«, mit Unmenschlichkeit, Moralverlust und den bis heute nachwirkenden Folgen des von Deutschen begangenen Unrechts ist und bleibt grundlegend für unser Land – und dies umso mehr angesichts der humanitären Herausforderungen, vor denen wir bei uns, in Europa und in der Welt derzeit stehen.

Meine Damen und Herren, als die Alliierten 1945 die Konzentrationslager Auschwitz, Buchenwald, Dachau, Neuengamme, Bergen-Belsen und Groß-Rosen, um nur einige zu nennen, befreiten, stoppten sie eine historisch beispiellos grausame Tötungsmaschinerie. Gerettet wurden zugleich Millionen Zwangsarbeiterinnen und Zwangsarbeiter, denen Deutsche die Freiheit geraubt hatten, um ihre Arbeitskraft auszubeuten.

Mehr als 13 Millionen Menschen wurden innerhalb der Grenzen des Deutschen Reichs gezwungen, unter unwürdigen Bedingungen zu arbeiten. Die Anzahl derer, die in den besetzten Gebieten Zwangsarbeit leisten mussten, ist allenfalls vage zu schätzen. Die zur billigsten Arbeitskraft degradierten Zwangsarbeiterinnen und Zwangsarbeiter standen am unteren Ende der menschenverachtenden Hierarchie des NS-Staates – ihren Tod »durch Arbeit« nahmen die Ausbeuter bewusst in Kauf. Zunächst warb die Deutsche Arbeitsverwaltung noch vermeintlich freiwillige ausländische Zivilarbeiter an, oft mit falschen Versprechungen; doch mit Kriegsbeginn etablierte sich ein System der gewaltsam durchgesetzten

Zwangsrekrutierung. Diese Menschen aus den vom Deutschen Reich überfallenen Ländern, besonders aus Polen und aus den Staaten der Sowjetunion, waren zur Schwerstarbeit verdammt – zur »Sklavenarbeit«, wie der Internationale Militärgerichtshof in Nürnberg später ausdrücklich befand. Vor allem die deutsche Industrie, die unter einem beständigen Arbeitskräftemangel litt, setzte KZ-Häftlinge, im Verlauf des Krieges ungezählte Kriegsgefangene und verschleppte Zivilisten ein. Es war ein perfides System, in dem Menschen die Wirtschaft und Rüstungsindustrie ihrer eigenen Unterdrücker am Laufen hielten.

Zwangsarbeit war in der nationalsozialistischen Diktatur ein Massenphänomen, ein vor aller Augen begangenes Verbrechen. Davon profitierten alle – auch die zivilen – Sparten der Wirtschaft im Deutschen Reich und in den Gebieten, die es besetzt hielt. Im Juli 1944 stellten zivile Zwangsarbeiter, zur Arbeit gezwungene Kriegsgefangene und KZ-Häftlinge ein Viertel aller Arbeiter und Angestellten im Deutschen Reich. Zwangsarbeiter waren vor allem in der Rüstungsindustrie eingesetzt, aber auch in Bäckereien oder Gärtnereien und ganz wesentlich in der Landwirtschaft. Darüber informiert eine Ausstellung, die wir heute Morgen im Paul-Löbe-Haus eröffnet haben. Sie arbeiteten für Großkonzerne wie für Handwerker, für Kirchen und Städtische Betriebe, im Bergbau wie in Privathaushalten. Und auch wenn einige der Zwangsarbeiter von einst berichten, sie hätten im Privaten durchaus die Mitmenschlichkeit erfahren, die ihnen öffentlich verweigert wurde, so blieb es doch ein System von »Unfreiheit und Willkür«, das Arbeiter billigend Hunger, Krankheit und Gewalt oder dem Tod aussetzte.

Die Zwangsarbeit im Deutschen Reich war ein Massenphänomen und für jeden sichtbar. Kolonnen von Zwangsarbeitern zogen unter Bewachung allmorgendlich aus den Lagern in die Betriebe – allein in Berlin gab es rund 3000 Sammel-unterkünfte für rund eine halbe Million Zwangsarbeiterinnen und Zwangsarbeiter. Dass von ihrem unfreiwilligen Einsatz und den ausbeuterischen Bedingungen, unter denen sie arbeiten mussten, niemand gewusst habe, ist längst ins Reich der Legenden verwiesen. Und doch fand die Zwangsarbeit lange nicht den ihren Opfern gebührenden Platz in der deutschen Erinnerungskultur. Erst in den 1980er Jahren, als in der Bundesrepublik vermehrt Geschichtswerkstätten oder Schülergruppen in ihrer jeweiligen Nachbarschaft auf Spurensuche gingen, gaben vielfach gerade Relikte von NS-Zwangsarbeitslagern diesen zivilgesellschaftlichen Initiativen den Anstoß für weitere Recherchen. Sie trugen letztlich dazu bei, den gängigen wie apologetischen Mythos zu widerlegen, man habe doch »von alldem nichts gewusst«.

Das Bedürfnis nach einer offiziellen Anerkennung des Leids von Millionen Zwangsarbeiterinnen und Zwangsarbeitern war damit noch lange nicht gestillt. Bis deutsche Unternehmen, die von Zwangsarbeit erheblich profitiert hatten, dazu bereit waren, Verantwortung zu übernehmen, vergingen Jahre – bis zur Gründung der Stiftung Erinnerung, Verantwortung, Zukunft, die mit der Zahlung von symbolischen Ausgleichsleistungen betraut wurde, erst im Jahr 2000! Damals schon kam das für die meisten der ehemaligen Zwangsarbeiter zu spät. Doch konnten immerhin an mehr als anderthalb Millionen Menschen aus Russland, Polen, der Ukraine, Weißrussland, den baltischen Staaten, Tschechien und anderen Ländern Entschädigungen aus dem halb staatlich, halb privatwirtschaftlich finanzierten Stiftungsvermögen gezahlt werden. Und mit der 2011 neu gefassten Anerkennungsleistung für einstige Arbeit in den Ghettos und der im Mai des vergangenen Jahres beschlossenen Zahlungen für ehemalige sowjetische Kriegsgefangene konnten weitere Opfer berücksichtigt werden. Wir sind uns der nicht wiedergutzumachenden Tatsache bewusst, dass Zwangsarbeit letztlich ohne Gegenwert blieb. »Entschädigung« kann nicht mehr als eine Geste sein, ein Zeichen an die wenigen Überlebenden, dass wir ihre Qualen nicht vergessen haben und ihre Geschichte ein Teil unserer Geschichte ist.

Wenn wir Gedenken ernst nehmen, so müssen wir jeder Zeit, jeder Generation zugestehen und zumuten, eigene Fragen zu stellen und ein jeweils eigenes Gedenken zu entwickeln – kein Vergessen, sondern Erinnern: stets neues Mitfühlen, Mitdenken. »Wer aber mitfühlen, mitdenken will, braucht Deutungen des Geschehens«, schreiben Sie, verehrte Frau Klüger, in ihrer Biografie. Gerade Menschen, die zwei, drei oder inzwischen vier Generationen nach der Befreiung von Auschwitz geboren oder aber in einer kulturellen Tradition groß geworden sind, in der das Gedenken an den Holocaust im historisch-politischen Bewusstsein nicht verankert ist, sind auf Deutungen angewiesen, auf die wissenschaftliche Erkenntnis von Historikern wie auf den authentischen Bericht derer, die es erlebt haben. Deshalb ist die Begegnung mit Zeitzeugen auch einer der wesentlichen Programmpunkte der Jugendbegegnungen, zu denen der Deutsche Bundestag seit 1997 jedes Jahr einlädt. Die diesjährigen Teilnehmer aus Deutschland sowie aus ost- und westeuropäischen Staaten setzen sich in diesen Tagen besonders mit dem Schicksal von Zwangsarbeitern auseinander. Sie begrüße ich herzlich, ebenso und ganz besonders dankbar die Gäste unter uns, die sich als Zeitzeugen den Fragen der Jugendlichen gestellt haben. Sie ermöglichen mit ihrer jeweils eigenen, ganz persönlichen Geschichte einen unmittelbaren Zugang zur Erfahrung und dem Erleiden von Zwangsarbeit.

Meine Damen und Herren, zum Abschluss dieser Gedenkstunde, nach der Ansprache von Frau Klüger, wird der RIAS-

Kammerchor das »Lied der Moorsoldaten« anstimmen. Es ist zum musikalischen Synonym für den Durchhaltewillen auch unter den extremen Bedingungen von »Unfreiheit und Willkür« geworden. Bereits im August 1933 erklang es zum ersten Mal – Häftlinge im Konzentrationslager Börgermoor im Emsland sangen die Strophen, die der aus politischen Gründen inhaftierte Schauspieler Wolfgang Langhoff mit seinem gleichgesinnten Mithäftling Johann Esser verfasst und die der elsässische Kommunist Rudi Goguel vertont hatte. Offenbar erkannte die SS zunächst weder die Brisanz noch die Eingängigkeit des Marschliedes, das innerhalb kürzester Zeit Verbreitung in den Lagern fand. Als es verboten wurde, war es längst zur Hymne derer geworden, die – wie Wolfgang Langhoff nach seiner Flucht 1935 schrieb – »hinter Stacheldraht im eigenen Land gefangen« waren. In diesem Lied schwingt die quälende Monotonie schwerster Fronarbeit mit. Zugleich hält es die Hoffnung wach auf ein Ende des »Winters«, auf einen Frühling, der die Rückkehr in eine befreite Welt verheißt.

Ist es bloß ein Zufall, dass auch Ihnen, verehrte Frau Klüger, das Bild von der befreienden Kraft wärmender Frühlingssonnenstrahlen half? Als Ihrer Mutter gelang, ein altes und halb zerrissenes Schulbuch für Sie, das dürstende und hungrige Mädchen, ins Lager zu schmuggeln, trug Sie Ihre Phantasie weit – Sie lasen in jenem Lesebuch ausgerechnet Goethes Osterspaziergang: »Im Tale grünet Hoffnungsglück«. Dazu schreiben Sie in Ihrer Biografie rückblickend: »Der Rückzug des Winters (›in rauhe Berge‹) und der Rückzug der deutschen Armee [...] waren ein und dasselbe.«

Verehrte Frau Klüger, wohlbekannt sind Ihre Skepsis, Ihr Misstrauen gegenüber Ritualen des öffentlichen Gedenkens. Umso höher rechnen wir Ihnen an, dass Sie der Einladung gefolgt und aus den Vereinigten Staaten angereist sind, um

Ihre Worte an uns zu richten. Wir danken Ihnen für Ihre Bereitschaft, zu berichten, was Sie erfahren haben, und darzulegen, was das Geschehene für Sie und für uns noch heute, auch heute, wieder bedeutet.

Im Scheitern erfolgreich.
Das doppelte Vermächtnis

Rede zum 67. Jahrestag des Attentats vom 20. Juli, Berlin, 20. Juli 2011

»Hätte Heinrich von Kleist auch Selbstmord begangen, wenn er SS-Offizier gewesen wäre?« So lautete 1944 die Abiturfrage im Fach Deutsch in Schleswig-Holstein – in genau dem Jahr also, in dem am 20. Juli die Bombe explodierte, die Hitler töten sollte, um Recht und Gerechtigkeit gegenüber grenzenlos menschenverachtender Gewalt wieder Geltung zu verschaffen. So infam diese Klausuraufgabe war, so abwegig war sie gegenüber einem staatskritischen Dichter, den die Nationalsozialisten zum »Deutschesten unter den Deutschen« und »Kultursoldaten der Nation« stilisierten und dessen Werke sie ideologisch instrumentalisierten, weil sie weder den Autor noch sein Werk begriffen hatten.

Heinrich von Kleist, der im Bruch zur Tradition seiner preußischen Offiziersfamilie nach sieben Jahren Militär den Dienst quittierte, bietet – nicht nur im Jahr seines 200. Todestages – durchaus einen geeigneten Ausgangspunkt, um nach der anhaltenden Bedeutung des deutschen Widerstandes zu fragen. Denn wir verdanken Heinrich von Kleist Lehrstücke über Macht und Machtmissbrauch, über Rechtsbeugung und Willkür, über Recht und Gerechtigkeit. Sie führen uns den hohen Wert des Rechtsstaats vor Augen, der bei weitem nicht so selbstverständlich ist, und schon gar nicht in der deutschen Geschichte, wie er uns heute erscheint. Die Auflehnung gegen den Unrechtsstaat ist die Brücke, die uns heute zu den Männern und Frauen des 20. Juli und den vielen anderen, meist weniger bekannten Köpfen und Gruppen des deutschen Widerstandes führt. Der Glaube an den Rechtsstaat als unverzichtbare Grundlage für eine menschliche Zivilisation mit ihren unveräußerlichen Werten wirkt über die Tat und den Tag hinaus. Die Unterscheidung zwischen Recht und Gesetz und die Auswüchse eines korrumpierten Rechts- und Staatssystems sind Themen von zeitloser Bedeutung. Sie bewegen uns auch heute – bis hin zur ewig aktuellen Frage, ob und wann ein Tyrannenmord erlaubt und ethisch gerechtfertigt, vielleicht sogar geboten sein kann.

Am 20. Juli 1944 befand sich die Welt bereits seit 1784 Tagen im Krieg, 292 sollten noch bis zur bedingungslosen Kapitulation des Deutschen Reichs folgen – weniger als ein Jahr, aber eben noch einmal 292 lange, schreckliche Tage für ganz Europa, in denen Millionen von Menschen ihr Leben verloren, ermordet in den Vernichtungslagern, umgekommen auf Todesmärschen, gefallen auf den Schlachtfeldern. Auf diese letzten zehn Monate des Krieges entfallen nicht weniger als die Hälfte aller deutschen Kriegsverluste. 1944/45 fielen vier Fünftel aller Bomben des Krieges auf Deutschland, mehr als 600 000 Zivilisten starben. Der Versuch, sich die Einzelschicksale vorzustellen hinter all diesen monströsen Zahlen, die ausgelöschten Hoffnungen, zerstörten Lebenswege, zerrissenen Familien, all das macht die Tragödie des Scheiterns dieses Attentats deutlich – wie auch der anderen Planungen und missglückten Versuche, Hitler Einhalt zu gebieten.

Die deprimierende Erfolglosigkeit des Unterfangens, Hitler auszuschalten, warf lange Schatten auf die Vertreter des deutschen Widerstandes, die in nahezu aussichtsloser Lage unternahmen, was Moral und Selbstachtung geboten. Die heute unbestrittene Bedeutung ihres Handelns lehrt und mahnt uns aber: Freiheitskämpfe verdienen nicht nur dann und erst dann Respekt, wenn sie erfolgreich waren, sondern immer dann, wenn sie stattfinden; so wie der Volksaufstand in der DDR am 17. Juni 1953 nicht deshalb weniger bedeutend war, weil er unter anderen historischen Bedingungen den Erfolg der Bürgerrechtsbewegung 1989/90 nicht hatte.

Was es bedeutet, für einzelne Menschen und ganze Gesellschaften, wenn eine rechtsstaatliche Ordnung fehlt, können wir nicht nur an unserer eigenen deutschen Geschichte im 20. Jahrhundert studieren. Wir sehen es leider bis heute auch in vielen Teilen der Welt. Und so ist der 20. Juli eine ständige Mahnung, sich nie und nirgendwo den Erwartungen der Menschen zu verschließen, die sich in ihren jeweiligen Ländern für Demokratie und Rechtsstaatlichkeit einsetzen. Viele Menschen in Afghanistan etwa, denen unsere Soldaten der Bundeswehr beim Auf- und Ausbau ziviler rechtsstaatlicher Strukturen zur Seite stehen, eint mit den Aufständischen in der arabischen Welt das universelle Verlangen nach persönlicher Freiheit und politischer Selbstbestimmung – Werte, die auch Deutsche in der nationalsozialistischen Diktatur dazu bewogen, ihr Leben im Kampf gegen Willkürherrschaft und Terror einzusetzen.

Anders als damals haben wir heute das Glück, in einem Gemeinwesen zu leben, das als Konsequenz aus der Erfahrung des Zivilisationsbruchs die Würde des Menschen zur unaufgebbaren Maxime seiner staatlichen Verfasstheit erhoben hat. In Artikel 20 des Grundgesetzes, der die Gesetzgebung an die verfassungsmäßige Ordnung, die vollziehende Gewalt und die Rechtsprechung an Gesetz und Recht bindet und damit das Prinzip der Rechtsstaatlichkeit fixiert mit unverrückbarem Geltungsanspruch, ist zugleich das Recht auf Widerstand verankert: »gegen jeden, der es unternimmt, diese Ordnung zu beseitigen [...] wenn andere Abhilfe nicht möglich ist«. Dass wir in unsere Verfassung ausdrücklich ein Recht auf Widerstand aufgenommen haben, um sie gegen ihre mutwillige Zerstörung zu schützen, ist das Vermächtnis des trotz seines Scheiterns maßstabsetzenden deutschen Widerstandes.

Sie, Herr Minister, lieber Herr de Maizière, haben dazu – in Ihrer damaligen Rede zum gleichen Anlass – klarstehend bemerkt: »Widerstand ist gegen den demokratischen Staat nicht erforderlich. Widerspruch ist Teil der demokratischen Ordnung. Widerstand ist deshalb nicht nötig und nicht demokratisch legitim, solange Widerspruch rechtsstaatlich garantiert und praktisch umsetzbar ist.« Dies gilt freilich auch umgekehrt, will ich hinzufügen. Und Sie haben zu Recht davor gewarnt, den Begriff »Widerstand« inflationär für jeden kritischen demokratischen Diskussionsprozess oder die Geltendmachung eigener Ansprüche zu missbrauchen. Diese Mahnung ist angesichts der Ereignisse, die uns zuletzt fast zeitgleich mit Bürgerprotesten im eigenen Land und dem mutigen Aufstand im arabischen Raum in Atem hielten, dringender denn je. Denn es ist eben kein marginaler Unterschied, ob Widerstand einem Unrechtsregime gilt und der Einforderung eines Rechtsstaates dient oder ob vom Demonstrationsrecht Gebrauch gemacht wird, man sich also der Errungenschaften ganz selbstverständlich bedient, die nur der Rechtsstaat garantiert. Die Demokratie ist eben nicht nur die beste uns bislang bekannte Staatsform, sie ist auch die schwierigste und anspruchsvollste. Demokratisch gewählte Regierungen und Parlamente müssen sich Widerspruch gegen demokratisch getroffene Entscheidungen gefallen lassen. Das ist der Preis der Freiheit. Aber auch Demonstranten müssen sich an geltendes Recht halten, selbst wenn sie das als Zumutung empfinden mögen – denn es ist die Grundlage ihrer Freiheit.

Mit Blick auf aktuelle Ereignisse und weit darüber hinaus

fallen mir weder Anlass noch Grund für eine demokratisch gewählte Regierung ein, zu demonstrieren, dass sie stärker ist als das Volk. Am Ende, das wissen wir inzwischen aus der jüngsten deutschen Geschichte etwas genauer, ist das Volk ohnehin immer stärker. Aber auch die Bürger können kein Interesse an einer Kraftprobe mit dem Rechtsstaat haben, von dessen verlässlicher Ordnung die Wahrung ihrer Freiheitsrechte abhängt. Angesichts von Erwartungen und Frustrationen, die zunehmend die öffentliche Stimmung prägen, mahnt Richard Schröder deshalb: »Wer uns [...] eine bessere Demokratie vorbei an Grundrechten und Gewaltenteilung verspricht, dem müssen wir die bittere Erfahrung entgegenhalten: Antiparlamentarismus im Namen des Volkes hat in Deutschland schon zweimal in die Diktatur geführt. Beide Diktaturen liebten das Wort ›Volk‹ ganz besonders: Volkspolizei und Volksarmee und Volkskammer und Volksgerichtshof und Volkswille und Volkszorn.«

In Ausnahmesituationen freilich kommt es darauf an, sich zu seinen Werten zu bekennen, sie notfalls zu verteidigen, nicht nur rhetorisch. Die Geschichte des deutschen Widerstands gegen Hitler und die nationalsozialistische Diktatur zeigt in seiner gesellschaftlichen Breite, in der Vielfalt der Beweggründe – den politischen, moralischen oder religiösen –, schließlich in all seinen Formen, vom Verstecken Verfolgter über das Verteilen von Flugblättern bis hin zum Staatsstreich: Zivilcourage ist kein Privileg von Herkunft, Bildung oder einer bestimmten Gesinnung. Sie folgt einer inneren Haltung, sie folgt einem festen Wertebewusstsein, sie ist Ausdruck von Charakterstärke.

Vicco von Bülow alias Loriot, der als Oberleutnant der Wehrmacht drei Jahre im Russlandfeldzug war, hat einmal seine Rolle als Soldat mit der Tradition seiner Familie begründet, die seit Jahrhunderten nicht in Frage gestellt worden sei. Auf die Frage, ob er ein guter Soldat gewesen sei, gab er die Antwort: »Nicht gut genug, sonst hätte ich am 20. Juli 1944 zum Widerstand gehört. Aber für den schauerlichen deutschen Beitrag zur Weltgeschichte werde ich mich schämen bis an mein Lebensende.« Besser, persönlich verbindlicher lässt sich nicht zum Ausdruck bringen, was wir uns unter dem Anspruch »innerer Führung« als soldatischem Selbstverständnis im demokratischen Rechtsstaat erhoffen.

Wir spüren an einem Ort wie diesem mehr als anderswo den tiefen Respekt für den Mut derer, die – ob alleine oder in einer Gruppe – für die unantastbare Würde des Menschen ihr Leben ließen. Wir schulden ihnen den Dank des Vaterlandes, mit dem sie damals nicht rechnen konnten. Denn dieser Widerstand war Voraussetzung und Grundlage für die Wiederherstellung des Ansehens Deutschlands in der Welt. Für die 2010 verstorbene Freya Gräfin von Moltke, die in diesem Jahr einhundert Jahre alt geworden wäre, und nicht nur für sie, hat der deutsche Widerstand die Menschlichkeit als Grundüberzeugung der europäischen Zivilisation in Deutschland lebendig gehalten und damit eine Brücke gebaut, über welche die Deutschen nach der nationalsozialistischen Diktatur sich selbst und den Anschluss an Europa wiederfinden konnten. Dies ist das doppelte Vermächtnis des 20. Juli 1944: Die Scham über eine beispiellose Verirrung und das Selbstbewusstsein für ein neues demokratisches Deutschland, das sich dem heldenhaften Einsatz derer verdankt, die im Scheitern erfolgreich gewesen sind.

Das damalige Gutsschloss der Familie von Moltke war im Krieg Treffpunkt einer Gruppe von Freunden, Bekannten und Vertrauten um Helmuth James Graf von Moltke, die für die Zeit nach dem Nationalsozialismus Ideen für ein demokratisches, in Europa fest verwurzeltes Deutschland entwickelten. Heute leben wir in einem freien Land mit einer demokratischen Verfassung, in dem wir als Deutsche und zugleich als Europäer zum ersten Mal überhaupt in unserer Geschichte mit allen unseren Nachbarn in Frieden und Freundschaft zusammenleben. Kreisau ist heute Symbol des deutschen Widerstands und der Versöhnung zwischen Polen und Deutschen, ein Zentrum des deutsch-polnischen Dialogs und der europäischen Jugendbegegnung. Gerade weil das weder immer schon so war noch ganz von alleine so bleibt, unterstütze ich mit Nachdruck das lebhafte Engagement der Parlamente beider Nachbarstaaten für eine gemeinsame Erinnerungskultur – vereinbart im Übrigen bei einer gemeinsamen Präsidiumssitzung des Deutschen Bundestages und des polnischen Sejm in Kreisau mit dem damaligen Sejm-Marschall Bronislaw Komorowski, der bald danach zum Staatspräsidenten unseres Nachbarlandes gewählt worden ist.

Ewald-Heinrich von Kleist, ein Nachfahre der Familie des Dichters und letzter lebender Beteiligter des Attentats vom 20. Juli, der im vergangenen Jahr beim öffentlichen Gelöbnis unserer Soldaten vor dem Reichstag sprach, beschreibt Claus Schenk Graf von Stauffenberg als einen »leidenschaftlichen Idealisten« und als einen »Meister der Tat«. Stauffenberg sagte: »Es ist Zeit, dass jetzt etwas getan wird, aber wer den Mut hat, dies zu tun, der muss es in der Erkenntnis tun, dass er in die deutsche Geschichte als Verräter eingehen wird. Tut er es nicht, dann wird er Verräter sein vor seinem eigenen Gewissen.« In diesem heldenhaften Bekenntnis zur Gewissensentscheidung ist die spannungsreiche Beziehung von Idealen und Taten durch den Vorrang der eigenen Überzeugungen vor fremden Erwartungen aufgelöst.

1935 brachte Adam von Trott zu Solz eine Auswahl politischer und journalistischer Schriften Heinrich von Kleists heraus. Damals ganze 26 Jahre alt, schrieb er mit Blick auf Kleists Interesse an der Figur des Michael Kohlhaas: Wenn

»eine Weltordnung, der wir mit dem Glauben anhingen, nicht mehr auf zwingend erkennbarer und allgemein verbindlicher Richtung beruht, bleibt dann nicht als alleiniger menschlicher Maßstab: daß der einzelne Mann in seinem eigenen verantwortlichen Bereich die Dinge des Lebens unangefochten und spontan ordnen kann? Die Möglichkeit der freien Gewissensentscheidung, Kern aller politischen Existenz, gewinnt in der Tat aus dieser Frage eine schicksalhafte Bedeutung. Die Freiheit ist nicht nur ein inneres, sondern ein politisches Postulat, insofern die äußere Macht und ihr Eingriff jenen allein Recht schaffenden Ursprung echter menschlicher Ordnung zu gefährden vermag. Je unsicherer es mit der Welt überhaupt bestellt ist, desto sicherer ist es notwendig, für dieses Recht zu kämpfen.« Trotts Weg führte konsequent in den Widerstand. Als Verbindungsmann zwischen dem Kreisauer Kreis und Stauffenberg wurde Adam von Trott zu Solz hier in Plötzensee am 26. August 1944 im Alter von 35 Jahren hingerichtet.

Das Motiv der freien Gewissensentscheidung führt uns von Kleist über von Moltke, Stauffenberg und Trott zur Gedankenwelt der Männer und Frauen des 20. Juli – und schließlich zum Geist unseres Grundgesetzes. Im dankbaren Gedenken an den Mut derer, die im Widerstand gegen den Nationalsozialismus ihr Leben eingesetzt und die Würde unseres Landes in der erbärmlichsten Phase seiner Geschichte gerettet haben, ist es unsere Aufgabe, diese politisch-geistigen Orientierungen lebendig zu halten.

Freundschaften sind ein Geschenk,
auf das es keinen Anspruch gibt

Rede vor der Knesset, Jerusalem, 24. Juni 2015

תודה רבה על ההזמנה וקבלת הפנים הידידותית.
זה כבוד רב עבורי לדבר לפניכם כאן בשפת האם שלי.
(Vielen Dank für die Einladung und den freundlichen Empfang. Es ist mir eine sehr große Ehre, hier in meiner Muttersprache zu Ihnen zu sprechen.)

Es ist ein großes Privileg und zugleich eine Freude, vor den Repräsentanten Israels zu sprechen, der Heimstatt der Juden aus aller Welt, hier in der Knesset, wo das Herz eines starken demokratischen Staates schlägt, einer offenen, freien Gesellschaft, der einzigen funktionierenden Demokratie im Nahen Osten. Ich bin tief bewegt – von der Herzlichkeit Ihrer Begrüßung, Herr Präsident, und von einem Zeremoniell, von dem mir bewusst ist, dass es alles andere als selbstverständlich ist: Militärische Ehren für den Präsidenten eines ausländischen Parlaments, noch dazu ausgerechnet für einen Deutschen, ausgerechnet in der Knesset, ausgerechnet mit der deutschen Hymne. Ihr Empfang, den ich bereits bei meinem ersten offiziellen Besuch 2007 erleben durfte, gehört zu den stärksten Eindrücken in meinem politischen Leben. Ich danke Ihnen auch im Namen meiner Kolleginnen und Kollegen im Präsidium des Deutschen Bundestages für diese Einladung.

Meine Damen und Herren,

wie viele Deutsche empfinde ich eine tiefe Verbindung mit Ihrem Land, ich erinnere mich an eindrucksvolle Begegnungen mit jungen wie älteren israelischen Staatsangehörigen, mit Wissenschaftlern, Künstlern und Politikern. In besonders lebhafter Erinnerung sind mir die Treffen auf meiner ersten Reise nach Israel 1981, als junger, gerade erst in den Bundestag gewählter Abgeordneter. Die damalige Zurückhaltung, die erkennbar abwartende Haltung uns deutschen Parlamentariern gegenüber war spürbar, und ich habe sie damals wie heute sehr gut verstanden. Gerade einmal 15 Jahre waren vergangen, seit unsere beiden Staaten diplomatische Beziehungen zueinander aufgenommen hatten – und gerade einmal eine Generation seit dem historisch beispiellosen Vernichtungskrieg, den Deutsche mit dem Ziel führten, jüdisches Leben in Europa auszulöschen. Die Shoah gehörte bei vielen Ihrer damaligen Abgeordnetenkollegen zur unmittelbaren biografischen Erfahrung.

Daran, dass vor 70 Jahren das sinnlose Morden endete und die Niederlage im Zweiten Weltkrieg auch uns Deutsche von einem menschenverachtenden System befreite, haben wir im Deutschen Bundestag in einer Gedenkstunde am 8. Mai erinnert.

Als besonderes Erlebnis meiner Reise 1981 hat sich mir eine Diskussion ins Gedächtnis gebrannt, bei der es um die Frage ging, wie sich die Beziehungen beider Länder zueinander »normalisieren« ließen. Schon damals war ich überzeugt: die Beziehungen unserer beiden Länder könnten niemals normale Beziehungen sein. Sie sollten es auch niemals sein: schlicht »normal« dürfen sie auch niemals werden. Angesichts der Geschichte, die unsere Staaten schicksalhaft verbindet, werden »unsere normalen Beziehungen auf immer besondere Beziehungen bleiben«, so hat es Bundespräsident

Joachim Gauck formuliert. »Intensiv ja, aber nicht normal«, nennt es Amos Oz, der große Literat Ihres Landes.

Die Intensität der freundschaftlichen Beziehungen unserer beiden Länder zueinander ist tatsächlich ein Wunder der Geschichte. Es verdankt sich insbesondere der Autorität zweier großer alter Männer, Konrad Adenauer und David Ben-Gurion, diesem doppelten Glücksfall unserer jeweiligen Geschichte. Sie hatten unmittelbar nach den Staatsgründungen Israels aus der Asche des Holocausts und der Bundesrepublik auf den Trümmern des Nazi-Regimes die Einsicht und die Entschlossenheit zu einem Neuanfang. Bereits 1952 schlossen unsere Staaten ein Abkommen, das zwar nicht wiedergutmachen konnte, was nicht gutzumachen ist, das aber zum Beginn wechselseitiger Annäherung wurde und am 12. Mai 1965 in den Austausch offizieller Botschafter mündete. Zum 50-jährigen Jubiläum dieses historischen Ereignisses bekannte Ihr Staatspräsident im vergangenen Monat in Deutschland, wie schwer ihm persönlich die Aufnahme der diplomatischen Beziehungen mit Deutschland damals gefallen war, obwohl er deren Wert verstanden hatte. Staatspräsident Reuven Rivlin verwies auf die politische Vernunft und den Pragmatismus in den Anfängen, um damit noch deutlicher zu machen, was daraus im Laufe der Jahre gewachsen und gereift ist: eine echte Partnerschaft und Freundschaft!

Heute bilden die Beziehungen zwischen der Bundesrepublik und Israel eine »Brücke über dem Abgrund« der gemeinsamen Geschichte, wie Shimon Peres dies bei seinem unvergessenen Auftritt vor fünf Jahren im Deutschen Bundestag in ein Bild fasste. Eine solche Brücke braucht Säulen und ein Fundament. Es sind die gemeinsamen Werte, auf denen unsere engen Beziehungen heute basieren. Darauf baut die intensive politische Zusammenarbeit zwischen unseren Ländern auf. Es legt auch den Grund für den lebhaften, wechselseitig befruchtenden Kulturaustausch, die intensiven, stetig wachsenden Handelsbeziehungen und die zahlreichen Hochschul- und Wissenschaftskooperationen. Inzwischen haben sich über einhundert Städtepartnerschaften etabliert. Dass Berlin wie Tel Aviv heute geradezu magische Anziehungskraft auf die Jugend des jeweils anderen Landes ausüben, zeigt die Veränderungen dieser gesellschaftlichen Beziehungen und ihre Tragfähigkeit auch für die nachwachsenden Generationen.

Besonders dankbar sind wir auch dafür, dass nach den traumatischen Erfahrungen der nationalsozialistischen Diktatur und des Holocausts wieder jüdisches Leben in Deutschland entstehen konnte. Dies ist die schönste Vertrauenserklärung, die es für die zweite deutsche Demokratie gibt. Umso beschämender ist, dass es heute überall in Europa noch immer antisemitische Vorfälle gibt, denen wir entschieden entgegentreten müssen. Wir werden auch deshalb in Berlin im kommenden Jahr eine Konferenz der Interparlamentarischen Koalition zur Bekämpfung des Antisemitismus (ICCA) ausrichten, denn wir wissen, dass Antisemitismus nirgendwo in der Welt so verheerende Folgen wie in Deutschland gehabt hat. Ich wiederhole hier, was ich im Plenum des Deutschen Bundestages bereits mehrfach gesagt habe: Antisemitismus, wo immer er auftritt, ist nicht akzeptabel; in Deutschland ist er unerträglich.

Meine Damen und Herren,

bei allen Unterschieden, die sich aus der Geschichte, aus den religiös-kulturellen Prägungen und der Lage in Weltregionen mit jeweils eigenen, ganz spezifischen Krisen, Konflikten und Herausforderungen ergeben, teilen wir eine Reihe von Gemeinsamkeiten. Beiden, Deutschen wie Israelis, kommt eine besondere Verantwortung in den Regionen zu, in denen sie leben: Deutschland in Europa, Israel im Nahen Osten. Die Herausforderungen, die sich ihnen jeweils stellen, sind freilich gänzlich verschieden, und ich übersehe nicht, dass mein Land in einer gleich doppelt privilegierten Lage ist: Denn es ist ausnahmslos von Freunden und von demokratisch geführten Staaten umgeben. Beides trifft für Israel bis heute nicht zu.

Beide Gesellschaften, die deutsche wie die israelische, pflegen darüber hinaus eine politische Kultur, die den Streit zwischen unterschiedlichen Auffassungen und Interessen nicht scheut, sondern in ihm den Ausdruck einer pluralen, offenen Gesellschaft erkennt. In Israel ist wie in Deutschland das Parlament das Forum, um den Streit offen auszutragen, die Knesset der Ort zur demokratischen Bewältigung von Konflikten, um fair und verbindlich mehrheitlich getragene Lösungen herbeizuführen.

Meinungsverschiedenheiten gibt es im Übrigen nicht nur im Parlament, zwischen den politischen Lagern und Fraktionen, es gibt sie auch zwischen Parlamenten. Sie nicht nur auszuhalten, sondern zu benennen, sie offen und ehrlich miteinander auszutragen, gehört zum Wesen einer echten Partnerschaft. Kritik ist legitim, manchmal unverzichtbar, auch und gerade unter Freunden.

Ein Vierteljahrhundert nach dem Fall des Eisernen Vorhangs haben in Europa, innerhalb der Europäischen Union, Grenzen ihre Bedeutung weitgehend verloren. Das ist nicht überall so. Und deshalb verstehen wir die Sorgen Israels, das noch immer keine gesicherten Grenzen hat. Wir sind überzeugt: Israel muss mit demselben Recht wie seine Nachbarn in international anerkannten Grenzen leben können, frei von Angst, Terror und Gewalt. Zugleich übersehen wir nicht, dass es dabei auch um die israelische Mitverantwortung für die Verhältnisse in den palästinensischen Gebieten geht. Die notwendige Debatte darüber muss vor allem hier in Israel geführt werden, und sie findet statt, streitbar, gelegentlich leidenschaftlich, immer demokratisch, in der Gesellschaft und ganz besonders hier in der Knesset.

Die Frage einer dauerhaften Befriedung der Region bewegt aber auch die internationale Gemeinschaft, und sie bewegt uns Deutsche. Wir stehen zu unserer historisch begründeten besonderen Verantwortung für den Staat Israel, sie ist Teil der Staatsräson meines Landes, wie Angela Merkel an diesem Rednerpult gesagt hat. Die Bundeskanzlerin hat wiederholt darauf hingewiesen, dass die Sicherheit Israels langfristig und dauerhaft nur im Rahmen eines stabilen Friedens mit den arabischen Nachbarn zu gewinnen sein wird. Ich bestätige: Vieles ist verhandelbar, das Existenzrecht Israels ist es nicht. Aber es bedarf auch einer Verhandlungslösung, um den Konflikt mit den Palästinensern beizulegen. Ein stabiler, friedlicher, demokratisch organisierter palästinensischer Staat entspricht den langfristigen Sicherheitsinteressen Israels, nur so wird sich – nach unserer Überzeugung – eine dauerhafte Befriedung der ganzen Region garantieren lassen. Diese Position der Bundesregierung wird auch von einer breiten Mehrheit aller im Deutschen Bundestag vertretenen Fraktionen getragen.

Meine Damen und Herren, liebe Kolleginnen und Kollegen, seit 2008 unterhalten unsere Staaten jährlich Regierungskonsultationen. Von ihnen gehen wichtige Impulse aus. Die intensiven parlamentarischen Kontakte beider Länder vertiefen das gegenseitige Verständnis. Da wir in diesem Jahr den 25. Jahrestag der Deutschen Einheit feiern, erinnere ich ausdrücklich daran, dass es 1990 gleich zwei deutsche Parlamentspräsidentinnen waren, die in Israel die Verantwortung Gesamtdeutschlands gegenüber dem jüdischen Staat bekräftigten. Bundestagspräsidentin Rita Süssmuth und die Präsidentin der ersten frei gewählten DDR-Volkskammer Sabine Bergmann-Pohl reisten nach Jerusalem, um Ängste vor der Wiedervereinigung abzubauen und um Verständnis zu werben. Der damalige Knesset-Präsident Dov Shilansky, der seine gesamte Familie im Holocaust verloren und gesagt hatte, er würde nie wieder einem Deutschen die Hand geben, sprach fast zwei Stunden mit den deutschen Repräsentantinnen und reichte ihnen am Ende die Hand – ein für die Anwesenden berührender Moment, der den Stand der deutsch-israelischen Beziehungen im Allgemeinen und der Parlamentsbeziehungen im Besonderen verdeutlicht.

Die engen und vertrauensvollen Beziehungen zwischen der Knesset und dem Bundestag drücken sich nicht zuletzt in regelmäßigen gegenseitigen Besuchen, der Teilnahme am Internationalen Parlaments-Stipendium und im Austausch von Mitarbeitern beider Parlamente aus. Längst haben sich daraus viele persönliche Freundschaften entwickelt.

Die Treffen der Parlamentspräsidien heute hier in Jerusalem und am Ende des Jahres in Berlin sind sichtbarer Ausdruck unseres Willens, diese Beziehungen weiter zu vertiefen und zu intensivieren. Wir können und wir sollten auch über politische Entwicklungen in unseren beiden Ländern sprechen, insbesondere dann, wenn wir sie nicht verstehen oder mit Besorgnis verfolgen. Von der Vereinbarung für ein jährliches parlamentarisches Forum, um uns regelmäßig über aktuelle bilaterale Themen auszutauschen, geht ein bedeutendes Signal aus. Zugleich unterstreicht es die herausragende Rolle beider Parlamente in der weiteren Entwicklung der Beziehungen zwischen unseren Ländern.

Meine Damen und Herren, liebe Kolleginnen und Kollegen, Freundschaften kann man sich nicht verdienen. Freundschaften sind ein Geschenk, auf das es keinen Anspruch gibt – zwischen Deutschland und Israel schon gar nicht. Freundschaften wollen aber gepflegt werden. Und in diesem Sinne wollen wir die Beziehungen weiter festigen und entwickeln. Wir sind in diesem besonderen Jahr der deutsch-israelischen Beziehungen stolz auf unsere enge Partnerschaft und Freundschaft. Aber wir begreifen sie als das, was sie sind: eine Verpflichtung und dauerhafte Aufgabe.

אנחנו אסירי תודה עבור הידידות שלנו וגאים בשותפות שלנו.
(Wir sind dankbar für unsere Freundschaft und stolz auf unsere Partnerschaft.)

Das selbstkritische Bekenntnis zur Wahrheit ist Voraussetzung für Versöhnung

Einleitende Worte vor der Debatte zu den Deportationen und Massakern an den Armeniern vor 100 Jahren, Deutscher Bundestag, 24. April 2015

Ich begrüße Sie alle herzlich zu dieser Plenarsitzung, insbesondere auch die zahlreichen Gäste, die zum ersten Tagesordnungspunkt erschienen sind. Dieser Tagesordnungspunkt behandelt ein herausragendes historisches Ereignis mit nachhaltigen Folgen nicht nur für das Nachbarschaftsverhältnis zwischen der Türkei und Armenien. Schon die Vereinbarung dieser Debatte im Deutschen Bundestag hat große öffentliche Aufmerksamkeit gefunden.

Völkermord ist ein Straftatbestand im Völkerrecht für Taten mit der Absicht, »eine nationale, ethnische, rassische oder religiöse Gruppe als solche ganz oder teilweise zu zerstören«. Das, was mitten im Ersten Weltkrieg im Osmanischen Reich stattgefunden hat unter den Augen der Weltöffentlichkeit, war ein Völkermord. Er ist nicht der letzte im 20. Jahrhundert geblieben. Umso größer ist unsere Verpflichtung, im Respekt vor den Opfern und in der Verantwortung für Ursachen und Wirkungen die damaligen Verbrechen weder zu verdrängen noch zu beschönigen.

Wir Deutsche haben niemanden über den Umgang mit seiner Vergangenheit zu belehren. Aber wir können durch unsere eigene Erfahrung andere ermutigen, sich ihrer Geschichte zu stellen. Auch wenn es schmerzt: Das selbstkritische Bekenntnis zur Wahrheit ist Voraussetzung für Versöhnung. Dazu gehört, die Mitverantwortung des Deutschen Reichs an den Verbrechen vor 100 Jahren zu benennen. Obwohl die Reichsleitung umfassend informiert war, nutzte sie ihre Einflussmöglichkeiten nicht. Das Militärbündnis mit dem Osmanischen Reich war ihr wichtiger als die Intervention zur Rettung von Menschenleben. Diese Mitschuld einzuräumen, ist Voraussetzung unserer Glaubwürdigkeit gegenüber Armenien wie der Türkei.

Liebe Kolleginnen und Kollegen, verehrte Gäste, Geschichte erzwingt jenseits der historischen Fakten eine Deutung. Sie ist damit zwangsläufig politisch. Diesen Streit mag man beklagen. Aber er ist unvermeidlich, und er gehört ins Parlament. Seit den beispiellosen Gewalterfahrungen des 20. Jahrhunderts wissen wir, dass es keinen wirklichen Frieden geben kann, solange nicht den Opfern, ihren Angehörigen und Nachkommen Gerechtigkeit widerfährt, im Erinnern an das, was tatsächlich geschehen ist.

Auch heute werden Menschen Opfer von Verfolgung, aus politischen, ethnischen und auch aus religiösen Gründen, darunter Tausende Christen. Die Türkei leistet mit der Aufnahme von weit über einer Million Flüchtlingen eine immense, zu selten gewürdigte und manchen in Europa beschämende humanitäre Hilfe. Diese Bereitschaft, Verantwortung in der Gegenwart zu übernehmen, vergessen wir ausdrücklich nicht, wenn wir an das Bewusstsein auch der Verantwortung für die eigene Vergangenheit appellieren.

Die heutige Regierung in der Türkei ist nicht verantwortlich für das, was vor 100 Jahren geschah, aber sie ist mitverantwortlich für das, was daraus wird. Dass sie in einer eigenen Zeremonie einen Schritt auf die Nachfahren und den Nachbarn zugeht, würdigen wir ausdrücklich, vor allem aber die vielen mutigen Türken und Kurden, die sich zusammen mit

Armeniern bereits seit Jahren um eine ehrliche Aufarbeitung dieses finsteren Kapitels der gemeinsamen Geschichte bemühen: Schriftsteller, Journalisten, Bürgermeister, religiöse Führer. Ich denke an den Literaturnobelpreisträger Orhan Pamuk und an den Journalisten Hrant Dink, der seinen Einsatz für die historische Wahrheit mit dem Leben bezahlte. Sie verdienen unsere Unterstützung, und sie brauchen sie auch. Dazu wollen wir mit unserer heutigen Debatte beitragen.

Kunst, Kultur und Medien

Der Kunst kann der Staat egal sein, dem Staat die Kunst nicht, und die Kultur schon gar nicht

Festrede zur Eröffnung der Ausstellung »Der frühe Dürer«, Nürnberg, 25. Mai 2012

»Über Malerei zu reden, hat keinen Sinn.« Der Satz ist nicht von mir, sondern von jemandem, der weiß, wovon er redet: Gerhard Richter, dem deutschen Maler, der – wie Albrecht Dürer – schon zu Lebzeiten einen legendären Ruf genießt und unter den zeitgenössischen Künstlern einer der wenigen, vielleicht der einzige ist, dessen handwerkliches Können und die darauf gestützte Bandbreite seines künstlerischen Schaffens den Vergleich mit den großen Gestalten der Kunstgeschichte aushält.

»Über Malerei zu reden, hat keinen Sinn.« – Über Kunst zu schreiben, macht offensichtlich durchaus Sinn. Allein die Literatur über Albrecht Dürer umfasst inzwischen über zehntausend Titel. In der Bibliothek des Germanischen Nationalmuseums umfasst die reine Dürer-Literatur 27 Regalmeter. Es ist alles gesagt oder geschrieben, jedenfalls fast alles, mehr als irgendjemand aufnehmen oder nachvollziehen kann. Im Katalog zu dieser Ausstellung, die wir heute eröffnen, finden Sie neben vielem, was Sie dort erwarten werden, manche bemerkenswerte Hinweise und Einsichten nicht nur zur Biografie Albrecht Dürers, sondern zu den Lebensumständen, unter denen er aufgewachsen ist, zu seinem Wohnumfeld, zu den frühen Reisen, zum Verhältnis von Tradition und Innovation und wie sehr das eine das andere voraussetzt, zur Natur, zu seiner Malerei, zu den Holzschnitten, den Kupferstichen, der Glasmalerei, der Architektur – nicht zuletzt zu Dürer in der deutschen Literatur. Eine spontane Überlegung, Ihnen als Festrede eine Kurzfassung der Katalogbeiträge vorzutragen, weil dies vermutlich die meisten von Ihnen zumindest bei der Eröffnung noch nicht bemerken würden, habe ich aufgegeben. Erstens, weil dies auch nicht wirklich gelungen wäre, und zweitens, weil alle diejenigen, die diese Ausstellung sehen, ganz sicher den Katalog als Ergänzung und Vervollständigung ihrer Einsichten mitnehmen werden. Die Kunstinteressierten in Deutschland, die diese Ausstellung nicht sehen können, brauchen den Katalog ohnehin.

Was man über Dürer wissen will, kann man nachlesen. Wenn man ihn begreifen, wenn man ihn verstehen will, muss man seine Werke sehen. »Über Malerei zu reden, hat keinen Sinn.« – Was soll da Rede ausrichten, schon gar, wenn sie in verschärfter Form als eine »Festrede« angekündigt wird? Meine Damen und Herren, ich werde nicht über die Malerei, die Kupferstiche oder die Aquarelle von Dürer reden, sondern über seine Zeit, über das, was uns beinahe selbstverständlich erscheint, jedenfalls in der inzwischen beachtlichen zeitlichen Distanz von einem halben Jahrtausend aus den Augen verloren gegangen zu sein scheint. Der Ruhm Albrecht Dürers ist fast so alt wie er selbst, über seinen Tod hinaus bleibt er als lebendiges Exemplar der Kunst- und Kulturgeschichte der Menschheit in Erinnerung.

Seit einer beachtlich langen Zeit werden insbesondere die runden Jahrestage zu Anlässen stets wiederkehrender Dürer-Festspiele. Dabei ist der Künstler immer wieder für kunstfremde Zwecke instrumentalisiert, auch nationalistisch vereinnahmt worden. Im 19. Jahrhundert, und schon gar in der Zeit des Nationalsozialismus, galt er als »Allerdeutschester« in der Kunst. Das große Dürer-Jahr aus Anlass seines 500. Geburtstages setzte hingegen 1971 Maßstäbe in der wissenschaftlichen Erforschung – und erstmals, Herr Oberbürgermeister, auch im Marketing. Denn damals sorgte eine Werbekampagne für nachhaltiges Aufsehen mit Slogans wie »Deutschlands erster Hippie: Ein Nürnberger?« – auch diese Frage kann inzwischen als beinahe beantwortet gelten. Aber wie sehr noch damals – und wir reden nur über eine zeitliche Distanz von vergleichsweise wenigen Jahren – die Erinnerung auch im Spannungsfeld politischer Wahrnehmungen stand, will ich Ihnen mit folgendem Zitat verdeutlichen. Das Zentralkomitee der SED erklärte 1971: »Dürers Werk kann erst heute alle in ihm liegenden Wirkungsmöglichkeiten, seine ganze Kraft umfassend entfalten. So hat es seine feste Heimstadt in der DDR gefunden und bestätigt auf eindrucksvolle Weise die Erkenntnis Johannes R. Bechers: ›Alles Große der Vergangenheit bedarf des Revolutionären von heute, um fortwirken zu können.‹« Na ja, jedenfalls hat das Werk Albrecht Dürers im Vergleich zu vielen Revolutionen und manchen Revolutionären, die sich für solche gehalten haben, die Zeiten überdauert – auch manch despektierliche Bemerkungen späterer Künstlerkollegen, wie etwa von Georg Baselitz, der zu der bemerkenswerten Einschätzung gekommen ist: »Für mich ist Dürer überhaupt Studienratskunst.« Ähnlich salopp formuliert: Wenn die pädagogischen Künste der Studienräte in Deutschland eine ähnlich durchschlagende und nachhaltige Wirkung entfalten würden, wie das für Albrecht Dürers Werk offensichtlich gilt, müssten wir uns um Pisa-Studien und die Wettbewerbsfähigkeit künftiger Generationen keine ernsthaften Gedanken machen. Und da Sie, Herr Oberbürgermeister, zu Recht empfohlen haben, sich besser nicht mit den Nürnbergern anzulegen, hat Baselitz prompt den Kürzeren gezogen, wie jede Annäherung an die beiden

Künstler über eine Google-Suche hinreichend belegt: Zu Georg Baselitz findet man immerhin 136 000 Einträge, fragt man jedoch bei Albrecht Dürer nach, sind es 7 Millionen. Das Interesse ist also einschlägig verteilt.

Meine Damen und Herren, Albrecht Dürer gilt aus guten Gründen als »erster moderner Künstler diesseits der Alpen«, wie ihn Ludwig Grote, der ehemalige Generaldirektor des Germanischen Nationalmuseums, einmal bezeichnet hat. Dass man zu dieser Einschätzung wohl zu Recht gekommen ist, hängt im Wesentlichen mit den Zeitumständen zusammen, in denen Dürer gelebt und gewirkt hat, einer Zeit des Umbruchs, der in die Moderne wies, eine weltweite Vernetzung anstieß und zugleich begleitet war von Untergangsstimmungen, die Albrecht Dürer selbst etwa in seiner *Apokalypse* festgehalten hat. Wissenschaft, Humanismus und Reformation schufen neue Denkhorizonte, ein neues Weltverständnis, ein neues Weltbild. Ein neues Menschenbild entstand, antikes Wissen wurde wiederentdeckt, Erfindungen revolutionierten das Leben. Der Siegeszug des Drucks schuf mit Massenmedien neue Kommunikationsmöglichkeiten, die religiöse Auseinandersetzungen, die es natürlich auch vorher schon gegeben hatte, erstmals zu Massenereignissen werden ließen. Der soziale Wandel entlud sich in Unruhen, vor allem in den Bauernkriegen.

Wir, meine Damen und Herren, leben in einer Zeit, von der wir zu Recht annehmen, sie sei besonders aufregend und spannend. Wenn wir die Entwicklungen der letzten zwanzig, dreißig Jahre in Deutschland und Europa, die wir inzwischen für eine schiere Selbstverständlichkeit halten, nachdem sie jahrzehntelang völlig ausgeschlossen schienen, gelegentlich in unser Bewusstsein zurückholen, dann wird man schwerlich bestreiten wollen: Das sind wirklich aufregende Zeiten! Der damit gelegentlich verbundene Rückschluss, früher sei es langweilig gewesen, ist aber voreilig. In den fünfzig Jahren vor Dürers Geburt etwa endete der Hundertjährige Krieg zwischen Frankreich und England, tobten in England die Rosenkriege zwischen den Häusern York und Lancaster, in Mitteleuropa die Hussitenkriege, fiel 1453 Konstantinopel an das Osmanische Reich und erfand Johannes Gutenberg den Satz mit beweglichen Lettern, womit er die Buchkunst revolutionierte. Jedes einzelne dieser Ereignisse hatte massive Folgen für die Verfassung der Welt. Zu Lebzeiten Dürers wurde 1481 die Spanische Inquisition gegründet, auch in Deutschland fanden die ersten Hexenprozesse statt, der Portugiese Bartolomeo Dias umsegelte 1487 erstmals die Südspitze Afrikas, 1492 entdeckte Christoph Columbus Amerika, 1498 erreichte Vasco Da Gama Indien. 1486 wurde Maximilian von Habsburg deutscher König, 1493 deutscher Kaiser, 1492, im Jahr der Entdeckung Amerikas, Alexander VI. römischer Papst. 1496 fiel das spanische Königshaus an das Haus Habsburg, zu Lebzeiten Albrecht Dürers wurden die Medici aus Florenz vertrieben und nach der Theokratie von Savonarola reumütig zurückgeholt, Luther schlug seine berühmten Thesen an, 1525 brach der Bauernkrieg aus und die Türken belagerten Wien.

Dass das auch damals spannende, aufregende Zeiten waren, macht ein zusätzlicher Blick auf das Personaltableau deutlich: Zeitgenossen Dürers waren Leonardo da Vinci, Michelangelo Buonarotti, Lucas Cranach der Ältere, Raffael, Tizian, Veit Stoß, aber auch Nikolaus Kopernikus, Niccolò Machiavelli, Erasmus von Rotterdam; eine erlesene Gesellschaft. Der wesentliche Unterschied, der damaligen, umstürzenden, die Welt verändernden Ereignisse zu denen von heute besteht darin, dass die Zeitgenossen damals von den wenigsten Ereignissen überhaupt erfuhren, geschweige denn diese miterlebten. Nur einen Bruchteil dessen, was wir heute über diese Zeit wissen, haben die Menschen damals zeitgleich wahrnehmen können.

Meine Damen und Herren, die Namen Albrecht Dürer und Maximilian I. sind in der politischen wie in der Kunst- und Kulturgeschichte zum Synonym einer Epoche in den deutschsprachigen Ländern geworden, und die damals entstandenen Kunstwerke werden heute wie damals in der ganzen Welt hoch geschätzt. Als Maximilian von Österreich als römisch-deutscher Kaiser seine Herrschaft antrat, war Deutschland eine labile Union, die sich aus einzelnen, ziemlich heterogenen, meist erbmonarchisch organisierten Territorien zusammensetzte. Oberhaupt dieser Union war der Kaiser, der in der wechselvollen Geschichte Europas oft mit der römischen Kurie um die Staatssouveränität und mit den angrenzenden Staaten um die wirtschaftliche Vormachtstellung rang. Unter dem Eindruck neuer geistiger Strömungen der Renaissance leitete Maximilian eine Staatsreform ein, nicht zuletzt auch aus dem politischen Interesse heraus, sein Handeln nicht länger durch päpstliche Beamte autorisieren lassen zu müssen.

Der eigentlich aufregende Impuls dieser Zeit der Renaissance und Reformation im ausgehenden 15. und beginnenden 16. Jahrhundert war aber der Gedanke eines durch sich selbst bestimmten, also freien Menschen. Dies ist wiederum eine Denkfigur, der wir heute mit fröhlicher Selbstverständlichkeit unterstellen, nie anders gewesen zu sein, von der man aber wissen muss, dass die Menschheitsgeschichte bis zu diesem Zeitpunkt eher vom Gegenteil überzeugt war. Maximilian I. und Albrecht Dürer waren Teil einer Epoche, die im Begriff war, das Mittelalter hinter sich zu lassen, in dem ein Bild vom Menschen vorgeherrscht hatte, das diesen als Teil eines Universums verstand, ein Mittelalter, das die Welt nicht vom Einzelnen her begriffen, sondern dem Einzelnen seinen vorbestimmten Platz im Universum zugemessen hatte. Für Dürer als Person wie für die deutsche Kunstgeschichte im Besonderen ist keineswegs bedeutungslos, dass Maximilian der vielleicht erste relevante politische Führer war, der die modernen Möglichkeiten jetzt verfügbarer Kommunikationsmittel – die Druckerzeugnisse – als Medium politischer Information bzw. Propaganda erkannte und nutzte. Der Holzschnitt beispielsweise, der vorher meist kleinformatig insbesondere religiösen Publikationen gedient hatte, wurde nun gezielt als Mittel der Selbstdarstellung eingesetzt, mit zum Teil – von den Dimensionen, den Größenordnungen her – monströsen Publikationen. Die Funktion der Hofkunst war als Auftragskunst ausdrücklich politisch ausgerichtet und sollte viele Menschen erreichen, wenn eben möglich auch Entscheidungen beeinflussen.

Albrecht Dürer, Maler in der freien Reichsstadt Nürnberg, verdankt seinen Aufstieg zum führenden Künstler Nordeuropas ganz wesentlich kaiserlicher und fürstlicher Gunst. Aufträge von Kaiser Maximilian I., Friedrich dem Weisen von Sachsen oder Albrecht von Brandenburg bezeugen sein Ansehen und sind Stationen seines Ruhms. Albrecht Dürer ist auch deswegen einer der ersten individuellen Künstlerpersönlichkeiten unserer Kulturgeschichte, weil er zu einer virtuosen Umsetzung sowohl der künstlerischen wie der kommerziellen Möglichkeiten der neuen Medien bereit und in der Lage gewesen ist. »Cleveres Kerlchen«, würde man heute möglicherweise sagen, nachdem vorhin schon von Steve Jobs die Rede war, dessen künstlerisches Potenzial sich im Vergleich dazu allerdings sehr viel bescheidener darstellt. Dürer ist einer der Ersten, die auf ihre Originalität pochen. Natürlich ist er nicht der erste originelle und auch von seiner Originalität überzeugte Künstler gewesen, aber es gibt wenige Beispiele in der Kunstgeschichte, in denen sich jemand mit ähnlichem Selbstbewusstsein, einem geradezu dröhnenden

Selbstbewusstsein, der eigenen Originalität nicht nur bewusst war, sondern sie ausdrücklich zur Schau und auch zum Verkauf stellte. Sein berühmtes Künstlermonogramm ist ein besonders bemerkenswerter Ausdruck sowohl dieses Selbstbewusstseins als auch seiner Marketingbegabung. Dürer, der bekanntlich aus einer Handwerkerfamilie stammte, begriff sich ausdrücklich nicht mehr als Handwerker, sondern als einen kreativen Schöpfer. Kein zeitgenössischer deutscher Maler überbot Dürer in der Anzahl seiner Selbstbildnisse, wobei manches dafür spricht, dass dies neben der Demonstration seines Selbstbewusstseins ebenso der Demonstration seines Könnens für künftige Porträtaufträge diente, die er dann auch reichlich bekam.

Renaissancemensch war Dürer auch als Universalkünstler: Er war Zeichner, Kupferstecher, Maler, Kostümbildner, Medailleur, Festungsbauer, Kunsttheoretiker, Mathematiker, Gelehrter; insofern vielleicht noch am ehesten mit Leonardo da Vinci vergleichbar. Mit der technischen Reproduzierbarkeit von Werken, von Schriften, von Texten, aber eben auch von künstlerischen Arbeiten im Übergang zur Neuzeit tauchte zum ersten Mal das Phänomen der Raubkopie auf. Wenn Sie wollen, beginnt in der Zeit Albrecht Dürers die Geschichte des Urheberrechts. Dürer gehörte wegen seiner Popularität und seiner stupenden Verkaufserfolge zu den meistkopierten Künstlern seiner Zeit. Verleger druckten seine überaus populären Drucke und Stiche nach, auch ohne die Erlaubnis dazu zu haben, und vor allem ohne eine Vergütung dafür zu zahlen. Das Problem kommt uns vertraut vor. Mit Nachdruck, und wenn nötig auch unter Inanspruchnahme von Gerichten, bestand Dürer auf die Durchsetzung seiner Urheberrechte. Und er erstritt vor ordentlichen Gerichten, dass »betrüglich nachgemachte Werke« vernichtet werden mussten. Mit der Herausforderung neuer Vervielfältigungsmöglichkeiten entstand das Privilegienwesen, etwa das Autorenprivileg, von dem auch Albrecht Dürer Gebrauch machte. Vorhin ist bereits darauf hingewiesen worden, dass Maximilian I. Albrecht Dürer 1511 das kaiserliche Privileg des Verbotes des Nachdruckes zusicherte, das dann von Maximilians Nachfolger nach Dürers Niederlande-Besuch bestätigt wurde.

Meine Damen und Herren, gerade unter dem Gesichtspunkt von 500 Jahren Zeitunterschied bei gleichzeitiger Modernität der Auseinandersetzung möchte ich Ihnen ein kurzes Zitat von Albrecht Dürer vortragen, in dem er sich mit dem Ärgernis illegaler Nachdrucke auseinandersetzte: »Wehe Dir, Betrüger und Dieb von fremder Arbeitsleistung und Einfällen! Lass es Dir nicht einfallen, Deine dreisten Hände an diese Werke anzulegen! Denn lass Dir sagen, dass uns das Privileg durch den ruhmreichsten Kaiser des Heiligen Römischen Reiches, Maximilian, erteilt ist, dass niemand in Nachschnitten diese Bilder drucken oder gedruckt innerhalb des Reichsgebietes verkaufen darf. Solltest Du aber in Missachtung oder aus verbrecherischer Habgier zuwider handeln, sei versichert, dass Du nach Konfiskation deines Besitzes mit der schärfsten Strafe rechnen musst!« Das formulieren heute von »Piraten« provozierte und empörte Autoren und Urheber sehr viel vorsichtiger; zum Beispiel im Aufruf von Schriftstellern, Autoren und Filmemachern zum Schutz von Ideen »Mein Kopf gehört mir«: »Auch künftig muss, wer immaterielle Werte schafft, entlohnt werden. Eine Gesellschaft, die ihre Kreativen vernachlässigt, beraubt sich der Zukunft.« Dieser Text ist gerade ein paar Wochen alt, inhaltlich völlig richtig, aber vergleichsweise »schlapp« formuliert.

Meine Damen und Herren, es gab in der Frühen Neuzeit eine Reihe durchaus unterschiedlicher Formen der Kunstfinanzierung: die mäzenatische Förderung, ein zeitlich befristetes oder dauerhaftes Anstellungsverhältnis bei Hofe oder bei der Stadt, konkrete Aufträge für Bilder und Druckwerke unterschiedlichster Art und zunehmend eben auch den freien Markt. Dürer war auf all diesen Geschäftsfeldern tätig und erfolgreich; er war ein glänzender Vermarkter seines Wertes. Kunstagenten verkauften in seinem Auftrag überall in der Welt seine Grafiken und sorgten für die Verbreitung seines Œuvres. Aufträge der Stadt waren lukrativ, und finanzielle Sicherheit bot ein Jahresgehalt des Kaisers sowie dessen Privilegien, die seine Werke schützten. Übrigens, wenn ich das richtig nachgelesen habe: Dürer hat für die Ausmalung beziehungsweise für die Neuausstattung des Rathauses in Nürnberg zehn Jahre investiert, das ist eine vergleichsweise lange Zeit, jedenfalls deutlich länger, als Norman Foster beim Reichstagsgebäude in Berlin hatte. Allerdings war der Nürnberger Saal wiederum nicht nur Versammlungs- und Tagungsort, sondern er war auch Gerichts- und Tanzsaal, da sind die Ansprüche an den Plenarsaal in Berlin natürlich deutlich bescheidener.

Heute, meine Damen und Herren, leben wir in einem Staat, der sich als Kulturstaat versteht, der circa 90 Prozent aller originären Kunst- und Kulturförderung aus öffentlichen Kassen leistet. Das ist beachtlich und übrigens natürlich auch keineswegs die Regel. Die Bundesrepublik Deutschland ist ein demokratischer und sozialer Bundesstaat. Der Satz wird Ihnen bekannt vorkommen, er findet sich im Artikel 20 unseres Grundgesetzes. Dieses Grundgesetz verpflichtet den deutschen Staat ausdrücklich auf die Prinzipien der Demokratie, auf den Sozialstaat, den Rechtsstaat und den Bundesstaat. Vom Kulturstaat ist in diesem Zusammenhang keine Rede; mindestens insoweit hat die politische Praxis die Verfassungstheorie längst überholt, zumindest eingeholt. Denn darüber besteht in diesem Land, schon gar im Freistaat

Bayern, Herr Ministerpräsident, aber auch in anderen Teilen unseres vereinigten Vaterlandes, nicht der Hauch eines Zweifels: Der Staat hat eine unverzichtbare, nicht kompensierbare, aber ganz sicher keine exklusive Verantwortung für die Kultur dieses Landes und dieser Gesellschaft. Der Staat ist nach unserem Staats- und Kulturverständnis nicht für Kunst und Kultur zuständig, er hat keine materielle Zuständigkeit für die Inhalte und die Formen, in denen sich Kunst und Kultur in einer freien Gesellschaft entfalten. Aber er hat eine originäre und auch nicht ersetzbare Verantwortung für die Bedingungen, unter denen eine solche Entfaltung von Künsten überhaupt möglich ist.

Nirgendwo, meine Damen und Herren, in keinem anderen Bereich unserer Gesellschaft ist die Distanz zum Staat so groß und so demonstrativ und zugleich die Erwartung der Alimentierung so ausgeprägt wie in Kunst und Kultur. Das scheint intellektuell weder besonders zwingend noch moralisch von bestechender Größe, ist aber eine weitverbreitete Attitüde, die ihrerseits beinahe kunstvoll genannt werden könnte. Worauf es aber allein ankommt: Sie ist berechtigt. Die Kunst hat einen Anspruch gegenüber dem Staat, soweit er denn Kulturstaat sein will, nicht aber der Staat gegenüber der Kunst und Kultur. Anders formuliert: Der Kunst kann der Staat egal sein, dem Staat die Kunst nicht, und die Kultur schon gar nicht.

Es gibt gewiss viele Kulturnationen, große Kulturnationen, aber es gibt nur wenige Staaten, die wie die Bundesrepublik Deutschland Kunst und Kultur absolut und relativ so stark aus öffentlichen Kassen fördern. Das gilt sowohl für den Bund wie insbesondere für die Länder und die Gemeinden, Gott sei Dank, wie ich hinzufüge. Dies ist nur verständlich und erklärbar vor dem Hintergrund einer jahrhundertealten Geschichte, in der sich der Föderalismus, der damals noch nicht so hieß, im konkurrierenden Repräsentationsaufwand rivalisierender Fürstenhäuser niederschlug, einem Föderalismus, der die Vielzahl, die Breite und die Qualität der Kunst- und Kultureinrichtungen in Deutschland, die wir – im besten Sinne des Wortes – geerbt haben und wiederum meist vorschnell für selbstverständlich halten, erst möglich gemacht hat. Gegenwärtig werden in Deutschland Jahr für Jahr etwa 9,5 Milliarden Euro als öffentliche Kulturfinanzierung aufgebracht. Von diesen entfällt der Löwenanteil auf die Kommunen und die Länder, die zusammen mehr als 85 Prozent der öffentlichen Mittel in Deutschland aufbringen, während der Bund seinerseits gut 13 Prozent dieser Kosten trägt; dazu kommen allerdings noch weitere 1,5 Milliarden Euro an Bundesmitteln für Projekte und Programme der auswärtigen Kultur- und Bildungspolitik, für die er im Unterschied zu den anderen Aufgaben, die er wahrnimmt, auch eine verfassungsrechtliche Kompetenz hat – ein Thema, das ich jetzt nicht vertiefe.

Die gerade vorgetragenen Größenordnungen sind in doppelter Weise relativ. Denn das ist zwar viel Geld, bezogen aber auf unser Land, die Anzahl der Einwohner und das Sozialprodukt durchaus überschaubar: Pro Einwohner gibt dieser Staat Jahr für Jahr gut 100 Euro für Kunst- und Kulturförderung aus. Der Anteil der Kunst- und Kulturförderung an den öffentlichen Haushalten beträgt damit weniger als ein Prozent beim Bund, weniger als zwei Prozent bei den Ländern und etwas mehr als zwei Prozent bei den Gemeinden. Gemessen an unserem Bruttoinlandsprodukt reden wir über einen Anteil von etwas unter 0,4 Prozent. Das sind, meine Damen und Herren, jedenfalls nicht Größenordnungen, die Kunst- und Kulturliebhaber spontan ins Schwärmen bringen, aber es sind auch nicht Größenordnungen, die Kämmerer und Finanzminister in Depressionen stürzen müssten. Jedenfalls macht jeder Blick auf die gerade genannten Größenordnungen völlig klar: Die zweifellos notwendige Konsolidierung der öffentlichen Haushalte kann über Kürzungen in Kulturetats nicht erfolgen. Denn dafür sind die Kulturetats zu klein und ihre Bedeutung zu groß.

Meine Damen und Herren, Zweck der Kunst- und Kulturförderung ist es, zumindest nach meinem Verständnis, Angebote zu ermöglichen, für die es keine Nachfrage, jedenfalls keine finanzkräftige Nachfrage gibt, und gleichzeitig die Nachfrage zu beleben, ohne die es keine neuen Angebote an Musik, Literatur und bildender Kunst gäbe.

»Kunst ist Magie, befreit von der Lüge, Wahrheit zu sein.« Der Satz, Sie ahnen es, ist wieder nicht von mir, sondern von Theodor W. Adorno. Albrecht Dürer ist einer der ganz großen Meister dieser Magie der Kunst, die von der Lüge befreit, ohne die Wahrheit zu kennen, weil sie ahnt, dass es sie nicht gibt. Darüber zu reden macht keinen Sinn, aber man kann es sehen, wenn man will und dafür eine so grandiose Gelegenheit bekommt wie in dieser Ausstellung.

Kann man überhaupt über Wagner reden, muss man es überhaupt?

Skizzen für die Festrede zum 200. Geburtstag von Richard Wagner, Bayreuth, 22. Mai 2013

Über Richard Wagner ist eigentlich alles gesagt, über den Mann und seine Musik. Von Leuten, die etwas von seiner Musik verstehen oder eine ganze Menge, und von anderen, die offensichtlich nichts davon verstehen und manchmal auch gar nicht verstehen wollen.

Kann man überhaupt über Wagner reden, muss man es überhaupt? Darüber kann man durchaus unterschiedlicher Meinung sein. Selbst die sogenannten Wagnerianer sind sich darüber nicht einig.

Ich rede, weil ich gefragt worden bin – nicht von Richard Wagner, versteht sich, der für die Gestaltung beider Teile dieses Festaktes möglicherweise ganz andere Vorstellungen gehabt hätte, sondern von seinen Nachkommen und Nachlassverwaltern. Leichtsinnigerweise habe ich die Einladung angenommen, obwohl es dutzende geeignetere Festredner gäbe, die professionelle Einsichten in Leben und Werk Richard Wagners, seine Wirkungen und seine Verirrungen, seine Urteile und Vorurteile haben und vortragen könnten.

Jedenfalls ist es eine immer wieder überraschende Erfahrung, dass Politiker trotz ihres lausigen Rufes für Festakte aller Art – Geburtstage, Vereinsjubiläen, Bankentage, Gewerkschaftskongresse und Festspiele – für unverzichtbar oder kaum ersetzbar gehalten werden.

Nach mehreren vergeblichen Anläufen, mich dem Anlass der heutigen Veranstaltung angemessen zu nähern, beginne ich mit einer Kapitulationserklärung: Es geht nicht. Generalpause. Alles, was interessant und seriös ist, kennen Sie längst. Alles, was uninteressant oder unseriös ist, muss ich nicht vortragen und sollte es besser bleiben lassen.

»Er ist unausstehlich, denn er ist absolut unbegreiflich«, soll Richard Wagner einmal über William Shakespeare gesagt haben. Es würde auf ihn nicht weniger passen. Was war und ist er eigentlich? Sachse, Deutscher, Europäer, Kosmopolit, Künstler, Musiker, Dramatiker, Dirigent, Intendant, Komödiant, Querulant, Spekulant, Exilant, Revolutionär, Reaktionär, Egozentriker, Exzentriker, Genie: von allem etwas, nichts davon ganz oder ausschließlich. Über Richard Wagner lässt sich offensichtlich nur in Superlativen reden. Selbst das Gewöhnliche ist bei ihm außergewöhnlich, genial oder geschmacklos, exzellent oder ekelhaft, brillant oder brutal, unsagbar oder unsäglich. Bei ihm geht es nicht schlicht um Musik oder um Kunst, sondern um absolute Musik, Leitmotive, Gesamtkunstwerke, Bühnenweihfestspiele.

Im Unterschied zu meiner Frau, die schon in ganz jungen Jahren für Wagner geschwärmt hat, als ich als Pennäler schon gerne Konzerte besuchte, die Oper aber noch für eine hypertrophe, exaltierte, gelegentlich hysterische Kunstform gehalten habe, die mir in den satirischen Kurzfassungen Loriots eher einleuchten wollte als in den länglichen Originalfassungen, war mein Verhältnis zu Wagner eher unterkühlt als überschäumend. Mich hat Mark Twain neugierig gemacht mit der ihm zugeschriebenen Bemerkung, die Musik Richard Wagners sei wesentlich besser, als sie sich anhöre. Das wiederum ist nicht so gehässig, wie es sich anhört. Jeder Musikwissenschaftler wird bestätigen, dass Wagners Musik eine kaum zu überschätzende Bedeutung für die Musikgeschichte hat, die sich mit der Auflösung der seit Jahrhunderten vertrauten Tonalität ohne ihn kaum so entwickelt hätte. Das allerdings lässt sich nicht von vielen Komponisten behaupten.

1813 ist das Geburtsjahr bedeutender Dramatiker, zu denen neben Richard Wagner und Giuseppe Verdi auch Friedrich Hebbel und Georg Büchner gehören. Dieser in mancherlei Hinsicht bemerkenswerte Jahrgang eint die Erfahrungen dramatischer Veränderungen, von Krieg, Revolution und Restauration, nicht zuletzt auch die Prägung durch den aufkommenden nationalen Gedanken einschließlich seiner gefährlichen und verhängnisvollen Übertreibungen. Verdi und Wagner haben »den Soundtrack des nationalstaatlichen Europas geschrieben« (Axel Brüggemann). »Niemand hat diesem doppelgesichtigen Charakter der Epoche so exemplarisch Ausdruck gegeben wie Richard Wagner«, schreibt Joachim Fest in seinem brillanten Essay über den Komponisten: »[...] Die ganze Zukunftsgläubigkeit der Epoche, aber auch ihre Untergangsstimmungen, ihr Reaktionärswesen und die Neigung zur revolutionär beflügelten Weltzertrümmerei, bürgerliches Ethos und bourgeoise Gewöhnlichkeit, altmeisterlicher Ernst und wilde Projektenmacherei, Ressentiment und große Freiheit des Urteils: es war alles in ihm.«

»Wagner war ganz Politik«, urteilte voreilig der berühmtberüchtigte Musikkritiker Eduard Hanslick, was nicht ganz falsch, aber zumindest stark übertrieben war. Richard Wagner ist auf seinem Weg in den musikalischen Olymp weder von Dämonen noch immer von Feen begleitet gewesen. Der notwendige, jedenfalls zulässige Versuch, ihn politisch wie musikalisch in die Geschichte seiner Zeit einzuordnen, ist nicht ganz einfach und schon gar nicht immer willkommen. Als der damalige Bundespräsident Walter Scheel 1976, also im denkwürdigen Jahr des Jahrhundert-»Ringes«, mit der spektakulären Neuinszenierung von Patrice Chereau in seiner Festrede einen solchen Versuch unternahm, war das Publikum eher irritiert als beeindruckt. In der Nachlese des *Spiegels* zu diesem 100. Geburtstag der Bayreuther Festspiele berichtet Hans Mayer: »Als Kontrastprogramm war es wohl angelegt. Zuerst die Jubiläumsfeier nach altdeutscher Art, dann der ›Ring des Nibelungen‹ als französischer Schocker. Am Anfang der Jubel, dann die Entrüstung. Es kam ganz anders.« Genauer gesagt: Es war eher umgekehrt. Auslöser der Enttäuschung empörter Wagnerianer war die Absage des Bundespräsidenten an den Mythos, die gleichberechtigte Einordnung Wagners in eine Reihe anderer bekannter Komponisten seiner Zeit: »Richard Wagner ist einer von ihnen [...] nicht das geistige Zentrum der Welt [...] Erst wenn wir Wagner aus den Wolken herunterholen und als großen Tonkünstler unter seinesgleichen stellen [...] erst dann haben wir ihn mit der Demokratie versöhnt.«

Nun: die Kunst ist nicht mit der Politik zu «versöhnen« – und die Musik schon gar nicht mit der Demokratie. Soweit Künstler dieser Versuchung zum Opfer fallen, sollten Politiker ihr umso tapferer widerstehen, zumal die Neigung zum Größenwahn in der Kunst nicht selten, oft sehr innovativ, jedenfalls erlaubt ist. In der Politik dagegen nicht.

Zu Richard Wagner gibt es im Übrigen nicht nur viele politische Kommentare, kluge wie dümmliche, sondern auch eine parlamentarische Befassung, die sich gerade erst zum 100. Mal jährte und an die ich im Wagner-Jahr 2013 deshalb gerne erinnere:

Richard Wagner hatte »Parsifal« bekanntlich für Bayreuth reserviert, um »dieses letzte und heiligste meiner Werke vor dem [...] Schicksale einer gemeinen Opern-Karriere [zu] bewahren«. Nur in Bayreuth dürfe – so schrieb Wagner an König Ludwig II. – »der ›Parsifal‹ in aller Zukunft einzig und allein aufgeführt werden; nie soll der ›Parsifal‹ auf irgendeinem anderen Theater dem Publikum zum Amüsement dargeboten werden«. Allerdings konnte das Veto des Meisters seine Wirkung maximal bis zum Ablauf der Schutzrechte (damals 30 Jahre nach dem Tod des Urhebers) entfalten. Als dieser Zeitpunkt bedrohlich näher rückte, stellte der Abgeordnete Reinhard Mumm am 28. November 1912 deshalb im Reichstag in Berlin folgende Frage an die Reichsregierung:

»Ist dem Herrn Reichskanzler bekannt, dass nach den gesetzlichen Bestimmungen das Bühnenweihefestspiel Parsifal demnächst schutzfrei wird und dass weite Kreise unseres Volkes für eine reichsdeutsche Gesetzesbestimmung sowie für eine internationale Konvention eintreten, um ungeeignete Darstellungen dieses Festspieles zu Erwerbszwecken unmöglich zu machen?«

In der 76. Sitzung des Reichstages am 3. Dezember 1912 antwortete Staatssekretär Dr. Lisco im Namen der Reichsregierung, es sei dem Reichskanzler durchaus bekannt, »dass von verschiedenen Seiten eine Erweiterung des Schutzes [...] über die nach dem geltenden Rechte bestehenden Grenzen hinaus angestrebt wird«. Gemeint war damit Cosima Wagner, die – unterstützt von einer frühen Form einer Bürgerinitiative – alle Hebel in Bewegung zu setzen wusste, um Bayreuth das Aufführungsprivileg für den »Parsifal« zu sichern. Die Petition an Kaiser Wilhelm II. zählte nicht weniger als 18 000 Unterzeichner, darunter so prominente wie Eugen d'Albert, Lovis Corinth, Max Reger, Richard Strauss und Hugo von Hofmannsthal. Allerdings führte Dr. Lisco im Namen der Reichsregierung dann aus: »Zu der Frage, ob Maßnahmen des Reichs im Sinne dieser Bestrebungen angezeigt und erfolgversprechend sind, haben die verbündeten Regierungen bisher keine Stellung genommen.« An dieser Stelle vermerkt das Protokoll übrigens »Bravo!« und »Heiterkeit«.

Eine weitere Befassung des Reichstages mit »Parsifal« ist

nicht überliefert, und es kam auch zu keiner »Lex Cosima«. Die Opernhäuser konnten es ohnehin kaum abwarten, schon am 13. April 1913 gab es die erste Aufführung in Zürich, weil in der Schweiz eine kürzere Schutzfrist galt. Und pünktlich am 1. Januar 1914 – die 30-Jahre-Frist war mit dem Silvestertag 1913 abgelaufen – folgten zeitgleich Inszenierungen in Berlin, Bologna, Bremen, Breslau, Budapest, Kiel, Prag und Rom. Am schnellsten war man allerdings in Barcelona, wo sich noch in der Neujahrsnacht, exakt eine Minute nach Ablauf der Schutzrechte, der Vorhang hob. Damit war »Parsifal« endgültig vom Monopol des Grünen Hügels befreit – oder ist »erlöst« hier vielleicht der passendere Begriff? Nach meinem Kenntnisstand ist »Parsifal« bislang die einzige Oper, die es geschafft hat, in Deutschland zum Gegenstand einer Parlamentsdebatte zu werden. Auch in dieser Hinsicht ist »Parsifal« eben ein echter Solitär.

Ist Wagner Deutscher? Ganz sicher. Gehört Wagner den Deutschen? Ganz sicher nicht. So wenig wie Aristoteles den Griechen gehört, Michelangelo den Italienern oder Shakespeare den Briten. Er gehört allen, die ihn mögen oder auch nicht, verstehen können oder wollen, weil er als Musiker über eine Sprache verfügt, die sich durch Hören erschließt, wenn man nur will. »Ich bin der deutscheste Mensch, ich bin der deutsche Geist«, schreibt Wagner in sein Tagebuch am 11. 9. 1865. Wieder ein Superlativ, sowohl die erste wie die zweite Hälfte dieses Satzes sind maßlos übertrieben.

Aber tatsächlich ist der Weltbürger Richard Wagner in den Stoffen seiner musikalischen Dichtungen den deutschen Sagen und Mythen, Vorstellungen und Gewohnheiten allzu deutlich verbunden. Auch die besondere Begabung dieses Komponisten, Normen und Regeln zum Gegenstand seiner Opern zu machen und sie dabei nicht nur zu thematisieren, sondern zu überschreiten und außer Kraft zu setzen, ist von italienischen, spanischen, französischen oder britischen Komponisten schon gar seiner Zeit nicht in gleicher Weise zu erwarten.

»Wären Tristan und Isolde italienischer Herkunft, hätten sie am Ende des zweiten Aktes sicher sieben Kinder. Aber sie sind Deutsche, also diskutieren sie noch«, soll Arturo Toscanini, der große italienische Dirigent, gesagt haben. Tristan und Isolde sind bekanntlich keine Deutschen, weder die eine noch der andere, aber man hält sie dafür (und deshalb diskutieren wir auch weiter, immer wieder, nicht nur in Bayreuth).

Hätte Pierre Boulez, der Musikrevolutionär des 20. Jahrhunderts und bedeutende Wagner-Dirigent, sich mit seiner berühmten Forderung durchgesetzt, »Sprengt die Opernhäuser in die Luft!«, hätte diese Veranstaltung gar nicht stattfinden können, jedenfalls nicht hier. Aber Richard Wagner gäbe es dennoch, seine Musik und die Verzauberung, die sie erzeugt.

»Alles, was ist, endet.« Dieser schöne, prägnante, dazu richtige Satz findet sich im »Rheingold«. Dann dauert es allerdings noch einige Stunden, bis Richard Wagners Opus magnum tatsächlich endet.

Da habe ich es einfacher. Und Sie auch. Fine. Ende.

Verhaltener Applaus.

Aber wenn es Übel gibt,
erledigen sie sich nicht dadurch,
dass man sie nicht zur Kenntnis nimmt

Festrede anlässlich der Verleihung des Journalistenpreises der deutschen Zeitungen »Theodor-Wolff-Preis« 2016, Berlin, 7. September 2016

Es gibt in Deutschland viele Kunst- und Kulturpreise und beinahe so viele Medienpreise, aber es gibt nur ganz wenige Preise, die eine so lange Tradition und folgerichtig eine so starke Reputation haben wie der »Theodor-Wolff-Preis«. Auch deshalb habe ich die Einladung, an der heutigen Preisverleihung mitzuwirken, natürlich gerne angenommen, auch wenn die angekündigte Festrede entfallen muss. Mir fällt nämlich nichts wirklich Festliches ein, wenn man einmal von einer Reihe hoffnungslos richtiger Bemerkungen absieht, die bei solchen Gelegenheiten aber ohnehin regelmäßig vorgetragen werden, gelegentlich auch von mir. Ich bin ja nicht zum ersten Mal vom Bundesverband der Zeitungsverleger eingeladen worden, und wenn es denn nötig sein sollte, bekräftige ich gerne zu Beginn, was ohnehin kein Mensch bestreitet: dass eine freie Presse eine der ganz unverzichtbaren Voraussetzungen für eine aufgeklärte freiheitliche Gesellschaft ist und dass man sich eine halbwegs zumutbare Politik ohne die unangenehme Begleitung einer freien Presse nicht wirklich vorstellen kann und schon gar nicht vorstellen will. Wenn man von diesen gut gemeinten Gemeinplätzen einmal absieht, fallen mir wie wahrscheinlich auch Ihnen mit Blick auf die aktuelle Lage doch eher unfestliche Befunde ein, sowohl mit Blick auf die Medien wie mit Blick auf die Politik. Tatsächlich gibt es ja eine ganze Reihe mindestens von offenen Fragen, von ungelösten Herausforderungen, von nicht nur eingebildeten, sondern tatsächlichen Krisen. Das eine ist vom anderen nicht immer ganz einfach zu unterscheiden. Ich habe mit besonderem Interesse registriert, dass in diesem Jahr zum ersten Mal ein Preis für ein Schwerpunktthema verliehen werden soll, und natürlich hat mich das Thema, für das dieser Preis in diesem Jahr verliehen werden soll, genauso wenig gewundert wie irgendjemanden von Ihnen, denn dieses Thema Flüchtlinge und alles, was sich damit verbindet, drängt sich buchstäblich auf. Es beschäftigt die Politik wie die Medien seit Monaten mehr als irgendein anderes zweites Thema und man könnte fast auf die Idee kommen, darin eine Bestätigung der auch nicht mehr ganz neuen Vermutung zu sehen, dass Politik und Medien längst Teil eines selbstreferenziellen Systems seien, das sich insbesondere miteinander beschäftigt und die Vermutungen der jeweiligen Dringlichkeiten voneinander bezieht, aber nicht aus der Wirklichkeit, mit der sich die einen wie die anderen auf ihre jeweils besondere Weise beschäftigen sollen. Übrigens ist ja auch an dieser These was dran, auch wenn sie wie alle gut formulierten knackigen Formulierungen bei genauem Hinsehen dann doch eher eine Übertreibung einer nicht ganz falschen Beobachtung ist.

Was die Beschäftigung mit dem Thema Flüchtlinge angeht, kann man schon mit Fug und Recht sagen, dass hier weder die Medien den Prioritäten der Politik folgen noch die Politik auf ein von Medien besetztes Thema springt, sondern dass hier mit Blick auf dieses Thema und die damit verbundenen Herausforderungen die Politik wie die Medien ihren Mindestansprüchen nicht genügen würde, wenn sie dieses

Thema nicht mit der Gründlichkeit, auch der Dauerhaftigkeit, der Hartnäckigkeit behandeln würde, die dieses Thema und die damit verbundenen Fragen und Herausforderungen zweifellos kennzeichnen.

Es gibt viele Unterschiede zwischen Politikern und Journalisten, aber es gibt auch eine Reihe von Gemeinsamkeiten. Zu den Gemeinsamkeiten gehört nach meiner Beobachtung, dass beide Berufsgruppen nicht durch besondere Minderwertigkeitskomplexe auffallen, dass sie beide gelegentlich von der Versuchung geplagt sind, sich für eine besondere Kategorie der Menschheit zu halten, denen Dinge, die für den Rest der Bevölkerung gelten, eigentlich nicht zugemutet werden dürfen, und dass sie drittens beide einen bescheidenen Ruf haben. Eigentlich müsste ich jetzt vollständigkeitshalber hinzufügen, viertens ist ihnen gemeinsam, dass dieser lausige Ruf unverdient ist. Aber es gibt ihn interessanterweise. Und es gibt ihn interessanterweise eigentlich über die Jahre hinweg stabil. Jedenfalls fallen Ihnen wie mir leider jede Menge anderer Berufe ein, die stabil ein sehr viel höheres Ansehen genießen als Politiker und Journalisten. Dem will ich jetzt gar nicht im Einzelnen nachgehen. Ich will aber ein paar Eindrücke wiedergeben, die sich im Zusammenhang mit genau dem Schwerpunktthema fast aufdrängen, das ja im Mittelpunkt der heutigen Veranstaltung stehen soll.

Vielleicht darf ich mit einem Zitat beginnen – der Dortmunder Medienwissenschaftler Matthias Kohring hat vor ein paar Wochen in einem Interview bei einem größeren Onlineauftritt folgende interessante Beobachtung vorgetragen: »Mit den Flüchtlingsbewegungen im vergangenen Jahr sahen sich viele Menschen und nicht nur die, die auf Pegida-Demonstrationen gegangen sind, von der Politik und den Medien zu einer Willkommenskultur gezwungen. Es gab nur ein Deutungsmuster, bist du für die Willkommenskultur oder willst du auf der bösen Seite stehen. Wer aber Unsicherheiten oder Sorgen hatte, dass das doch unsere Möglichkeiten übersteigt, wurde gleich in die dunkeldeutsche Ecke gestellt. [...] Heute finden sich viele mit ihrer Meinung nicht wieder.«

Das kann man und muss man wohl im Ergebnis wiederum für einen etwas doch zugespitzten Befund halten, aber er ist auch wiederum nicht frei erfunden, jedenfalls erkennbar nicht in der Wahrnehmung vieler Menschen. Ich halte wie wahrscheinlich alle hier im Saal den Begriff »Lügenpresse«, den es interessanterweise noch nicht so lange gibt, der aber in genau diesem Zusammenhang entstanden ist, für pure Polemik. Ich muss aber zur Kenntnis nehmen, dass es die Vermutung gibt, die sich in dieser Art von Begrifflichkeit ausdrückt. Obwohl man übrigens mühelos empirisch den Nachweis führen könnte, dass sich die Politik und insbesondere auch der Deutsche Bundestag dutzende Male mit diesem Thema beschäftigt hat, dabei im Übrigen auch über mögliche denkbare Veränderungen einer bestehenden Versuchsanordnung beraten und auch solche Veränderungen beschlossen hat. Und ebenso kann man mühelos den empirischen Nachweis führen, dass sich die Medien nicht nur mit diesem Thema regelmäßig beschäftigt haben, sondern dass sie sowohl erstaunliche Beispiele einer erstaunlich dauerhaften freiwilligen Unterstützung für damit verbundene Herausforderungen unserer Gesellschaft geschildert haben, als auch Problemkonstellationen, Fehlentwicklungen, Überforderungen von Menschen wie von Behörden. Trotzdem sind Politik wie Medien mit einer nicht einheitlichen, aber doch weit verbreiteten Vermutung konfrontiert, wir blendeten relevante Sachverhalte aus, wir nähmen sie entweder gar nicht zur Kenntnis oder wir vermittelten sie lediglich in einer Weise, die – wenn überhaupt – als die rechtfertigungsbedürftige Variante zur eigentlich senkrechten Position vermittelt wird.

Ich habe für mich auch noch keine überzeugende Antwort auf die Frage gefunden, woran das liegt, jedenfalls fällt es mir außerordentlich schwer, mir einzureden und Ihnen anzubieten, dass diese – ich nenne das jetzt einmal so – Fehleinschätzung ausschließlich auf Wahrnehmungsproblemen der Wähler beziehungsweise der Leser und Zuhörer und Zuschauer beruht. Selbst wenn das so wäre, bliebe es für uns ein Problem, für die Medien wie für die Politik.

Es gibt einen zweiten Aspekt, damit eng verbunden, auch nicht völlig neu und er tritt auch nicht zum ersten Mal als Problem auf und sicher auch in diesem Zusammenhang, nämlich wie Politik, mindestens aber ebenso sehr auch Medien, Zeitungen, Fernsehen, Onlineportale mit spektakulären Ereignissen und Entwicklungen umgehen sollten und in welchem Maße sie durch die Art der Berichterstattung, der Vermittlung von Sachverhalten und Botschaften selber eher zur Vermittlung und Verstärkung von Besorgnissen und Ängsten als zur Vermittlung des Eindruckes von gemeinsam gefundenen Lösungen beitragen. Auch hier würde ich gerne mit einem Zitat verdeutlichen, was jedenfalls manche für einen wesentlichen Teil des Problems halten. Peter Sloterdijk, der nicht nur zu diesen, sondern beinahe zu allen Themen beinahe jeder Zeit zu mindestens immer gut formulierten, nicht immer ähnlich gut durchdachten Kommentaren bereit und in der Lage ist, hat vor etwa einem Jahr in einem Interview mit einer Schweizer Zeitung über den Zusammenhang von Kriminalität und Terrorismus auf der einen Seite und der westlichen Mediengesellschaft resultiert. »Terror ist ja nichts anderes als angewandte Medienanalyse. Der Terrorist weiß genau, wie das Spiel läuft. Es müssen – wie bei ›Charlie Hebdo‹ – drei Leute ein Verbrechen begehen, dann sind 60 Millionen durch diese Nachricht mit höchster Zuverlässigkeit monothematisch synchronisiert und geistig versklavt, tagelang, wochenlang. 95 000 Gendarmen werden aufgeboten, um drei Männer zu liquidieren. Wer diese Diskrepanz nicht sieht, hat von der medialen Konstruktion der Wirklichkeit nichts verstanden.«

Er mindestens wird es verstanden haben. Erfunden ist das hier geschilderte Problem wiederum nicht, auch wenn es – meiner Meinung nach – doch wieder reichlich aufgeblasen wird. Die Schlussfolgerung, die er selber zieht, gehört wiederum nach meiner Einschätzung in die Kategorie gut formuliert, aber nicht hinreichend gut durchdacht, erledigt sich aber damit noch nicht von selbst.

Zweites Zitat: »Die moderne Gesellschaft ist wegen ihrer Erregungsabhängigkeit sozialpsychologisch falsch gebaut. Je abscheulicher eine Tat, desto höher die Aufmerksamkeitsprämie, die dafür in den Massenmedien vergeben wird. Das halte ich für eine fundamentale Perversion des modernen Aufmerksamkeitssystems. Deswegen sage ich: 9/11 gehört auf die Seite 8 oder 10 oder 12 – je weiter hinten, desto besser. Alles andere ergibt Selbstvergiftung. Schreiben wir es auf die Seite 1, belohnen wir das Verbrechen. Das Wertvollste, das wir haben, sind unsere Aufmerksamkeit und unsere Empathie. Beides dürfen wir nicht ausgerechnet für die größten Gemeinheiten verausgaben.«

Ich verkneife mir jetzt die Spekulation, ob seine Empfehlung über die Gestaltungen der Zeitungsseiten endlich die Seite 1 für philosophische Traktate verfügbar machen sollte. Aber dass hier unabhängig von den Übertreibungen der Schlussfolgerung, die offenkundig wirklichkeitsfremd sind, im Kern ein ernsthaftes Problem angesprochen ist, dem kann ich mich jedenfalls nicht verschließen und ich hoffe, dass es manchen von Ihnen ähnlich geht. Wie gehen wir mit welcher Art von Herausforderungen um und welche möglicherweise nicht beabsichtigten, aber absehbaren Nebenwirkungen sind mit dieser Art von Berichterstattung dann eigentlich jeweils verbunden?

Mir ist in diesem Zusammenhang übrigens als besonders bemerkenswert die Beschreibung der Maßstäbe aufgefallen, die der BDZV als Grundlage dieses Preises selbst annonciert. »Auf der Grundlage der von Theodor Wolff gesetzten Maßstäbe – demokratische und gesellschaftspolitische Verantwortung, politischer Sensus, gründliche Recherche, eingehende Analyse und breite Information sowie Vorbildlichkeit in Sprache, Stil und Form [...]« – damit wird wahrscheinlich kein Vollständigkeitsanspruch verbunden, dass es andere Kriterien als diese nicht gäbe, offenkundig werden diese aber für besonders relevant gehalten und besonders auffällig finde ich die Reihenfolge, die zufällig sein mag, aber halt in der Selbstauskunft des Preisverleihers so ist, wie ich sie gerade vorgetragen habe.

Ich will eine dritte Bemerkung machen, von der ich auch die Vermutung habe, dass sie, wenn auch natürlich nicht in der gleichen Weise, aber tendenziell für Politik wie Medien doch in ähnlicher Weise gelten kann. Wenn wir schon bei gleichen oder bei unterschiedlichen Themen die Erfahrung machen, dass ein beachtlicher Teil unserer jeweiligen Kundschaft uns nicht und schon gar nicht restlos vertraut, sondern Zweifel an der Art der Problembewältigung und/oder der Berichterstattung über Probleme und deren Bewältigung hat, dann gilt vermutlich für Politik wie für Medien, was im wirklichen Leben auch sonst gilt, dass ein nicht unwesentlicher Beitrag zur Festigung oder Wiederherstellung des Vertrauens der Nachweis der Einsicht in eigene Irrtümer oder Fehleinschätzungen ist.

Und da ich das für die Medien nicht hinreichend beurteilen kann, beschränke ich mich jetzt auf den Hinweis, dass diese Begabung in der Politik nicht sonderlich hoch entwickelt ist. Aus meiner Sicht spricht manches für die Vermutung, dass die erkennbare Distanz eines erkennbar wachsenden Teils der Wählerschaft gegenüber einem etablierten Politik- und Parteiensystem, das sich am vergangenen Sonntag nicht zum ersten Mal und möglicherweise auch nicht zum letzten Mal in einem einschlägigen Wahlergebnis niedergeschlagen hat, auch damit zu tun haben könnte, dass es der Politik außerordentlich schwerfällt, Korrekturen eingeschlagener Entwicklungen argumentativ einzuräumen, auch und selbst dann, wenn sie operativ längst beschlossen und auf den Weg gebracht worden sind.

Mir ist bewusst wie Ihnen in Ihrem Job auch, dass es viel einfacher ist, solche mehr oder weniger klugen Bemerkungen über Ansprüche an – was auch immer – vorzutragen, als diesen Ansprüchen dann im jeweiligen Job tatsächlich zu genügen. Aber wenn die Vermutung richtig ist, dass wir über die sattsam bekannten ständigen, mehr oder weniger krisenhaften Herausforderungen unserer jeweiligen Professionen hinaus im Augenblick mit einer manifesten Vertrauenskrise zu tun haben, die mehr ist als ein vorübergehendes Gewitter, bei dem der Regenbogen schon absehbar ist, dann müssen wir uns in der Politik wie in den Medien mit dieser Frage beschäftigen und möglichst unabhängig voneinander, wie sich das gehört, jeweils Lösungen für dieses Problem finden, mindestens ernsthaft anstreben. Dabei kommt – wie mir bewusst ist – eine Patentlösung leider nicht in Betracht, für die es auch wieder eine schöne Formulierung gibt, sie stammt wieder nicht von mir, sondern von Christian Morgenstern: »Es müsste Zeitungen geben, die immer gerade das mitteilen und betonen, was augenblicklich nicht ist, zum Beispiel: Keine Cholera! Kein Krieg! Keine Revolution! Keine schlechte Ernte! Keine neue Steuer! und dergleichen. Die Freude über die Abwesenheit großer Übel würde die Menschen fröhlicher und zur Ertragung der gegenwärtigen tauglicher machen.« Mag sein, aber wenn es Übel gibt, erledigen sie sich nicht dadurch, dass man sie nicht zur Kenntnis nimmt, weder durch die Politik noch durch die Medien. Aber ob die Art und Weise, wie wir sie zur Kenntnis nehmen und aufarbeiten, den Erwartungen und Ansprüchen derjenigen genügt, für die wir das tun, die Frage ist jedenfalls erlaubt und möglicherweise auch überfällig.

Ich gratuliere allen Preisträgerinnen und Preisträgern, die ich auch noch nicht kenne, zu den zweifellos zu Recht preisgekrönten Arbeiten, die genau diesen Ansprüchen sicher genügen.

Sprache und Autoren

Jedenfalls bin ich heilfroh, Reden nur halten, nicht aber analysieren zu müssen

Rede anlässlich des 50. Geburtstags des Seminars für Allgemeine Rhetorik, Tübingen, 2. Juni 2017

1967, im selben Jahr, als Walter Jens das Seminar für Allgemeine Rhetorik an dieser Universität begründete, erschien in der *Psychologischen Rundschau* eine Forschungsarbeit unter dem einschlägigen Titel: »Versuch der Inhaltsanalyse einer Bundestagsdebatte«, die aufs Schönste verdeutlicht, dass nicht nur die Verfertigung einer Rede, sondern auch die Analyse derselben eine beachtliche Herausforderung darstellt. In dieser Forschungsarbeit heißt es: »In der vorliegenden Arbeit soll der Versuch gemacht werden, quantitative Merkmale, die aus dem Verhältnis von Häufigkeiten bestimmter Kategorien gebildet sind, zu definieren. Mit ihrer Hilfe soll dann der Inhalt parlamentarischer Reden von Politikern von Regierungs- und Oppositionsparteien analysiert werden. [...] Politischen Debattenrednern steht aufgrund einer Geschäftsordnung oder besonderer Absprachen verschieden viel Redezeit zu, aber auch bei objektiv gleicher Redezeit produzieren verschiedene Redner unterschiedlich viel Wörter und Sätze.« Eine stupende Beobachtung. »Da Wörter oder Gebilde aus mehreren Wörtern aber die Einheiten einer quantitativen Betrachtung sein werden, muss stets eine Relativierung jedes erhobenen Merkmals in Bezug auf den Umfang des Grundgesamts, die Anzahl der überhaupt oder aber in einem bestimmten Kontext Wörter, Sätze usw. vorgenommen werden. [...] Zusammenfassend lässt sich feststellen, dass von den vier normalverteilten Merkmalen Aktionsquotient (AQ), Angriffs-Verteidigungsquotient (AVQ), Appelltendenz (AT) und Vergangenheits-Zukunft-Bezug (VZB) nur der Angriffs-Verteidigungs-Quotient ein individuell stabiles und möglicherweise valides Maß darstellt. Es erscheint auch aussichtsreich, Aktionsquotient und Vergangenheits-Zukunft-Bezug bei künftigen Inhaltsanalysen politischer Reden weiter zu verwenden. Doch ist ihre psychologische Bedeutung noch weniger geklärt. Eine externe Validierung einzelner Merkmale könnte auf subjektive Beurteilungsmethoden verschiedenster Art kaum verzichten.«

Sie ahnen, dass ich mich nach diesem überragenden wissenschaftlichen Befund beinahe auf sicherem Boden befinde, jedenfalls bin ich heilfroh, Reden nur halten, nicht aber analysieren zu müssen. Nun werden Sie von mir hoffentlich nicht erwarten, dass ich Ihnen ausgerechnet hier irgendetwas Neues über Reden im Allgemeinen und Reden in der Demokratie im Besonderen vortragen könnte. Deswegen wäre mir im Übrigen auch sympathischer gewesen, sie hätten mich, nein, nicht zu einer Talkshow, aber vielleicht zu einer Debatte über Glanz und Elend der politischen Rede eingeladen. Aber ich ahne, Sie haben sich etwas dabei gedacht, auf einem Vortrag zu bestehen – und sei es auch nur, um ein weiteres abschreckendes Beispiel für eine gnadenlose wissenschaftliche Analyse zu produzieren.

Ich habe mir vorgenommen, einige der Aspekte, die mir im Zusammenhang mit der Bedeutung, gelegentlich aber auch Überschätzung politischer Reden eingefallen sind, am Beispiel prominenter und zweifellos kompetenter Autoren zu verdeutlichen. Selbstverständlich beginne ich mit Walter Jens. Er hat in seinem grundlegenden Aufsatz »Von deutscher Rede« Mitte der 1960er Jahre, also etwa zum Zeitpunkt der Institutsgründung, über die Rhetorik in Deutschland festgehalten, das 18. Jahrhundert habe angesichts einer der freien Rede feindlichen Gesellschaftssituation erkannt, »dass das Schicksal der Rhetorik als einer Tochter der Republik, die sich allein in Freiheit entfalten könne, untrennbar mit dem Schicksal der Demokratie verbunden sei«. Da bin ich nicht ganz so sicher. In einer späteren Arbeit über die »Aufgeklärte Republik«, die interessanterweise im Annus mirabiles 1989 erschien, heißt es dann auch unabhängig von diesem historischen Bezug: »Während Diktatoren die Wahrheit schminken und Beredsamkeit durch eine Agitation ersetzen, die, statt Argumente vorzutragen, auf die Macht, die Pistole, die Garotte verweist, zeigt demokratische Beredsamkeit die Ambivalenz der Probleme, verdeutlicht das Dunkel, das neben dem Licht ist, und verweist auf die Kosten der Siege. [...] Die Wahrheit also – und zwar ungeschminkt – zu benennen, ist erste Pflicht der parlamentarischen Redner.«

Das glaube ich nun gar nicht. Die hinreichende, ausreichende und auch kaum überbietbare Erwartung an den parlamentarischen Redner ist, Vorhaben zu verdeutlichen, Anliegen kenntlich zu machen, Auffassungen vorzutragen, Überzeugungen zu vermitteln, Interessen zu vertreten – aber verdammt noch einmal nicht, Wahrheitsansprüche geltend zu machen. Es ist eines der grundlegenden Missverständnisse auch und gerade vermeintlich stabiler Demokratien zu glauben, es fände auf dem Wege von politisch-parlamentarischen Verfahren die Ermittlung von Wahrheiten statt. Das Gegenteil ist richtig. Unser Demokratieverständnis beruht auf der zentralen Einsicht in die Aussichtslosigkeit einer abschließenden Beantwortung der Wahrheitsfrage. Diese Einsicht als Produkt der Aufklärung hat Politik nötig und Demokratie möglich gemacht. Das Mehrheitsverfahren ist völlig ungeeignet, Wahrheiten zu identifizieren, es ist die Hilfskonstruktion einer Gesellschaft, sich auf ein Verfahren zu verständigen, mit dem gültige im Sinne von geltende Entscheidungen zustande kommen. Deshalb gehört es zu den bedauerlicherweise noch weiter verbreiteten Missverständnissen auch und gerade unserer politischen Kultur, dass sich Mehrheiten im Laufe der Zeit angewöhnt haben, das Vorhandensein dieser Mehrheit für den Nachweis der Richtigkeit ihrer Meinung auszugeben. Wenn überhaupt, dann ist das Gegenteil richtig. Hätten sie diesen Nachweis führen können, hätte die Abstimmung nicht stattfinden brauchen. Wenn ich mich an einer Abstimmung beteilige, hat es die logische Voraussetzung, dass ich auf einen Wahrheitsanspruch verzichte. Könnte ich ihn plausibel geltend machen, würde die Abstimmung keinen Sinn machen.

Das zweite Zitat stammt von Joachim Fest aus einer Laudatio anlässlich der Verleihung des Dolf-Sternberger-Preises 1992: »Wenn Demokratie die Herrschaft durch den offenen Austrag von Meinungsgegensätzen ist, ist die Rede nicht nur ein bloßes Instrument. Sie ist so viel wie die Sache selbst.« Hübsch formuliert, aber maßlos übertrieben – wie ich nicht nur, aber auch in der Rhetorik die gelegentliche Neigung beobachte, Wunschdenken neben, gelegentlich auch an die Stelle empirischer Sachverhalte zu setzen. Reden über eine Sache und die Sache selbst: Das ist nicht dasselbe – weder in freien noch in unfreien Diskursen. Mehrheitsbeschlüsse erfolgen wie Kommandos im Medium der Sprache und haben im Übrigen durchaus ähnliche Wirkungen. Sie vermitteln Geltungsansprüche, die auf ganz unterschiedliche Weise zustande kommen und sich jeweils im Medium der Sprache ausdrücken. Auch das hübsche Zitat »Wenn das Volk herrscht, regiert die Rede, im Despotismus dominiert der Trommelwirbel« übersieht, dass der Trommelwirbel in einer erstaunlichen Regelmäßigkeit mit der demagogischen Rede als Zwillingspärchen auftritt.

Drittes Zitat: Dolf Sternberger schreibt in seinem »Wörterbuch des Unmenschen« aus dem Jahr 1945: »So viel und welche Sprache einer spricht, so viel [...] Welt [...] ist ihm erschlossen. Und jedem Wort, das er redet, wandelt die Welt, worin er sich bewegt, wandelt ihn selbst und seinen Ort in dieser Welt. Darum ist nichts gleichgültig an der Sprache, und nichts so wesentlich wie die Façon de parler. Der Verderb der Sprache ist der Verderb des Menschen.« Auch gut formuliert, aber auch da spricht mindestens so viel für die Vermutung einer umgekehrten Kausalität als für die vermeintlich offenkundigen Zusammenhänge, die diese Formulierung reklamiert. Wir alle haben hinreichend viele Beispiele in unserer persönlichen und politischen Lebenserfahrung, dass sich hinter ungelenken, irritierenden Reden eine reinste Gesinnung verbergen kann, während sich Brillanz und Perfidie ganz offenkundig auch nicht ausschließen.

In einer späteren Schrift mit der schon einschlägigen Betitelung »Der Staatsmann als Rhetor und Literat« schreibt Sternberger: »Es ist die vorherrschende Meinung, [...] dass Politik und Sprache, Regierungskunst und Redekunst, dass das Handeln und das Sprechen zweierlei Dinge seien, wesenhaft unterschieden, beinahe feindlich einander ausschließend und abstoßend. [...] Kaum je kommt einer auf die Idee, dass der Politiker ein Schriftsteller und der Schriftsteller ein Politiker sein könnte. Und doch ist genau das der Kern der Sache. Es ist ein Maßstab nicht der literarischen, sondern gerade der politischen Kultur eines Landes, ob die Politiker von diesem Triebe und Ehrgeiz, von dieser Nötigung erfüllt ist, eine originale und treffende Sprache zu führen, ob er auf literarischen, auf rhetorischen Rang bedacht ist.« Ich glaube kein Wort. Es ist, wenn überhaupt, eine auch zutreffende – und, wenn es stattfindet, im Übrigen erfreuliche – Erfahrung, aber es ist weder eine regelmäßige noch eine notwendige Bedingung für politische Sprache. Übrigens auch nicht unter den Bedingungen einer Demokratie.

Das vierte Zitat von Uwe Pörksen – »Eine Rede ist niemals nur eine Präsentation. Reden sind Handlungen. Wer redet, trifft eine Entscheidung, und sein Wort bewirkt etwas, es ist, sei es im kleinsten Rahmen, eine zukunftsoffene Tat« – ist wieder ein Beispiel dafür, wie die sympathische Begeisterung über den Stellenwert von Reden zu einer Bedeutung aufgeblasen wird, die dem Realitätstest nicht standhält. Ich bringe dagegen als abschließend fünftes das eher rustikale Zitat von einem zweifellos großen und mindestens ebenso umstrittenen Redner in der Demokratie, nämlich Franz Josef Strauß, aus einem *Spiegel*-Interview in Stellung, das sinnigerweise im gleichen Jahr erschienen ist wie Walter Jens' Buch über die *Aufgeklärte Republik*: »Ich bin der geborene Anti-Rhetor. Erstens rede ich nie kurz, zweitens bilde ich lange Sätze, drittens verwende ich viele Fremdwörter und fremdsprachige Zitate. Aber alle drei Dinge zusammengenommen führen offensichtlich zu einer rhetorischen Wirkung, über die ich mich, was Größe und Ausdauer meines Publikums angeht, nie zu beklagen habe. [...] Die Kunst der Rede ist eine zeitlose Kunst. Die äußeren Bedingungen mögen sich ändern, die psychologischen Voraussetzungen einer erfolgreichen Rede bleiben gleich. Dies bedeutet auch, dass sich meiner Meinung nach die Redekunst nur bis zu einem gewissen Grad erlernen lässt. Man kann bestimmte Fehler vermeiden, man kann sich Techniken aneignen, man kann Stilmittel einüben. Aber das rednerische Urtalent muss wohl in der eigenen Natur liegen.«

Zur gänzlichen Ernüchterung von Möglichkeiten und Grenzen politischer Rede tragen natürlich auch und gerade inhaltsanalytische Befunde bei, die wir der Wissenschaft verdanken und die vermeintlich zu dem deprimierenden Befund führen, dass deutlich mehr als 50 Prozent der Wirkung eines

Vortrages von Haltung, Gestik und Blickkontakt des Referenten abhängt, weitere knapp 40 Prozent von der Klangfarbe und dem Tonfall der Stimme und weniger als 7 Prozent vom Redeinhalt. So umstritten unter Wissenschaftlern diese viel zitierte Zahlenrelation ist, so sehr bestätigt mir die eigene Erfahrung, dass für die Glaubwürdigkeit eines Redners das Nonverbale, etwa Gestik, Mimik und Stimme, tatsächlich immens wichtig ist und die unmittelbare Wirkung eines gesprochenen Textes stark davon abhängt, wie etwas gesagt wird, jedenfalls nicht allein davon, was gesagt wird. Ich hatte deshalb ernsthaft überlegt, ob ich heute Abend nicht besser eine Pantomime vortrage, fürchtete aber, dass ich, wenn überhaupt, nur nach Erläuterung dieses komplizierten Zusammenhanges Akzeptanz gefunden hätte.

Schwerlich übersehbar ist, dass sich übrigens auch in der – historisch betrachtet – vergleichsweise kurzen Zeitspanne der fünfzig Jahre, auf die dieses Seminar heute zurückblickt, deutliche Veränderungen in der Sprach- und Redekultur beobachten lassen – die mal mehr, mal weniger folgerichtig Veränderungen in der Gesellschaft folgen, die eben heute auch nicht mehr die gleiche ist wie vor zwanzig, dreißig, fünfzig oder gar sechzig oder siebzig Jahren.

Mir wird häufig die Frage gestellt, ob nicht die Zeit der großen politischen Reden vorbei sei und es die großen Redner eben nicht mehr gäbe, dass im Vergleich zu dem, was früher im Repertoire gewesen sei, nur noch mittlere Zwerge durch die Landschaft liefen. Ich pflege dann regelmäßig einen einschlägigen Test zu machen und mir die Namen nennen zu lassen, die man zu den Elefanten zählt. Da werden dann immer die gleichen fünf, sechs, sieben, wenn es ganz hoch kommt, acht, neun Namen genannt, die den Zeitraum von 1949 bis 2010 abdecken. Und mit diesen zwei Generationen von handelnden Politikern wird dann die laufende Legislaturperiode verglichen. Schon die Versuchsanordnung würde wissenschaftlichen Standards nicht im vollen Umfang genügen. Es gibt aber einen zweiten Punkt, der sicher mindestens so bedeutend ist, und das ist der gern übersehene Umstand, dass es natürlich für die Attraktivität, für die Faszination der politischen Rede mehr als nur einen marginalen Unterschied ausmacht, ob es Themen gibt, die eine Gesellschaft, die eine Republik buchstäblich aus den Stühlen hebt, von denen viele Leute den Eindruck haben, dass es sie nicht nur interessiert, was auch nicht schadet, sondern betrifft. Und da lässt sich nun einmal schwer übersehen, dass es Streitfragen wie in der Gründungsphase der Bundesrepublik von der Einführung der sozialen Marktwirtschaft über die Wehrpflicht, die Gründung der Bundeswehr, den NATO-Beitritt, die Notstandsgesetzgebung, die Römischen Verträge bis zur Einführung des Euro in einem vergleichbaren Kaliber – jedenfalls gefühlt, wahrscheinlich auch objektiv – heute eben nicht gibt beziehungsweise all diese Streitfragen entschieden sind und dass – mit leichter Zuspitzung – jemand, der diesen Streit neu aufrollen wollte, den Verdacht des politischen Anachronismus gegen sich hat. Im Vergleich zu den Streitfragen dieses Kalibers wirkt selbst die Auseinandersetzung über Grundgesetzänderungen mit dem Ziel der Verhinderung der Privatisierung von Autobahnen, wie wir ihn gestern als jüngeren Titanenkampf des real existierenden Parlamentarismus in Berlin aufgeführt haben, vergleichsweise kleinkariert.

Drittens habe ich mindestens den Eindruck, dass mit Blick auf Veränderungsprozesse in unserer Gesellschaft und damit veränderte Kommunikationsmuster auch manche Typen, die man damals unangefochten für große Redner gehalten hat, heute vielleicht nur noch für schwer erträglich gehalten würden. Hier verschieben sich erkennbar auch Erwartungsmuster, so dass wir uns auch von der Vorstellung frei machen müssen, es gäbe doch so etwas wie eine standardisierbare, streng optimierbare Versuchsanordnung für Substanz wie Wirkung politischer Rede.

Mein persönlicher Haupteinwand gegen die parlamentarische Redekultur würde sich deswegen auch mit Hinweis auf entschiedene und eben nicht mehr diskussionsbedürftige Themen und die als vergleichsweise geringer gefühlten Themen, die heute entscheidungsbedürftig sind, weniger auf die vermeintliche Substanzlosigkeit richten, sondern auf eine Gewohnheit, die es auch schon in Zeiten der vermeintlichen Elefanten gab, die uns aber damals offenkundig nicht in gleicher Weise als störend aufgefallen ist: In den deutschen Parlamenten werden zu viele Reden gehalten und wird zu wenig debattiert und das ist eben nicht dasselbe. Ein Debattenbeitrag sollte besser keine Rede sein, denn selbst und gerade wenn sie als Rede gelingt, ist sie als Debattenbeitrag ziemlich sicher daneben. Und umgekehrt darf man an einem Debattenbeitrag nicht die Reichweite an Erwartungen richten, die man mit beachtlicher Plausibilität von einer Rede oder von einem Vortrag erwarten kann.

»Erst mit der Sprache geht die Welt auf«: Meine Damen und Herren, diese kluge Bemerkung von Hans-Georg Gadamer verdeutlicht in einem einzigen prägnanten Satz die überragende Bedeutung der Sprache für unser Verhältnis zur eigenen Herkunft, zur jeweiligen Umwelt, zur Welt, in der wir leben, die wir ohne das Mittel der Sprache kaum begreifen und noch weniger erklären können. Insofern kann man bei der Beschreibung des Stellenwertes von Sprache kaum übertreiben, sie ist unter nahezu jedem Gesichtspunkt der Schlüssel zur Welt, dessen Vorhandensein oder Fehlen ganz wesentlich darüber entscheidet, ob bestimmte individuelle gesellschaftliche, natürlich auch politische Entwicklungen überhaupt möglich sind, und schon gar, in welcher Weise sie stattfinden.

Die Artikulation von Interessen erfolgt durch Sprache. Die Werbung für und die Propaganda gegen Anliegen und Bedürfnisse wird sprachlich daneben zunehmend durch Bilder vermittelt, und ich bitte um Nachsicht, dass ich dieses Thema, das mindestens eine ebenso intensive Betrachtung verdienen würde, heute Abend nur am Rande behandle, nämlich in welchem Umfang Bilder Texte verdrängen und wie sehr auch für die vermeintliche Willensbildung einer Gesellschaft längst nicht mehr gesprochene und geschriebene Texte, sondern Bilder ausschlaggebende Bedeutung haben.

Die öffentliche Auseinandersetzung nicht nur, aber insbesondere in den Medien erfolgt nach wie vor keineswegs ausschließlich, aber in erheblichem Umfang durch Sprache. Und das gilt schon gar für den parlamentarischen Streit. Gesetze formulieren ihre Ansprüche in Sprache und Richter formulieren ihre Urteile wiederum in Sprache. Deswegen ist an der Stelle vielleicht eine kurze Reflektion darüber nötig, ob und in welchem Umfang Politik eigentlich etwas mit Sprache zu tun hat. Politik ist nach meinem Verständnis für Sprache nicht zuständig – aber mitverantwortlich. Ich würde mir sehr wünschen, dass spätestens nach der Leidensgeschichte der Rechtschreibreform die Einsicht gewachsen ist, dass man Zuständigkeiten und Verantwortlichkeiten besser nicht verwechseln sollte. Am Ende hatte die Politik nämlich eine Reihe von Problemen zu lösen, die sie gar nicht gehabt hätte, wenn sie nicht den unnötigen Gestaltungsehrgeiz in einer Frage entwickelt hätte, für die sie nicht zuständig ist. Es gibt eben auch und schwer überhörbar einen politischen Beitrag zur Sprachentwicklung eines Landes. Mein Eindruck ist, dass die politische Sprachschöpfung ebenso häufig von dem verzweifelten Hang zur Originalität befallen ist wie von der Neigung zur Oberflächlichkeit, zur Schludrigkeit. Dafür gibt es eine Reihe von Beispielen in ganz alten, leider auch in ganz neuen

Texten. Ich ahne, wie die ohnehin in der deutschen Bevölkerung ausgeprägte Vorfreude auf jede Art von Gesundheitsreform durch die Ankündigung eines »Mobilitätsorientierten Risikostrukturausgleichs« befördert wird. Und ich habe auch die durch meine eigenen Kinder gestützte Vermutung, dass damals die betroffenen Schülerinnen und Schüler die im Ganzen außerordentlich bescheidenen Befunde der ersten Pisa-Studien deswegen leicht weggesteckt haben, weil ihnen attestiert wurde, dass sie immer häufiger die gesetzten Curricularnormwerte nicht erreichen, statt schlicht und ergreifend zum Ausdruck zu bringen, dass sie den Mindestansprüchen nicht genügen, die in der Welt von heute unverzichtbar sind.

Das Thema Sprache und Politik ist unter vielerlei Gesichtspunkten wichtig und interessant und verdient nicht zuletzt unter dem Gesichtspunkt der Verantwortung des Gesetzgebers – das ist ja dann gewissermaßen in Rechtsform umgesetzte politische Rede – eine besondere Beachtung, auch und gerade mit Blick auf die Verständlichkeit. Manchmal könnte man den Eindruck haben, als hätten deutsche Staatsbürger, sobald sie zu Gesetzgebern mutieren, eine besondere Begabung, Einfaches kompliziert und Verständliches in einer Weise auszudrücken, dass es sich selbst karikiert. Aus der inzwischen nicht mehr ganz neuen, aber aus vielen Gründen nach wie vor berühmt-berüchtigten Hartz-Gesetzgebung ist etwa die folgende Klarstellung zu gewinnen: »Ist in einer Bedarfsgemeinschaft nicht der gesamte Bedarf aus eigenen Kräften und Mitteln gedeckt, gilt jede Person der Bedarfsgemeinschaft im Verhältnis des eigenen Bedarfs zum Gesamtbedarf als hilfebedürftig.« Aber es wird leider auch nicht besser, wenn der Eifer zur Verständlichkeit zu Fehlern führt. Ein Klassiker ist die Klarstellung in einer Verordnung der Bundeswehrverwaltung, in der noch der Tod »aus versorgungsrechtlicher Sicht die stärkste Form von der Dienstunfähigkeit darstellt«. Dieser Formulierung kann man den Vorwurf der Unverständlichkeit nicht machen, sie ist nachvollziehbar und volkstümlich, trägt aber wiederum nicht zum Glanz der Sprachfähigkeit deutscher Politik bei.

Nun hat der eine oder andere von Ihnen vielleicht registriert, dass ich schon vor geraumer Zeit und immer mal wieder die Auffassung vertreten habe, dass Deutsch als Landessprache ins Grundgesetz gehört. Natürlich: Wenn mich irgendjemand fragt, ob ich das für unbedingt nötig halte, lautet auch meine Antwort: Nein, unbedingt nötig ist es nicht. Aber im Vergleich zu manchem, was der deutsche Verfassungsgesetzgeber in den letzten fünfzig Jahren an Ergänzungen und Einfügungen in unserer Verfassung für nötig gehalten hat, führe ich jederzeit zu Lande, zu Wasser und in der Luft und auch ohne Vorwarnung bei nachtschlafender Zeit den Nachweis, dass man unter den mehr als 60 Grundgesetzergänzungen, die es seit 1949 gegeben hat, schwerlich eine Handvoll finden wird, die es an Ernsthaftigkeit und Rang mit der Sprache aufnehmen können. Unser Grundgesetz gibt sich sehr restriktiv mit allem, was die geistigen Wurzeln unserer Verfassung betrifft, und umso großzügiger in seinen Trieben und Blüten bei Beträgen und Fristen, die zu einem erstaunlichen Wildwuchs missraten sind.

Unser Grundgesetz ist inzwischen übrigens länger gültig als die Verfassung des Deutschen Kaiserreiches und der Weimarer Republik zusammengenommen. Es gilt inzwischen auch und gerade bei ausländischen Beobachtern und Experten als eine der großen Verfassungen der Welt. Umso bemerkenswerter ist, dass – wenn man Häufigkeit und Gültigkeitsdauer in Relation zueinander setzt – rund 60 Änderungen in gut 60 Jahren im Durchnitt etwa eine Grundgesetzänderung oder Ergänzung pro Jahr bedeuten – wobei dies allerdings insofern eine geschönte Angabe ist, als hier jeder Änderungsvorgang gezählt wird, auch dann, wenn dieser mehrere Formulierungen in mehreren Artikeln ändert. Damit haben wir in Deutschland in 60 Jahren unsere Verfassung immerhin mehr als doppelt so häufig geändert wie die Amerikaner in mehr als 200 Jahren ihre. Für jede einzelne Änderung oder Ergänzung hat es natürlich Gründe gegeben, mal mehr und mal weniger zwingende. Dass aber alle diese Ergänzungen und Änderungen gleich gut gelungen seien, wird man schwerlich behaupten können. Inzwischen ist das Grundgesetz mindestens doppelt so lang, wie es ursprünglich war, doppelt so gut ist es sicher nicht. Und da wir gerade gestern wieder einmal eine solche von gewaltigem Ehrgeiz geprägte parlamentarische Operation hatten, empfehle ich all denjenigen, die am Zusammenhang zwischen Reden und Texten und an rhetorischem Gestaltungsergeiz und juristischen Geltungsansprüchen interessiert sind, die Lektüre des Finanzausgleichsgesetzes zwischen Bund und Ländern und insbesondere der 13 Grundgesetzänderungen, die wir in diesem Zusammenhang beschlossen haben. Es wird sie nicht wirklich überraschen, wenn ich jetzt der guten Ordnung halber darauf hinweise, dass der Löwenanteil aller Änderungen des Grundgesetzes in den jeweils kurzen Zeiten großer Koalitionen entstanden ist. Das ist ein mehr als starkes Indiz für die Vermutung, dass verfassungsändernde Mehrheiten – wenn es sie denn gibt – bei schwierigen Gesetzgebungen besonders gern den scheinbar bequemen Weg über eine Verfassungsänderung suchen – ohne sorgfältige Prüfung der Frage, ob die angestrebte politisch für zweckmäßig gehaltene Regelung wirklich in eine Verfassung gehört.

Ein sich selbst parodierendes Beispiel ist die Ausschmückung der sogenannten Schuldengrenze in der Verfassung, die bei der Föderalismusreform ins Grundgesetz gekommen ist und die nur um den Preis vereinbart werden konnte, dass eine Handvoll Bundesländer die von ihnen in diesem Zusammenhang reklamierten Ausgleichszahlungen gegenüber dem Bund in Eurobeträgen und Jahreszahlen in die Verfassung haben schreiben lassen.

Damit sind nicht nur rhetorische, nicht nur ästhetische Fragen berührt, sondern tatsächlich fundamental demokratietheoretische Fragen impliziert. Denn die Frage ist nicht nur erlaubt, sondern zwingend geboten, was das eigentlich für die Spielräume künftiger Parlamente bedeutet, die für ihre mindestens in gleicher Weise demokratisch begründeten und hergeleiteten Gestaltungsansprüche keine oder nur noch minimale Gestaltungsspielräume haben.

Meine Damen und Herren, mein Lieblingssatz über die Schwierigkeiten und Unermesslichkeiten und manchmal auch Unerklärlichkeiten gelingender und misslingender Kommunikation stammt von Albert Einstein. Er hat noch 25 Jahre früher als die Gründung dieses Seminars, 1942, also vor 75 Jahren, in einem Interview den schönen Satz formuliert: »Woher kommt es, dass mich niemand versteht und jeder mag?« Von niemandem verstanden und von allen gemocht, der Traum aller Politiker, schon gar in Wahlkampfzeiten. Tatsächlich, und das löst jedenfalls zu einem beachtlichen Teil dieses Rätsel, befinden sich Wissenschaftler gegenüber Politikern in der insoweit luxuriösen Lage, dass sie weder jeder verstehen noch jeder mögen muss. Für die Wissenschaft und ihre Befunde ist völlig gleichgültig, im wörtlichen Sinne, ob sie gemocht werden, und beinahe unerheblich, ob sie verstanden werden. In diesem Sinne verbinde ich meine Glückwünsche zu stolzen 50 Jahren dieses Seminars mit der besonderen Gratulation zu dieser luxuriösen Priviligierung, für die ich sie täglich beneide – verbunden mit der heimlichen Hoffnung, dass das, was sie produzieren, wenn schon nicht gemocht, dann doch möglichst verständlich bleibt.

Meine Heimat ist das gesprochene Persisch und das geschriebene Deutsch

Laudatio auf Navid Kermani bei der
Verleihung des Heinrich-von-Kleist-Preises,
Berlin, 18. November 2012

»Gesetzt, du kenntest den Titel des Bildes nicht, erkenntest nicht einmal das Paar, hieltest deshalb auch den Heiligenschein, der in der angedeuteten Form eines Kreuzes Christi Kopf rahmt, für eine verdeckte Sonne, sähest nur einen Mann und eine Frau, beide sehr jung und die Frau noch etwas jünger, aber auch der Mann erst Anfang, allenfalls Mitte zwanzig, die Stirne faltenlos, die Wangen rosig, die Lippen samtweich wie bei Kindern und zugleich sinnlich gewölbt, das Altern lediglich in der Einwölbung unterhalb der Augen angedeutet – was glaubtest du zu sehen?«

Der Satz, meine Damen und Herren, hätte zweifellos von Heinrich von Kleist sein können — in Stil und Satzbau, auch im Beobachtungsvermögen, in dem genauen Blick für das Detail und seine heimliche Botschaft. Er ist von Navid Kermani und findet sich in einer Bildbetrachtung über El Grecos grandioses Bild *Christi Abschied von seiner Mutter* aus dem Jahre 1578. Der Satz demonstriert die außerordentliche Begabung dieses Autors, hinter Offensichtlichem Geheimnisse, hinter scheinbar Eindeutigem verborgene Widersprüche zu entdecken, sich auf Religionen einzulassen, die eigene wie die andere, nach ihrer Bedeutung zu fragen, ihre innere Wahrheit aufzuspüren und zugleich fragwürdig werden zu lassen: »Was glaubtest du zu sehen?«

Navid Kermani ist vor ein paar Jahren durch eine andere

Bildbetrachtung des Hochaltars einer katholischen Kirche in Italien und seine ganz persönliche Erfahrung des Kreuzes einer größeren Öffentlichkeit aufgefallen. Anlass war die Verleihung des Hessischen Staatspreises, der ihm zusammen mit dem Mainzer Bischof und Kardinal und dem Kirchenpräsidenten der Landeskirche Hessen-Nassau zuerkannt wurde, ihm zwischenzeitlich entzogen, am Ende aber verliehen worden ist. Ein bemerkenswerter Vorgang, der zu einer »Staatsposse« zu missraten drohte, weil die im wörtlichen und übertragenen Sinne »Betroffenen« glaubten, sich von einem Text distanzieren zu müssen, den sie offensichtlich nicht, jedenfalls nicht sorgfältig, gelesen hatten.

Navid Kermani ist ein brillanter Stilist, der in glänzenden Formulierungen sperrige Sachverhalte seziert und dem es immer um Aufklärung geht, in des Wortes anspruchsvoller Bedeutung. »Meine Aufgabe als Autor«, schreibt er, »ist die Kritik, genau gesagt die Selbstkritik, und das bezieht sich in meinem Fall auf die europäische genauso wie auf die islamische Kultur.« Dies verdeutlicht etwa sein spontaner Kommentar zum Kölner Urteil über Beschneidungen, das unter dem provozierenden Titel »Triumph des Vulgärrationalismus« in der *Süddeutschen Zeitung* zu lesen war. »Wenn ein Gottesgebot nicht mehr als Hokuspokus ist und jedweder Ritus sich an dem Anspruch des aktuell herrschenden Common Sense messen lassen muss, wird die Anmaßung eines deutschen Landgerichts erklärbar, mal eben so im Handstreich viertausend Jahre Religionsgeschichte für obsolet zu erklären«, schreibt Kermani. »Aufklärung, wie sie gerade auch die deutsche Philosophie gelehrt hat, würde heißen, die eigene Weltanschauung zu relativieren und also im eigenen Handeln und Reden immer in Rechnung zu stellen, dass andere die Welt ganz anders sehen: Ich mag an keinen Gott glauben, aber ich nehme Rücksicht darauf, dass andere es tun; uns fehlen die Möglichkeiten, letztgültig zu beurteilen, wer im Recht ist. Aufklärung ist nicht nur die Herrschaft der Vernunft, sondern zugleich das Einsehen in deren Begrenztheit.«

Es sind solche Texte, meine Damen und Herren, die Navid Kermani seit Jahren zu einem der wichtigsten und klügsten Essayisten in Deutschland gemacht haben. Seine Bücher und Beiträge in den Feuilletons deutschsprachiger Zeitungen und Zeitschriften gehören zum Besten, was man in deutscher Sprache zum Selbstverständnis einer multikulturellen Gesellschaft lesen kann. Sie zeichnen sich aus durch ihre relevanten Themen, originellen Argumente, streitbaren Positionen und glänzenden Formulierungen. Ich nenne stellvertretend für viele andere: *Wer ist Wir? Deutschland und seine Muslime*, *Der Islam und der Westen*, »Europa ist ein Freiheitsprojekt«, eine im letzten Jahr hier in Berlin gehaltene Rede, die man jedem politisch Verantwortlichen, nicht nur in Deutschland, als Pflichtlektüre empfehlen möchte. Oder aus diesem Jahr seine »patriotische Rede« über die Mordserie der sogenannten Nationalsozialistischen Union unter dem Titel »Vergesst Deutschland!« – und der unter nahezu jedem Gesichtspunkt bemerkenswerte Beitrag über Deutschlands populärstes Opernfestival unter dem Titel »Befreit Bayreuth«. Übrigens: ein herrliches kulturpolitisches Programm in zwei Postulaten: »Vergesst Deutschland« – »Befreit Bayreuth«!

Als Essayist setzt Navid Kermani inhaltlich wie stilistisch Maßstäbe, die ihn zweifellos als Heinrich-von-Kleist-Preisträger qualifizieren. An diesen Maßstäben gemessen wäre Heinrich von Kleist selbst für seine journalistischen Arbeiten schwerlich als Preisträger in Frage gekommen.

Navid Kermani hat sich in seinem Buch *Gott ist schön* über die ästhetische Bedeutung des Korans in einer wunderbaren Weise ausgebreitet. Sprachlich ist dieses Buch vielleicht die schönste Dissertation, die je in deutscher Sprache geschrieben worden ist. Schon im Vorwort heißt es: »Religionen haben ihre Ästhetik. Sie sind nicht Ansammlungen schlüssig begründeter Normen, Wertvorstellungen, Grundsätze und Lehren, sondern sprechen in Mythen und damit in Bildern, kaum in abstrakten Begriffen, binden ihre Anhänger weniger durch die Logik ihrer Argumente als die Ausstrahlung ihrer Träger, die Poesie ihrer Texte, die Anziehung ihrer Klänge, Formen, Rituale, ja ihrer Räume, Farben, Gerüche. Die Erkenntnisse, auf die sie gehen, werden durch sinnliche Erfahrungen mehr als durch gedankliche Überlegung hervorgerufen, sind ästhetischer eher als diskursiver Art. Die Vorgänge, die ihre Praxis ausmachen, sind keine Lehrveranstaltungen, vielmehr Ereignisse, die den Gläubigen physisch nicht weniger als geistig bewegen. Dies ist in allen Religionen so, und es ist nichts Neues.« Nein, das ist nicht neu, aber selten so schlüssig erläutert und so schön formuliert worden.

Navid Kermani ist bekennender Muslim und bekennender Anhänger des 1. FC Köln; beides polarisiert von Zeit zu Zeit, und er weigert sich mit vollem Recht, seine Identität auf das eine oder das andere reduzieren zu lassen. »Ich bin Muslim, ja, aber ich bin auch vieles andere. [...] Jede Persönlichkeit setzt sich aus vielen unterschiedlichen und veränderlichen Identitäten zusammen. [...] Dabei möchte ich mich in keine Identität pressen lassen, selbst wenn es meine eigene wäre. Nicht ganz dazuzugehören, sich wenigstens einige Züge von Fremdheit zu bewahren, ist ein Zustand, den ich nicht aufgeben möchte.« Das leuchtet ein. Vielleicht noch mehr ein ebenso zutreffender Hinweis, dass es geradezu eine Obsession des Westens sei, die Muslime auf den Islam zu reduzieren, mit dem immer wieder vorgetragenen Hinweis, dass der Islam wie andere Weltreligionen Legitimationen für alle möglichen Systeme bereithalte, selbst aber keinerlei Herrschaftsdoktrinen enthalte. Fragen nach der Vereinbarkeit oder Unvereinbarkeit des Islam mit der Demokratie und den Menschenrechten erklärt er für müßig mit der doppelt einleuchtenden Begründung, »weil es erstens den Islam nicht gibt und er sie zweitens, selbst wenn es ihn gäbe, nicht beantwortete.« »Meine Heimat«, schreibt Navid Kermani, »ist nicht Deutschland. [...] Meine Heimat ist das gesprochene Persisch und das geschriebene Deutsch. [...] Die geschriebene deutsche Sprache ist meine Heimat; nur sie atme ich, nur in ihr kann ich sagen, was ich zu sagen habe.« Dass ihm das Label Migrantenliteratur zuwider ist, ist nicht weiter erläuterungsbedürftig. Mit einer unmissverständlich ruppigen Formulierung fügt er hinzu: »Meine Literatur ist deutsch, Punkt, aus, basta.« Da ist er ganz nahe bei Gerhard Schröder, der als Schöpfer dieser schlanken Prosa gleichwohl als Kleist-Preisträger nicht ernsthaft in Frage kommt.

Für mich persönlich ist unter Kermanis essayistischen, publizistischen, politischen Arbeiten das wichtigste einzelne Buch seine grandiose Bekenntnis- und Streitschrift *Wer ist Wir? Deutschland und seine Muslime*. Ich würde mir wünschen, dass sich überhaupt nur noch jemand in Deutschland über Migration und Integration äußert, der dieses Buch wenigstens einmal gelesen hat. In dieser brillanten Studie verdeutlicht Kermani die Konturen und die Voraussetzungen eines gesellschaftlichen Konsenses, der sowohl Zumutungen an den Islam wie Zumutungen an diese Gesellschaft und diesen Staat stellt, damit Muslime sich hier tatsächlich integrieren können und der Islam in diese Gesellschaft eben auch. Dabei lässt er keinen Zweifel an der Universalität von Demokratie, Gewaltenteilung, weltanschaulicher Neutralität des Staates, Toleranz, Menschenrechten, weshalb er ausdrücklich empfiehlt, dass »der Westen seine Leitkultur missionarisch ausbreiten sollte«. Ich kenne nicht viele deutschsprachige Autoren, die sich eine solche Formulierung zutrauen würden. Verbunden, freilich, mit dem weniger bequemen Hinweis, »die gegenwärtige Überlegenheit und der Leitanspruch westlicher Kultur würde sich darin erweisen, dass sie Muslimen jene Freiheit gewährt, die Christen in islamischen Ländern oft nicht haben«.

Mit seinem großen, 2011 erschienenen Roman *Dein Name* hat Navid Kermani sich endgültig als einer der bedeutenden zeitgenössischen Autoren deutscher Sprache etabliert. Der gewaltige Umfang vergrößert die Zahl der Leser vermutlich nicht; 6 Zentimeter dick, 1,3 Kilo schwer und über 1200 Seiten lang. Fast könnte man Verständnis entwickeln für die Nöte von Literaturkritikern, die für die Rezension dieses Buches offensichtlich weniger Zeit hatten als für seine Lektüre. 40 Stunden wird man dafür aufwenden müssen. Man mag das für eine Zumutung halten, der sich freilich niemand stellen muss. Zu bedauern sind allenfalls diejenigen, die vorzeitig aufgegeben haben. Das Buch ist unbeschreiblich, weder ein Tagebuch noch ein Roman im herkömmlichen Sinn, vielleicht der anspruchsvollste Blog, der je geschrieben wurde. Eine kunstvolle Verbindung von Autobiografie, Landes- und Kulturgeschichte, die uns mehr über den Autor, sein Leben, seine Lieben und seine Leiden eröffnet und vortäuscht, als Literaturwissenschaftler oder Biografen je ermitteln könnten. Das schiere Volumen von 1229 engbedruckten Seiten ohne Kapitelüberschriften, oft seitenlang ohne Absatz, stellt den Leser vor die offensichtliche Herausforderung, entweder sehr viel Zeit in die Lektüre zu investieren oder es gleich liegen zu lassen. Zum Nachschlagen eignet es sich nicht. Es hat weder einen plausiblen Anfang noch ein einleuchtendes Ende, das eine ist so willkürlich wie das andere – wie im richtigen Leben. Dazwischen erfährt der Leser manches über Deutschland und den Iran, über kulturelle und religiöse Traditionen, über Hölderlin, Jean Paul und andere Tote, die dem Autor wichtig waren, oder, wie er selbst sagt: Er schreibe auch und gerade aus dem Bedürfnis, »von allen Menschen Zeugnis abzulegen, die ihm auf Erden fehlen«.

Das Leben, meine Damen und Herren, ist, wie wir wissen, nicht immer poetisch, schon gar nicht romantisch, gewöhnlich ist es banal, oft frustrierend, manchmal brutal, gelegentlich vulgär, abstoßend, ekelhaft. Romane beschreiben nur selten das Leben, wie es wirklich stattfindet, sondern wie es eben in Romanen vorkommt, mit einem originellen Anfang, möglichst, und einem zwingenden, mindestens überraschenden Ende. Also eben nicht so, wie das Leben ist: Irgendwann fängt es an und irgendwann hört es auf, und dazwischen hat in der Regel weder die große Romanze stattgefunden noch die große Tragödie. Bei Kleist ist das anders: Penthesilea und Achill, das Käthchen und Graf Wetter vom Strahl, Amphitryon und Alkmene, der Prinz von Homburg und sein Kurfürst, Hermann der Cherusker und sein Tusschen: Menschen als Mythen, von der eigenen Größe erdrückt.

Wenn für den Kleist-Preis nur ein Autor in Frage käme, der als Dramatiker wie als Erzähler außergewöhnliche Stoffe und Themen in einer außerordentlichen Sprache zu Papier gebracht hat, darüber hinaus aber mindestens jemand, dem auf Erden nicht zu helfen ist, wäre die Suche nach einem geeigneten, würdigen und möglichst tragischen Preisträger auch nicht viel einfacher, aber sie hätte vermutlich ein anderes Ergebnis gehabt. Die Kleist-Gesellschaft verleiht in ihrer Zielsetzung der Pflege und Förderung der öffentlichen Wahrnehmung dieses bedeutenden deutschen Dichters und grandios gescheiterten Journalisten Heinrich von Kleist ihren Literaturpreis nach den Vergaberegelungen entweder zusammenfassend für die Würdigung literarischer Leistungen oder für ein einzelnes Werk, das veröffentlicht oder unveröffentlicht sein kann, jedenfalls in deutscher Sprache geschrieben sein muss, aber auch für literarische Formate, die das Œuvre Heinrich von Kleists umfasst, einschließlich politischer Essayistik, Journalistik und anderer Bereiche.

Meine Damen und Herren, für jede dieser gerade genannten Kategorien wäre Navid Kermani ein möglicher, naheliegender, mehr als würdiger Preisträger. Er ist ein Autor, dessen publizistisches und literarisches Werk die Veränderungen spiegelt, denen dieses Land, Deutschland, 200 Jahre nach Kleists Tod Rechnung tragen muss, und der mit den Mitteln der Literatur dazu beiträgt, dass seinen Zeitgenossen auch auf Erden schon zu helfen ist.

Sie wollte doch keine Literatur schreiben, sondern nur Halt finden

Laudatio auf Herta Müller bei der Preisverleihung der »Schärfsten Klinge«, Solingen, 28. November 2014

»Wahrheit und Politik wohnen selten unter einem Dach.« Dieser Satz könnte von Herta Müller sein, einer der Wahrheit verpflichteten und zugleich hochpolitischen Schriftstellerin. Tatsächlich stammt er von Stefan Zweig, den ich heute Abend auch deshalb gerne zitiere, weil er auf den Tag genau vor 133 Jahren geboren wurde und zu diesem Abend und der Preisträgerin besser passt, als man auf den ersten Blick erkennen mag: Als Österreicher hat er sein Land nach der Annexion Österreichs durch das nationalsozialistische Deutschland verlassen und ist zunächst nach England, später nach Brasilien gegangen. Zerbrochen an Heimatlosigkeit, am Zustand der Welt und dem Gefühl der Ausweglosigkeit nahm er sich zusammen mit seiner Frau 1942 das Leben.

Ich gebe zu, dass dies ein reichlich ungemütlicher Einstieg in eine Laudatio für die Verleihung des Ehrenpreises einer Stadt ist. Aber wenn dieser Abend zuverlässig hätte gemütlich werden sollen, dann hätte die Stadt Solingen ohnehin eine andere Preisträgerin oder einen anderen Preisträger wählen müssen. Denn »gemütlich« war Herta Müller nie, ihr Leben nicht und ihr Werk auch nicht. Übrigens ist selbst die Musik, die uns durch den heutigen Abend begleitet, keineswegs so gemütlich, wie sie sich anhört. George Bizet hat seine

Schauspielmusik »L'Arlesienne« zum gleichnamigen Drama von Alphonse Daudet geschrieben, die Tragödie eines jungen Bauern, der eine Frau in Arles liebt und sich schließlich, als er ihre Untreue nicht erträgt, die Verhältnisse aber nicht ändern kann, im Gefühl der Ausweglosigkeit das Leben nimmt.

Verzweiflung, Ausweglosigkeit: das ist eine Erfahrung, die die allermeisten von uns nicht – oder wenn doch, dann wohl nur für eine ganz kurze Zeit ihres Lebens – haben machen müssen. Bei anderen Menschen hingegen prägt sie die ganze Biografie.

Herta Müller ist 1953 in einem Dorf, »fingerhutklein mit 300 Hausnummern«, wie sie schreibt, im deutschsprachigen Banat geboren und aufgewachsen. Ihr Großvater war ein wohlhabender Bauer und Kaufmann, vom kommunistischen Regime enteignet. Ihr Vater, schreibt sie weiter, »betäubte seine SS-Soldatenzeit im Suff«. Ihre Mutter wurde als junge Frau nach dem Einmarsch der siegreichen Sowjetarmee in das mit Hitler verbündete Rumänien für fünf Jahre in ein Arbeitslager in der Ukraine deportiert. Sie selbst studierte in Temeswar Germanistik und Romanistik. Ihre Berufslaufbahn begann sie als Übersetzerin in einer Maschinenbaufabrik. Sie wurde entlassen, weil sie sich weigerte, mit dem Geheimdienst zusammenzuarbeiten. Daraufhin erfolgten die üblichen Schikanen eines totalitären Systems: Arbeitsverbot, Verhöre, Bespitzelungen. Sie gab privaten Deutschunterricht, bis der Geheimdienst die Eltern ihrer Schüler unter Druck setzte. Als sie 1985 zusammen mit ihrem Mann aus politischen Gründen die Ausreise beantragte, wurden sie mit Reise- und Publikationsverbot belegt und erhielten Morddrohungen. Seit 1987 lebt sie in Deutschland. Wie für viele Menschen – damals wie heute – war auch für Herta Müller Angst eine Schlüsselerfahrung des Lebens in der Diktatur.

In ihren kürzlich vorgestellten *Erinnerungen* schreibt sie:

»Ich musste mich meiner selbst vergewissern, die Ausweglosigkeit machte mir so eine Angst. Und die Angst lässt sich
durchs Schreiben zähmen. Ich wollte doch keine Literatur
schreiben, sondern Halt finden.« Und sie lässt keinen Zweifel
daran, dass das keineswegs eine literarische Floskel, sondern
die Beschreibung einer existenziellen Lebenssituation gewesen ist: »Ich hatte viel Angst, auch Todesangst. Die macht aus
dem Tag eine kalte Kugel. Sie schlüpft einem hinter den Aug-
apfel und rotiert. Verstörend fallen die Dinge übereinander
her, nehmen einen in Besitz, dass man sich weggenommen
wird und nur noch aus dem gleichen Material besteht wie
sie.«

Über das Verhältnis von Freiheit und Angst hat vor drei
Jahren auch Joachim Gauck hier an dieser Stelle gesprochen,
als er mit dem Preis ausgezeichnet wurde. Er konnte nicht
wissen, dass ihm eine Preisträgerin folgen würde, die diesen
Zusammenhang mit ihrer eigenen Biografie und mit ihrem
schriftstellerischen Werk bezeugt. »Angst«, so hat Joachim
Gauck damals in seiner Dankrede gesagt, »Angst kann man
nie wegzaubern. Angst ist menschlich. Woran wir aber arbeiten können, ist, der Herrschaft der Angst zu entsagen. Die
Schritte dazu müssen wir uns immer wieder neu anschauen,
wir müssen sie durchbuchstabieren und trainieren. 1989 ist
es den Osteuropäern, zu denen auch Deutsche gehören, gelungen, den Ängsten den Abschied zu geben. Wir haben diese
ermächtigenden und ermutigenden Erfahrungen gemacht,
als wir bemerkten, dass ein Leben vorstellbar ist, in dem wir
das Volk sind.«

Herta Müllers Literatur ist eine Literatur der Überwindung der Angst von Menschen, die durch Diktaturen beschädigt wurden. Sie hat im Übrigen über das ambivalente Gefühl,
das Ängste erzeugen können, einen Satz formuliert, den ich
ebenso plausibel wie anrührend finde: »Ich hatte Angst«, so

schreibt sie in ihrem ersten Erzählungsband *Niederungen*, »[I]ch hatte Angst, dass ich vor so viel Schmerz nicht mehr am Leben bin. Und gleichzeitig wusste ich, dass ich am Leben bin, weil es noch schmerzte.«

Jeder Mensch muss seinen eigenen Weg suchen und hoffentlich finden, mit seinen Ängsten, mit Verzweiflung, mit Auswegslosigkeit fertigzuwerden. Dies auszudrücken, vermögen nur wenige, weil es die doppelte Anstrengung voraussetzt, sich nicht nur durch Sprache zu offenbaren, sondern auch das durch Sprache vermitteln zu können, was den eigenen Seelenzustand, die eigene Befindlichkeit ausmacht.

Denjenigen von Ihnen – falls es sie tatsächlich geben sollte –, die überhaupt noch nichts von Herta Müller gelesen haben, möchte ich besonders ihre Bild-Wort-Collagen ans Herz legen, die es seit Beginn der 90er Jahre gibt – mit wunderschönen Titeln wie »Im Haarknoten wohnt eine Dame« oder »Die blauen Herren mit den Mokkatassen«. In diesen Collagen kommt sowohl die Freude an Sprache wie die unerschöpfliche Begabung zu immer wieder neuen Wortschöpfungen auf eine geradezu überrumpelnde Weise zum Ausdruck. Wenn ich mehr Zeit hätte, könnte ich Ihnen jetzt stundenlang solche »Postkarten« vorlesen, die aus zusammengeschnittenen Wörtern völlig unterschiedlicher Textzusammenhänge stammen, die dann zu so etwas wie einem kleinen Kammertheater werden.

Ich weiß nicht, ob Herta Müller das schon immer mit Solinger Messern, Klingen und Scheren gemacht hat. Ab heute ganz sicher mit der denkbar »schärfsten Klinge«. Jedenfalls wird in diesem virtuosen Umgang mit Wörtern, die aus einem vorhandenen Zusammenhang herausgenommen und in einen völlig neuen Sinn gestellt werden, deutlich, wozu Worte, Wörter, Sprache in der Lage sind. Herta Müller hat einmal zu ihrer eigenen besonderen Freude an diesen Collagen gesagt: »Es ist der intensivste Kontakt mit Sprache, weil man jedes Wort einzeln anfassen muss.«

»Wenn im Leben nichts mehr stimmt«, schreibt Herta Müller, »dann stürzen auch die Wörter ab.« Hier kommt noch hinzu, dass alle Diktaturen, die rechten wie die linken, die atheistischen wie die religiösen, die Sprache in ihre Dienste nehmen. Und für alle, die in demokratischen Verhältnissen lebend mit Blick auf solche Diktaturen jetzt voreilig – von rechts wie von links – gerne »Entwarnung« signalisieren würden, fügt sie hinzu: »Auch in Demokratien ist Sprache so wenig wie in Diktaturen ein unpolitisches Gehege. Da wie dort liegt sie nicht außerhalb des Lebens, da wie dort muss man ihr ablauschen, was sie mit den Menschen tut.«

»Wahrheit und Politik wohnen selten unter einem Dach.« Politik und Literatur unterscheidet zweifellos mehr, als sie verbindet. Aber was sie verbindet, kettet sie geradezu aneinander: die Sprache. Sprache ist das Medium der Literatur wie der Politik. Sie ist ein Instrument der Unterdrückung wie des Widerstandes und der Selbstbehauptung. Sie ist ein Mittel der Verschleierung, der Beschönigung, der Propaganda, der Denunziation, ein Instrument der Aufklärung und ein Instrument der Befreiung.

Herta Müller ist die Autorin dieser oft verzweifelten Zusammenhänge, eher unfreiwillig im Übrigen und getrieben von Erfahrungen, die sie lieber nicht gemacht hätte: »Ich habe mir nie vorgenommen zu schreiben. Ich habe damit angefangen, als ich mir nicht anders mehr zu helfen wusste.« Herta Müllers Bücher, die Essays wie die Romane, sind eine ebenso aufregende wie deprimierende Chronik des Alltags in einer Diktatur oder – in ihren Worten: »über das amputierte Leben in der Diktatur«.

Herta Müller hat alle bedeutenden Literaturpreise erhalten. Ob sie, wie gelegentlich behauptet, von Anfang an ein

»Liebling der Literaturkritik« war, weiß ich nicht. Dass sie jedenfalls bis zur Verleihung des Nobelpreises für Literatur nicht das war, was man gemeinhin eine populäre Schriftstellerin nennt, das weiß ich ziemlich genau: Damals, über einen langen Zeitraum von mindestens 20 Jahren hinweg, waren ihre Lesungen, die eher selten kurzfristig in größere Hörsäle und Veranstaltungsräume wegen der »riesigen« Teilnehmerzahl verlegt werden mussten, nicht selten von Zwischenrufen und Fußtrampeln empörter Landsleute begleitet. Als Bernhard Vogel, der damalige Vorsitzende der Konrad-Adenauer-Stiftung und Thüringer Ministerpräsident, ihr 2004 – also vor zehn Jahren – den Literaturpreis der Konrad-Adenauer-Stiftung überreichte, hatte er ihre »konsequent unnachgiebige« Sprache gewürdigt, »die aus lebendig gewordenen Erinnerungen besteht und deren poetische Wahrheit aus Todesangst und Überlebenswut geradezu herausbricht«. Todesangst und Überlebenswut beziehungsweise Lebenshunger – genauer kann man es kaum sagen. Und wenn, dann wohl nur so, wie Herta Müller in ihrer *Atemschaukel*: »Ich muss mich erinnern gegen meinen Willen. Und auch wenn ich nicht muss und will, würde ich es lieber nicht wollen müssen.«

Der Roman *Atemschaukel*, nach dessen Erscheinen 2009 sie den Nobelpreis für Literatur erhielt, schlägt ein bislang vernachlässigtes Kapitel der europäischen Diktaturgeschichte auf. Nach dem Ende des rumänischen Faschismus und der Kapitulation Rumäniens im Januar 1945 wurden auf Geheiß Stalins viele in Rumänien lebende Deutsche zu Zwangsarbeit in russische Lager deportiert. Es waren vor allem junge und ältere Deutsche – keine Soldaten, die ja noch im Krieg waren. Mit einem dieser Deportierten war Herta Müller gut befreundet, dem aus Hermannstadt stammenden Oskar Pastior. Mit einer anderen war sie verwandt: ihrer Mutter, die als 19-Jährige in ein ukrainisches Zwangsarbeiterlager kam. Mit scheinbar lapidarer Präzision beschreibt Herta Müller den psychisch und physisch zermürbenden Lageralltag aus dem Blickwinkel eines jungen Mannes: »Kälte schneidet, Hunger betrügt, Müdigkeit lastet, Wanzen und Läuse beißen.« Wer gelegentlich Hunger hat, aber nie Hunger leiden musste, bekommt in der *Atemschaukel* eine quälende Vorstellung von diesem unerträglichen Zustand zwischen Hysterie und Resignation und von dem »Hungerengel« als ständigem Begleiter, der in verschiedenen Gestalten als Würge- und Racheengel, als Bedrohung wie als Hoffnung, als Obsession und als Erlösung auftritt. Diese Erfahrung kann man nicht teilen, wenn man sie nicht selbst gemacht hat. Aber wenn man sie gemacht hat, bleibt sie für immer.

Die Lektüre dieses zu Recht hoch gerühmten und preisgekrönten Romans befördert das Bewusstsein, was Menschen erspart geblieben ist, die wie ich in einem der glücklicheren Zeitabschnitte der deutschen Geschichte geboren und aufgewachsen sind. Dazu in einer begünstigten Region, die von den historischen Turbulenzen entweder gar nicht oder weniger betroffen war. Und der deshalb Verleumdungen, Verfolgungen, Vertreibungen und Demütigungen nur vom Hörensagen kennt, aus historischen Dokumenten oder literarischen Texten – wie denen Herta Müllers. Deshalb ist für mich persönlich Herta Müllers großes Buch nicht zuletzt eine Lektion zum Thema »Glück« und zum Thema »Demut«, und zu dem, was das eine mit dem anderen zu tun hat.

Herta Müllers literarische Sprache – voller Gestaltungswucht und virtuos – hebt die persönlichen Erinnerungen und Erfahrungen weit ins Exemplarische und wird so zu einem Instrument der Aufklärung und Befreiung. Ihre Sprache ist bildreich und sparsam, schön und schlimm, zart und hart, der Wahrheit verpflichtet, der Wirklichkeit, wie sie ist, die sie mit ihren verweigerten Möglichkeiten konfrontiert. Ihre Bücher sind gegen das Vergessen der traumatischen Diktatur-erfahrungen in Europa geschrieben. Sie erinnern an die Folgen von Unterdrückung, Erniedrigung und Isolierung des Menschen durch Menschen. Sie sind ein grandioses Zeugnis für Würde und Freiheit und den Wert der Demokratie, die wir längst umso lästiger empfinden, je länger sie uns selbstverständlich geworden ist. Für das Zusammenwachsen Europas sind Bücher wie die von Herta Müller ein manchmal unangenehmer, aber notwendiger Beitrag kultureller Selbstvergewisserung über nationale Grenzen hinweg.

»Poesie und Politik«, meinte einmal Hans Magnus Enzensberger, »sind historische Prozesse. Der eine im Medium der Sprache, der andere im Medium der Macht.« Herta Müller führt den erfolgreichen Nachweis, dass die Freiheit des poetischen Wortes eine »scharfe Klinge«, ihre eigene Macht hat.

Sie wollte doch »keine Literatur schreiben, sondern nur Halt finden«. Aber Herta Müller hat große Literatur geschrieben, durch die Menschen Halt gefunden haben. Kann man über Bücher Besseres sagen?

Warum die Menschen so sind, wie sie sind

Ansprache beim Trauerempfang aus Anlass
der Beisetzung von Imre Kertész,
Budapest, 22. April 2016

»Ich wollte immer nur verstehen, warum die Menschen so sind«, hat Imre Kertész in einem seiner späten Interviews gesagt. Wir wissen alle nicht, ob er am Ende tatsächlich verstanden hat, warum die Menschen so sind, wie sie sind. Nun ist er tot – zu früh natürlich, aber mit 86 Jahren immerhin mehr als 70 Jahre später, als es ihm vorherbestimmt schien, als er als 14-jähriges Kind aus Budapest nach Auschwitz und dann nach Buchenwald verschleppt wurde.

Imre Kertész hat in seinem *Roman eines Schicksallosen* in einer in der Literaturgeschichte beispiellosen einzigartigen Weise beschrieben, wie Konzentrationslager Menschen pervertieren – und zwar Täter wie Opfer. In seinen letzten Jahren hat er sich gelegentlich zu Unrecht in Anspruch genommen, auch instrumentalisiert gefühlt als »Clown des Holocaust«, der er ganz sicher weniger war als irgendjemand sonst. Als er den Literaturnobelpreis erhielt, hat er beim Nobelbankett in Stockholm in Anwesenheit des schwedischen Königs und des ungarischen Ministerpräsidenten seine kurze Dankansprache in Deutsch gehalten. Und er hat damals hervorgehoben, für ihn sei der Holocaust, dem er wie ein Wunder entkommen ist, »ein Trauma, nicht nur der Deutschen, sondern der europäischen Zivilisation«. Und immer wieder hat er ja in seinen zahlreichen Büchern und Essays darauf hingewiesen: »schließlich hat sich Auschwitz nicht im luftleeren Raum vollzogen, sondern im Rahmen der westlichen Kultur, unserer westlichen Zivilisation.«

Er war in Berlin, als ihn und uns die Nachricht von der Verleihung dieses Preises erreichte, und er ist nach seiner Zeit als Fellow im Wissenschaftskolleg in Berlin in Deutschland geblieben, zehn Jahre. Diese Entscheidung für Deutschland und Berlin ist nicht nur für mich die größte denkbare Geste der Versöhnung gegenüber einem Land, das ihn vernichten wollte, ein Zeichen menschlicher Größe, eine der unglaublichen »Ja-Kathedralen«, von denen Péter Esterházy vorhin gesprochen hat, die nur ein Mann wie Imre Kertész bauen konnte. In diesen Berliner Jahren ist meine Beziehung zu Imre Kertész und seiner Frau entstanden – eine besondere Beziehung, die ich weder erklären kann noch beschreiben will. Niemand, der damals dabei war, wird seine Lesung im Deutschen Bundestag vergessen, als er auf unsere Einladung am Jahrestag für die Opfer des Nationalsozialismus aus seinem *Kaddisch für ein nicht geborenes Kind* gelesen hat.

Frau Kertész weiß, dass ich noch vor ein paar Wochen den Versuch unternommen habe, ihm noch einmal zu begegnen, doch damals war bereits absehbar, dass es dazu wohl keine Gelegenheit mehr geben würde. Umso wichtiger ist es mir, dass ich heute hier bin, als Mensch, als Leser, als Zeitgenosse, aber natürlich auch als Vertreter meines Landes. Ich möchte und soll Ihnen, Frau Kertész, die Anteilnahme und die herzlichen Grüßen unseres Bundespräsidenten übermitteln, der Bundeskanzlerin, der Präsidenten des Bundesrates und des Verfassungsgerichtes. Sie werden mir glauben, es kommt nicht häufig vor, dass bei den jährlichen Treffen der Spitzen der deutschen Verfassungsorgane über Literatur und über Nobelpreisträger gesprochen wird. Das war in der vergangenen Woche so.

Lange vor den aktuellen Entwicklungen in Europa, von denen nicht wenige Beobachter meinen, es sei die größte Krise, in der sich die europäische Union jemals befunden habe, hat Imre Kertész in einem Interview gesagt: »Europa könnte die Welt noch überraschen, wenn es eindeutig und unerschütterlich für die eigenen Werte eintreten würde.« Und er hat von den Werten gesprochen, nicht von den Interessen, weil er vielleicht einer der aussterbenden Generation ist, der bewusst ist, dass es sich nicht um dasselbe handelt.

Imre Kertész ist nun tot, aber er wird lebendig bleiben, in Deutschland sicher nicht weniger als in seinem Heimatland Ungarn. Ich verneige mich mit tiefem Respekt vor einem großen Europäer, dessen Vermächtnis wir alle verpflichtet bleiben.

Religion und Gesellschaft

Zwischen Reformation und Resignation – Wie viel Religion erträgt eine aufgeklärte, liberale Gesellschaft?

Rede beim Jahresempfang des Sprengels Hildesheim-Göttingen der Evangelisch-lutherischen Landeskirche Hannover, Hildesheim, 31. Mai 2017

Das große Reformationsjubiläum, das wir in diesem Jahr begehen, ist nicht der einzige, aber ein guter Anlass, um über die Verantwortung von Christen in Staat und Gesellschaft nachzudenken. Und ich könnte mir dafür kaum einen schöneren Austragungsort vorstellen als diesen – zumal das für mich bedeutendste Ereignis dieses Reformationsjubiläums vor acht Wochen in dieser Kirche stattgefunden hat und ich mit gespannter Neugier auf die Umsetzung der Ankündigungen warte, die damals auf der Basis sorgfältig vorbereiteter und abgestimmter Texte vorgetragen worden sind.

Ich will im Folgenden besonders zwei Aspekte betrachten, die aus meiner Sicht eine nähere Befassung verdienen: zum einen die Frage nach der Bedeutung von Religion in modernen Gesellschaften und des Verhältnisses säkularer Staaten zu Religion und Kirchen beziehungsweise Religionsgemeinschaften, zum anderen die Verantwortung, die Christen nicht nur als Staatsbürgerinnen und Staatsbürger im politischen System einer Gesellschaft haben, sondern auch in ihren jeweiligen Kirchen wahrnehmen. Denn die eine Verantwortung schließt die andere nicht nur nicht aus, sondern setzt sie in einem gewissen Umfang geradezu voraus.

Mit der Beschreibung säkularer Gesellschaften ist die weitverbreitete Vorstellung verbunden, Säkularisierung bedeute den Verlust oder den Verzicht auf Religiosität. Es gibt nicht wenige, die das nicht nur als eine Beobachtung verstehen, sondern damit einen Kausalzusammenhang zwischen der Modernität einer Gesellschaft und dem Verzicht oder Verlust religiöser Orientierungen herstellen wollen – als sei der unvermeidliche Preis der Moderne der notwendige Rückzug des Religiösen. Nach meiner Überzeugung beruht diese Einschätzung auf einem doppelten Missverständnis. Erstens ist sie bereits empirisch widerlegt, und zum anderen übersieht oder verkennt sie einen Fundamentalzusammenhang für die Funktionsbedingungen von Gesellschaften im Allgemeinen, auch und gerade von modernen Gesellschaften.

Tatsächlich sind mit Blick auf die Geschichte die Religionen weltweit nie aus den Gesellschaften und auch nie aus der Politik verschwunden. Auch am Beginn des 21. Jahrhunderts erleben wir keineswegs global einen Rückzug des Religiösen, sondern vielmehr eine erstaunliche Revitalisierung der Bedeutung von Religion im öffentlichen Raum. Interessanterweise ist diese weltweite Entwicklung überall stärker als in Europa, was wiederum das Missverständnis nahelegt, man hätte es hier mit einem umgekehrten Entwicklungsprozess zu tun. Im Übrigen gehören weltweit rund 80 Prozent der heute lebenden Menschen einer Religionsgemeinschaft an. Und mit der Revitalisierung der Bedeutung von Religionen geht in einem erstaunlichen, häufig erschreckenden Maße die Instrumentalisierung und Politisierung von Religion für nicht religiöse Zwecke einher.

Wir haben es heute in Zeiten der Globalisierung also idealtypisch mit zwei ganz unterschiedlichen Formen von Religiosität zu tun. Das eine ist die persönliche, private Religiosität im Rahmen rechtsstaatlich gesicherter Demokratie als ein geschützter Raum persönlicher Entfaltung. Und das andere – gänzlich andere – ist die politisierte Religion mit fundamentalistischen Machtansprüchen, die inzwischen eine bemerkenswerte globale Entfaltung gefunden hat. Parallel zu dieser Ambivalenz zweier ganz unterschiedlicher Verständnisse von Religion und ihrer Bedeutung für privates wie für öffentliches Leben gibt es zwei ausgeprägte und weitverbreitete Missverständnisse. Das eine ist die Anmaßung, religiöse Überzeugungen für unmittelbar geltendes staatliches Recht zu erklären und wann immer nötig, um nicht zu sagen möglich, im wörtlichen wie im übertragenen Sinne zu exekutieren. Das spiegelbildliche andere Missverständnis ist die Arroganz beziehungsweise Leichtfertigkeit, religiöse Überzeugung für überholt, belanglos oder irrelevant zu erklären. Das zweite Missverständnis ist nicht weniger weit verbreitet als das erste. Es ist allerdings in unserem Kulturkreis besonders stark vertreten und manche namhafte Intellektuelle haben sich in der guten Absicht der Zurückweisung des ersten Missverständnisses an der Verbreitung des zweiten tatkräftig beteiligt.

Aus der richtigen Zurückweisung fundamentalistischer Instrumentalisierung religiöser Überzeugungen für politische Zwecke darf eben nicht geschlussfolgert werden, dass Religionen in modernen demokratischen Gesellschaften keinen Raum haben dürften. Gerade der liberale Staat kann auf religiöse Bezüge und Begründungen nicht verzichten. Das haben manche bedeutende Staatsphilosophen der Aufklärung – von John Locke über Immanuel Kant, den Vätern der amerikanischen Verfassung bis zu den großen französischen Aufklärern wie Alexis de Tocqueville – offenkundig besser gewusst als etliche ihrer heutigen Epigonen. Von Immanuel Kant stammt der schöne, aber wohl etwas übertriebene Satz: »Es ist unmöglich, dass ein Mensch ohne Religion seines

Lebens froh werde.« Da haben wir inzwischen leider hinreichend viele Gegenbeispiele, um das noch für eine gesicherte Tatsache halten zu können. Deswegen spreche ich auch nicht von der Unverzichtbarkeit von Religion für jeden Einzelnen und sein persönliches Lebensverständnis, sondern von der Unverzichtbarkeit der Religion als Grundlage des Selbstverständnisses von Gesellschaften und deren Verhaltenssicherheit. Von Alexis de Tocqueville, der nach der französischen Revolution in einem dezidiert laizistisch sich verstehenden Staat aufgewachsen ist, stammt der bemerkenswerte Befund: »Der Despotismus kommt ohne Glauben aus, die Freiheit nicht. Der Republik ist die Religion viel notwendiger als der Monarchie – und dem demokratischen Staatswesen mehr als allen anderen.« Das ist heute jedenfalls keine allgemeine Einsicht. Und deswegen lohnt es, sich mit der Frage zu beschäftigen, wie es denn wirklich mit diesem jahrhundertealten, aber immer wieder neuen Spannungsverhältnis von Politik und Religion sowie Staat und Kirche unter den Bedingungen moderner aufgeklärter Gesellschaften bestellt ist.

Wie viel Religion erträgt eine moderne aufgeklärte liberale Gesellschaft? Und wie viel Religion braucht ein demokratisch verfasster Staat? Beide Fragen beantworten sich nicht von selbst. Und sie lassen sich nach meiner Überzeugung auch nicht unabhängig voneinander beantworten. Wenn wir uns die prinzipielle Frage stellen, was eigentlich eine Gesellschaft im Inneren zusammenhält, ist der Befund am Ende sehr übersichtlich: Kultur – nicht im engeren Sinne von Kunst und Kultur, sondern Kultur verstanden als die Summe gemeinsamer Erfahrungen einer Gesellschaft, einer gemeinsamen Geschichte, einer gemeinsamen Sprache, gemeinsamer Traditionen, Sitten, Orientierungen, Haltungen, die in einer Gesellschaft oft über Jahrhunderte gewachsen sind, von einer Generation zur anderen Generation vermittelt werden, und von deren Geltung eine Gesellschaft überzeugt ist. Ohne ein Mindestmaß solcher gemeinsamer Orientierungen ist der innere Zusammenhalt einer Gesellschaft nicht zu wahren. Die Wirtschaft hält eine Gesellschaft sicher nicht zusammen, und die Politik auch nicht, weil sie gerade auf jenem Mindestmaß an Überzeugungen beruht, das sie selbst gar nicht erzeugen kann – am wenigsten in einem liberalen, säkularen Staat. Diese fundamentale Einsicht hat schon vor mehr als 40 Jahren der damalige Bundesverfassungsrichter Wolfgang Böckenförde in seinem vielzitierten Satz zum Ausdruck gebracht: »Der freiheitliche säkularisierte Staat lebt von Voraussetzungen, die er selbst nicht garantieren kann.« Nun haben wir es mit Blick auf diesen Zusammenhang regelmäßig mit einem Einwand zu tun, den man ernst nehmen, aber gleichzeitig auch hinsichtlich seiner Tragfähigkeit prüfen muss: In unserer Gesellschaft, eigentlich in jeder modernen Gesellschaft, werde der innere Zusammenhalt nicht durch kulturelle Orientierungen und Überzeugungen gestiftet, sondern durch Verfassungen. Verfassungen formulierten das, was in einer Gesellschaft für alle gelte, völlig unabhängig davon, welche persönlichen Überzeugungen und Orientierungen die Einzelnen auch haben mögen. Das ist nicht völlig falsch, aber eben auch nicht ganz richtig: Verfassungen sind nie Ersatz für Überzeugungen, sondern immer Ausdruck der Überzeugungen, die in einer Gesellschaft Geltung beanspruchen. Verfassungen formulieren stets, was eine konkrete Gesellschaft an Erfahrungen mit sich selbst gemacht hat, und die Schlussfolgerungen, die sie daraus gezogen hat oder zu ziehen beabsichtigt. Und wenn sich dieser Zusammenhang in irgendeiner Verfassung beinahe mit Händen greifen lässt, dann ist es unsere: das Grundgesetz.

Das deutsche Grundgesetz ist bei nüchterner Betrachtung ein, Sozialwissenschaftler würden sagen hochideologischer, ich sage tiefreligiös geprägter Text, mit einer Serie von normativen Ansprüchen gegenüber der eigenen Gesellschaft. Bereits das in der Präambel reklamierte Bewusstsein unserer Verantwortung vor Gott und den Menschen muss ja nicht in einer Verfassung stehen – aber es steht in unserer Verfassung. Und der erste Artikel des Grundgesetzes lautet: »Die Würde des Menschen ist unantastbar. Sie zu achten und zu schützen ist Aufgabe aller staatlichen Gewalt.« Das formuliert ja ganz offenkundig gerade keine empirische Tatsache, sondern einen normativen Anspruch. Wäre es die Aufgabe einer Verfassung, historische Erfahrungen zu beschreiben, müsste dieser Satz lauten: »Die Würde des Menschen ist antastbar«, und nirgendwo ist der Nachweis dafür gründlicher geführt worden als auf deutschem Boden. Weil genau das aber unsere historische Erfahrung ist, ziehen wir daraus den normativen Schluss, dass es umgekehrt sein solle, als es tatsächlich war. Damit sind wir wieder bei den grundlegenden Überzeugungen, die in einer Gesellschaft vorhanden sind oder nicht, gewachsen sind oder nicht, erhalten geblieben oder verloren gegangen sind. Und für das Entstehen und Vermitteln solcher grundlegender Orientierungen, Überzeugungen und Haltungen ist die mit Abstand wichtigste einzelne Agentur die Religion. Es gibt in der Menschheitsgeschichte keinen vergleichbar wirksamen Einflussfaktor auf das Begründen, Entstehen, Vermitteln von grundlegenden Überzeugungen und normativen Ansprüchen an sich selbst und an das Zusammenleben von Menschen.

Nun haben wir es in Gesellschaften wie unserer mit einer erstaunlichen Diskrepanz zu tun, die darin besteht, dass es eine breite, stabile Überzeugung von der Geltung solcher normativer Ansprüche gibt – übrigens auch dann, wenn man sie in einen ausdrücklichen Zusammenhang mit christlichen Glaubensüberzeugungen stellt – und einer gleichzeitig deut-

lich und kontinuierlich zurückgehenden Bindung an jene Institutionen, die für die Vermittlung dieser Überzeugung eine
ganz besondere Verantwortung haben. Anders formuliert:
der Kreis derjenigen, die sich in unserer Gesellschaft als aktive Mitglieder christlicher Kirchen selbst beschreiben, ist
zwar immer noch beachtlich, aber inzwischen übersichtlich,
und wenn man zwischen der formalen Mitgliedschaft und der
gefühlten engagierten Mitgliedschaft nochmal unterscheidet,
wird die Neigung zur Distanz gegenüber der Institution noch
offenkundiger. Umso beachtlicher ist es, dass es trotz der zurückgehenden Kirchenbindung eine überragende Akzeptanz
der Werte und Überzeugungen gibt, die auch und gerade von
Kirchen zum Selbstverständnis des Umgangs von Menschen
miteinander vermittelt werden. Die Zustimmung zu diesen
Überzeugungen ist in allen Umfragen signifikant höher als
die Zahl der Mitglieder der beiden christlichen Kirchen. Eine
ganz ähnliche Diskrepanz besteht übrigens mit Blick auf die
hohe Akzeptanz des in unserer Verfassung niedergelegten
politischen Systems und der rückläufigen Bereitschaft, sich
an politische Institutionen zu binden, ohne die diese Verfassungsordnung gar nicht zu praktizieren wäre. Der Bindungs-
verlust politischer Parteien gegenüber einem politisch interessierten Publikum ist ähnlich auffällig wie der Bindungs-
verlust von Kirchen gegenüber einer keineswegs ethisch
indifferent gewordenen Gesellschaft. Nach meinem persönlichen Empfinden reagieren beide Institutionen, die Kirchen
auf der einen wie die Parteien auf der anderen Seite, reflexhaft
auf diese schmerzliche Erfahrung mit einer zu simplen Erklärung: Die Kirchen sprechen von »Glaubensverlust«, die Parteien von »Politikverdrossenheit«. Beides greift nach meiner
Überzeugung zu kurz. Ich glaube, dass ein hohes politisches
Interesse ebenso wenig automatisch zu einer Identifikation
mit bestimmten politischen Institutionen führt, wie eine ho-

he ethische Sensibilität und Überzeugung notwendigerweise mit einer starken Kirchenbindung korreliert.

Liegt das an den Menschen, die heute ganz anders sind, als sie es früher waren, oder liegt es an den Institutionen? Ich will dazu auf ein bemerkenswertes Zitat hinweisen, das dieses Spannungsverhältnis mit Blick auf Kirche und Kirchenbindung thematisiert: »Der eine Rock des Herrn ist zerrissen zwischen den streitenden Parteien. Die eine Kirche auseinandergeteilt in die vielen Kirchen, deren jede mehr oder minder intensiv in Anspruch nimmt, allein im Recht zu sein. Und so ist die Kirche für viele heute zum Haupthindernis des Glaubens geworden. Sie vermögen nur noch das menschliche Machtstreben, das kleinliche Theater derer in ihr zu sehen, die mit ihrer Behauptung, das amtliche Christentum zu verwalten, dem wahren Geist des Christentums am meisten im Wege zu stehen scheinen.« Es stammt aus der »Einführung in das Christentum« des damaligen Kardinals Josef Ratzinger, veröffentlicht 1966.

Dies führt mich zu dem zweiten Aspekt, den ich ansprechen möchte, nämlich der Verantwortung, die wir einerseits nicht nur als Christen für die Gesellschaft und in der Gesellschaft gegenüber dem Staat haben, in dem wir leben, sondern andererseits auch für und in unseren jeweiligen Kirchen. Als ich mich vor einigen Jahren zusammen mit einer Reihe anderer engagierter katholischer wie evangelischer Christen mit der Frage beschäftigt habe, wie wir eigentlich mit dem Reformationsjubiläum umgehen sollten, da hat mich insbesondere die Besorgnis umgetrieben, dass wir in einem solchen stolzen Jubiläumsjahr sicher brillante Vorträge hören, grandiose wissenschaftliche Kolloquien veranstalten, umfangreiche neue Literatur zur Reformation im Allgemeinen und zur Kirchenspaltung im Besonderen zu lesen bekommen, ganz sicher auch bewegende Festgottesdienste erleben, dass danach aber alles genauso bleibt wie vorher. Natürlich freue ich mich über die neue Tonlage im Umgang der Konfessionen miteinander, die sich auf spektakuläre Weise von allen bisherigen Reformationsjubiläen unterscheidet: So viel Freundlichkeit wie jetzt, so viel wechselseitiges Verständnis, so viel Zusammenarbeit gab es nie. Trotzdem bleibt meine Sorge, dass wir uns in diesem neuen, so viel angenehmeren Zustand längst gemütlich eingerichtet haben.

Dass die Absicht der Reformation nicht die Trennung der Kirche war, ist oft genug vorgetragen worden, auch dass es zur Kirchenspaltung möglicherweise gar nicht gekommen wäre, wenn es außer den theologischen Differenzen nicht auch handfeste politische Interessen gegeben hätte. Wenn nun aber die Gründe, die seinerzeit – übrigens ausdrücklich ohne eine entsprechende Absicht Martin Luthers – zur Kirchenspaltung geführt haben, heute nicht mehr bestehen, weder die theologischen noch die politischen, warum halten wir sie dann aufrecht?

Es gibt inzwischen einen verführerischen Begriff, der den neuen gemütlichen Status quo zwischen den beiden christlichen Konfessionen in kaum überbietbarer Weise beschreibt: »Versöhnte Verschiedenheit«. Als Demokrat kann ich mit Verschiedenheiten gut umgehen und als Christ habe ich mit Versöhnung auch kein Problem, schon gar kein prinzipielles – aber versöhnte Verschiedenheit für das Ergebnis des ökumenischen Prozesses zu halten oder dazu zu erklären, das ist für mich eine verdeckte Kapitulationserklärung. Es verwechselt den Weg mit dem Ziel. Ein ernsthafter Gestaltungsanspruch müsste hingegen lauten: »Ökumene jetzt – gemeinsam in die Zukunft«.

Ich will meine persönliche Position mit wenigen Bemerkungen verdeutlichen: Seit rund 50 Jahren beschreibt man sowohl in einschlägigen katholischen wie in einschlägigen protestantischen Texten das Faktum der getrennten Kirchen regelmäßig als Skandal und Ärgernis. Aber mit diesem Skandal kommen wir offenkundig gut zu Rande, und wenn es denn ein Ärgernis ist, scheint es mit der Beschreibung als solcher auch schon getan zu sein. Natürlich gibt es nach wie vor Unterschiede, aber nicht nur die Kirchen als Institutionen, sondern jeder einzelne überzeugte Christ muss für sich die Frage beantworten, ob diese Unterschiede die Aufrechterhaltung der Kirchenspaltung rechtfertigen. Ich glaube dies nicht, denn ich vermag keinen einzigen relevanten Glaubensunterschied zu erkennen, der die Wiederherstellung der Einheit verhindern könnte. Aber ich sehe das Selbstverständnis und das Selbstbehauptungsbedürfnis von Institutionen – davon verstehe ich etwas. Ich muss dabei nicht zuerst auf die Kirchen blicken, um einmal mehr zu der Einschätzung zu gelangen, dass alle Institutionen mit der angeborenen Versuchung zu tun haben, sich selbst für wichtiger zu halten als den Zweck, um dessen Willen sie eigentlich entstanden sind. Und weil das so ist, glaube ich auch nicht, dass die Lösung für die Aufhebung der Spaltung von den Kirchenleitungen erwartet werden darf. Hier ist vielmehr unsere Verantwortung als Christen gefragt und unser Urteilsvermögen. Anders gesagt, hier ist im reformatorischen Sinne die Freiheit eines Christenmenschen gefragt, zu seinen Überzeugungen zu stehen – auch wenn sie nicht über den Erkenntnisstand, sondern über den Veränderungswillen der eigenen Kirchenleitung hinausgeht. Das ist nebenbei bemerkt heute ungleich weniger riskant als zu Luthers Zeiten.

Wir sollen eins sein, so lautet die unmissverständliche Forderung Jesu im Johannes-Evangelium. Aber wir sind es nicht. Können wir nicht, oder wollen wir nicht? Die Antwort auf diese Frage wird uns nicht erspart. Wir müssen sie uns stellen und wir müssen sie auch verantwortlich beantworten.

Falls es nun eines Resümees bedarf, so möchte ich sagen: Ohne Gott ist kein Staat zu machen, schon gar kein moderner Staat. Aber Gott macht keinen Staat – das müssen wir selber tun. Er gründet auch keine Kirchen, spaltet sie auch nicht, führt sie auch nicht wieder zusammen. Das müssen wir tun. Es ist unsere Verantwortung vor Gott und den Menschen.

Im Namen der Toleranz ist es erlaubt
und manchmal dringend geboten,
Intoleranz nicht zu tolerieren

Rede zur Eröffnung der Lessingtage
im Hamburger Thalia Theater,
29. Januar 2017

Als der Intendant des Thalia Theaters mich vor mehr als einem halben Jahr einlud, den Eröffnungsvortrag zu den diesjährigen Lessingtagen zu halten, habe ich gern spontan, ohne größeres Zögern, aber auch ohne ernsthaftes Nachdenken zugesagt. Die Einladung war ehrenhaft, die Zusage gut gemeint – und viel zu spät ist mir aufgefallen, dass die Ankündigung, in Hamburg ausgerechnet im Namen Lessings, ausgerechnet über Religionen und Toleranz zu reden, ziemlich übermütig, geradezu tollkühn wirken muss. Ich bin überrascht, dass dennoch so viele gekommen sind. Das macht die Aufgabe allerdings auch nicht viel leichter.

Zum Thema Toleranz im Kontext von Religionen ist von Lessing alles Notwendige gesagt: »Der rechte Ring war nicht erweislich, fast so unerweislich wie uns jetzt der rechte Glaube.« Besseres, Klügeres gibt es dazu nicht zu sagen, jedenfalls nicht von mir. Deshalb werde ich über Gewalt reden und über Politik und über Religion, die sich der Politik ebenso gerne und häufig schamlos bedient wie diese der Religion und beide der Gewalt, um ihre jeweiligen Gestaltungsansprüche auch gegen Widerstände durchzusetzen. Mein wichtigster, nicht einziger Zeuge wird Martin Luther sein, nicht Lessing, wofür es im Jahr des 500. Reformationsjubiläums immerhin eine hinreichende Rechtfertigung gibt.

Dieses Jubiläumsjahr – vom Deutschen Bundestag schon 2011 als »Ereignis von Weltrang« definiert – lässt uns in vielerlei Weise Martin Luther und seine überragende Persönlichkeit wiederentdecken, nicht nur als Rebell und bedeutenden Reformator, sondern in vorauseilender Begeisterung über dieses Weltereignis gleich auch als Vorläufer von Grundrechten und Freiheitsrechten, von Meinungsfreiheit, Demokratie und Pluralismus. Tatsächlich aber zeichnen sich die zahlreichen Pamphlete von Martin Luther gegen Juden und Türken, Bauern, Täufer und Baptisten auch und gerade wegen der von verbalen Injurien geprägten Sprache durch eine geradezu demonstrative Intoleranz aus. Der Bestsellerautor Martin Luther würde für den Friedenspreis des Deutschen Buchhandels schwerlich nominiert werden, wenn es den damals schon gegeben hätte oder dieser Autor heute mit ähnlichen Schriften aufwarten würde. Martin Luther war naturgemäß ein Mann des Mittelalters und nicht ein Repräsentant der Neuzeit. Sein Freiheitsbegriff bleibt weit hinter dem zurück, was wir uns heute scheinbar selbstverständlich unter individueller Freiheit vorstellen. Seine Vorstellung von Freiheit ist immer strikt religiös bezogen und findet im unbedingten Gehorsam gegen Gott und göttliche Gesetze seine nicht diskutierbare Grenze. Ein von Gott losgelöstes Gewissen, wie es uns im neuzeitlichen Freiheitsverständnis als selbstverständlich erscheint, war für Luther schlicht Teufelszeug. Trotzdem trifft sicher zu, dass Luther einer der Schrittmacher der Moderne war – allerdings vermutlich gegen seine eigenen Absichten. Den modernen Rechtsstaat mit der Trennung von Staat und Kirche, Politik und Religion, dem Grundrecht auf Religionsfreiheit, verstanden auch als Recht zum Wechsel der Religion und dem Abfall vom tradierten Glauben, hat er sich weder vorstellen können noch wollen.

Das Thema Religion und Gewalt ist ebenso alt wie aktuell. Es fehlt nicht an Anlässen, über die heimliche wie unheimliche Verbindung von Religion und Gewalt nachzudenken und dabei auch die Rolle der Politik gegenüber Religion und Gewalt in den Blick zu nehmen, die auch und gerade in Gesellschaften des 21. Jahrhunderts immer häufiger als schreckliches Bündnis auftreten. Die Literatur befasst sich mit diesem Thema, seit es sie gibt. Die großen Mythen, die älteren Texte der Kulturgeschichte handeln von Göttern und Menschen, von Liebe und Gewalt, von Krieg und Frieden im Götterhimmel wie beim irdischen Bodenpersonal. Die Bibel beginnt bekanntlich im Alten Testament mit der Schöpfungsgeschichte. Auf die Vertreibung aus dem Paradies folgt die Ermordung Abels durch seinen Bruder Kain. Vielleicht ist dieser Eintritt von Gewalt in die Menschheitsgeschichte überhaupt der harte Kern der Vertreibung aus dem Paradies, einem Paradies, das die Menschheit seitdem verzweifelt sucht und mit gut gemeinten wie untauglichen Mitteln wiederzugewinnen hofft.

Politik und Religion sind zwei ganz unterschiedliche, aber bedeutende, formell wie informell mächtige, rechtlich oder faktisch bindende Gestaltungsansprüche gegenüber einer Gesellschaft und ihren Mitgliedern. Nach meinem Verständnis ist eine der wesentlichen Aufgaben der Politik wie der Religion der Versuch der Domestizierung von Gewalt: entweder durch Sinngebung wie in der Religion – durch Vermittlung gültiger oder jedenfalls für allgemeingültig erklärter zeitlos verbindlicher Werte, in der Erwartung, dass sie das Verhalten der Mitglieder einer Gesellschaft nachhaltig und verlässlich prägen – oder wie in der Politik: durch Strukturen und Institutionen, welche die Anwendung von Gewalt bei der Austragung von Interessen verhindern oder jedenfalls vermeiden sollen. Religion ist der ältere, Politik der jüngere Versuch in der Menschheitsgeschichte, Gewalt zu domestizieren. Beide sind damit offenkundig nicht durchgreifend erfolgreich gewesen. Hinsichtlich der Gewalt ist die Religionsgeschichte wie die politische Geschichte eine Geschichte des Scheiterns. Das betrifft die Religion fast noch mehr als die Politik. Die Kreuzzüge waren weder die ersten noch die letzten religiös motivierten Eroberungskriege. Und spätestens seit dem Dreißigjährigen Krieg in der Folge der Reformation zieht sich die blutige Gewaltspur von Religionskriegen durch die Geschichte der Neuzeit bis zur Gegenwart fundamentalistischer, religiös motivierter Regime.

Wenn man im weitesten Sinn unter Religionskriegen solche Kriege versteht, in denen Religion als Anlass oder als Ursache, als Motiv oder als Methode den Streitgegenstand bestimmt oder beeinflusst, dann hat es in diesem allgemeinen, umfassenden Sinne in allen Religionen und Epochen der Menschheitsgeschichte Religionskriege gegeben. Dazu gehören die klassischen Konflikte um Heiligtümer, die jüdischen Aufstände gegen die Seleukidenherrschaft und das Römische Reich, die Christenverfolgung der Antike wie die ebenso gnadenlosen Feldzüge zur Christianisierung von Konstantin dem Großen bis Karl dem Großen, die für ihr brutales Verständnis von Christianisierung prompt heiliggesprochen wurden, die Expansionskriege des Islam bis zum 8. Jahrhundert bis hin zu den Spielarten des Heiligen Krieges vom jüdischen Jahwe-Krieg über den islamischen Dschihad bis zu den Kreuzzügen und Ketzerkriegen des Mittelalters, der Reconquista und Conquista Spaniens.

Im engeren Sinne sind Religionskriege eine Erscheinung der Neuzeit, jedenfalls taucht der Begriff interessanterweise erst im 16. und 17. Jahrhundert im Zusammenhang mit den bewaffneten innerchristlichen Auseinandersetzungen bei der Ausbildung frühmoderner Territorialstaaten auf. Und prompt haben wir wieder die Verbindung von Politik und Religion und ihre wechselseitige Instrumentalisierung. Hier im 16. und 17. Jahrhundert wird der Begriff Religionskrieg verwandt, um die Konfessionskriege dieser Zeit zu charakterisieren. Dazu zählen die Hugenottenkriege Frankreichs sowie im Deutschen Reich der Schmalkaldische Krieg und natürlich der Dreißigjährige Krieg. Auch heute finden im Übrigen die meisten gewalttätigen Auseinandersetzungen zwischen rivalisierenden Gruppen der gleichen Religion statt.

Dass Menschen für ihre jeweilige Religion Kriege führen, hat schon Cicero für nahezu alle Völker der alten Welt vorausgesetzt und spricht es lediglich den vermeintlich gottlosen Kelten ab. Kriege sind immer wieder von religiösen Riten begleitet und gerne im vermeintlichen Auftrag der Götter geführt worden. Keineswegs nur bestimmte Religionen haben eine erkennbare Neigung und Nähe zur Gewalt. Vielmehr finden sich Erzählungen von heiliger Gewalt, heiligen Kriegen, Ausmerzung des Bösen, Kampf gegen das sündhaft Unreine, Vernichtung der jeweils Ungläubigen in nahezu allen religiösen Überlieferungen. In der hebräischen Bibel, im Alten Testament der Christen, werden wir immer wieder mit Mord und Totschlag und Vergewaltigung konfrontiert. Und auch das Neue Testament, das sich zugegebenermaßen deutlich freundlicher liest, kennt eben nicht nur die Bergpredigt und das Gebot der Feindesliebe, sondern die erstaunlichen, endzeitlichen Gewaltphantasien der Offenbarung des Johannes. Und im zehnten Kapitel des Matthäus-Evangeliums wird Jesus von Nazareth so zitiert: »Ihr sollt nicht meinen, dass ich gekommen bin, Frieden auf die Erde zu bringen. Ich bin nicht gekommen, Frieden zu bringen, sondern das Schwert.« Die heiligen Texte aller drei monotheistischen Religionen enthalten Passagen, die wörtlich genommen die unnachgiebige Vernichtung von Gottesfeinden, Gottesfrevlern und Gotteslästerern fordern, dies als Befehl Gottes an seine Auserwählten deklarieren und verheißen, dass diesbezüglicher Eifer durch Gott reich belohnt werde.

Vieles, was uns heute bei den abendlichen Fernsehnachrichten entsetzlich neu vorkommt, ist entsetzlich alt und in allen großen Religionen der Welt über Jahrhunderte tradiert worden. Der Begriff Umsturz findet sich in Luthers Bibelübersetzung zum ersten Mal bei seiner Übersetzung des Buches Exodus, als Gott Mose mit auf den Weg gibt, sich gegen die fremden Völker und ihre Götter ablehnend zu verhalten: »Ihre Altäre sollst du umstürzen und ihre Steinmale zerbrechen und ihre heiligen Pfähle umhauen, denn du sollst keinen anderen Gott anbeten.« Der erste Umsturz, von dem Luther in seiner Sprache als Auftrag an das Volk Israel berichtet, ist die Aufforderung zu einem Religionskrieg. Das Verständnis der radikalen Folgsamkeit gegenüber dem einen einzigen Gott begreift sich gleichzeitig als Legitimation zur Zerstörung der Anbetungsorte von Andersgläubigen. Und die Leviten, die beim Tanz der Israeliten um das Goldene Kalb dem Befehl von Mose folgten, erschlugen nach diesen Berichten in einer Nacht 3000 ihrer Verwandten und Freunde, weil sie Gott beleidigt hatten.

Nun kann man und sollte man auch, bei einer freundlicheren Wahrnehmung der historischen Lektionen, die wir inzwischen mindestens zur Kenntnis genommen, wenn nicht gelernt haben, mit einer gewissen Berechtigung sagen, dass die Erfahrungen von Verwüstung und Tod, das Trauma völliger Friedlosigkeit, des Ausgeliefertseins an Willkürherrschaft zumindest in Deutschland und Europa, wenn schon nicht zu einer Tabuisierung von Gewalt, so doch mindestens zu einer erheblichen Ernüchterung und zu einer wesentlich höheren Rechtfertigungslast gegenüber jeder auch und gerade staatlicher Gewalt geführt haben, als dies über Jahrhunderte zuvor der Fall gewesen sein mag. Aber die ganze Wahrheit ist wohl, dass es zu den Unergründlichkeiten der menschlichen Natur gehört, dass solche Traumata irgendwann wieder aufgebraucht sind und dass sich in der Abfolge von Generationen bestenfalls Erfahrungen im Gedächtnis der Menschheit speichern lassen, aber keinesfalls gesicherte Verhaltensmuster. Anders wäre völlig unerklärlich, warum ausgerechnet das zivilisierte Europa, ausgerechnet Deutschland, ausgerechnet das 20. Jahrhundert bislang beispiellose Gewaltexzesse in staatlicher Regie gesehen haben.

Das 21. Jahrhundert hat, wie manche Publizisten geschrieben haben, am 11. September 2001 begonnen – mit den Terroranschlägen auf die Türme des World Trade Centers in New York. Das ist – wie so viele ähnliche Datierungen – natürlich übertrieben; dennoch ist dieser Hinweis alles andere als zufällig, und er ist auch nicht völlig willkürlich. Mit oder besser seit dem 11. September 2001 stehen wir vor einer völlig neuen Dimension von Gewalt. Vieles von dem, was wir seitdem erleben, ist neu, völlig unverständlich. Für vieles fehlen uns die Begriffe und die Möglichkeiten der Erläuterung oder gar der Rechtfertigung. Neu ist die Unvorhersehbarkeit, die Unmittelbarkeit der Bedrohung, die sich daraus nahezu für jeden prinzipiell ergibt, weil die Zielgruppen dieser Form willkürlich organisierter Gewaltanwendung nicht identifizierbar sind. Man kennt die möglichen Opfer erst, nachdem sie Opfer geworden sind. Nicht neu ist die Unmittelbarkeit der Inanspruchnahme von Religion für die Anwendung aggressiver Gewalt. Gewalt wird nicht mehr versteckt umschrieben und umgedeutet, sondern es wird – nicht nur damals im konkreten Fall des 11. September und seitdem immer wieder – ein direkter Zusammenhang hergestellt zwischen dem vermeintlichen Willen Allahs und der Zerstörung der westlichen Zivilisation. Dies gilt für den sogenannten Islamischen Staat wie für Boko Haram. Mit Recht wehren sich die Muslime in aller Welt und westliche Islamkenner dagegen, dies als originäre Stimme des Islam zu werten. Natürlich sind allen, die über Religion zu reflektieren in der Lage sind, die Instrumentalisierung des Glaubens und die krude Missachtung jeder Friedensbotschaft im Islam durch die Ideologen des Terrors bewusst. Dennoch bleibt bemerkenswert und im wörtlichen wie im übertragenen Sinne des Wortes bedenklich, dass Religion hier wieder in einem Gewand auftaucht, das wir für längst überholt gehalten haben: als skrupellose Bemäntelung primitiver Aggression, als fadenscheiniger, gleichwohl von den Betroffenen in ihrem Fanatismus subjektiv wohl ernst genommener Vorwand für Mordlust. Unter dem heiligen Anspruch des Unbedingten, des absolut Gültigen, also von allen sonstigen Verpflichtungen und Vereinbarungen losgelösten Absoluten, werden auch die Bedingungen der Zivilisation disponibel.

Warum kann Religion dafür herhalten? Warum ist sie nicht dagegen immun? Warum ist auch und gerade die Geschichte des Christentums durch eine Serie nicht nur von Versuchungen, sondern von einschlägigen Niedergängen gekennzeichnet?

Ich kann die Frage selbstverständlich auch nicht und schon gar nicht abschließend beantworten, aber ich will den nach meiner Überzeugung wichtigsten einzelnen Grund nennen, der leider auch nicht die Zuversicht begründet, dass zukünftige Generationen im Verhältnis von Religion und Politik mit sehr viel günstigeren Voraussetzungen rechnen dürften. Religionen handeln von Wahrheiten. Sie definieren Wahrheitsansprüche. Der Anspruch auf Wahrheit schließt Abstimmungen aus. Mehrheiten können über Wahrheiten nicht befinden. Ob eine Botschaft wahr ist, darüber kann man möglicherweise auf ganz unterschiedliche Weise urteilen. Durch Mehrheit ist der Nachweis der Wahrheit jedenfalls nicht zu führen. Das gilt leider auch umgekehrt. Der höchst subjektive Anspruch auf Wahrheit ist durch den Hinweis auf haushohe gegenteilige Mehrheiten in einer Gesellschaft nicht ernsthaft gefährdet. Politik handelt nicht von Wahrheiten, sondern von Interessen. Der moderne Politikbegriff beruht geradezu auf der Bestreitung ewiger Wahrheiten. Was gelten soll, muss Zustimmung finden. Maßstab allgemeiner Geltung ist die Mehrheit. Was die Mehrheit beschließt, gilt – auch wenn es nicht wahr ist oder jedenfalls unabhängig davon, ob es wahr ist. Seit wenigen Tagen haben wir dafür auch einen erstaunlichen neuen Begriff: »alternative Fakten«. Und was gelten soll, gilt auch nur so lange, bis eine andere Mehrheit etwas anderes beschließt. Insoweit ermöglicht Politik die Integration des Unvereinbaren in einer Gesellschaft – allerdings unter der Bedingung der unverrückbaren Geltung von Regeln, nicht von Wahrheiten.

Das Thema wird noch komplizierter durch die Einsicht, dass der moderne Politikbegriff ohne den Beitrag der Religionen gar nicht zustande gekommen wäre. Die Unantastbarkeit der Menschenwürde ist selbstverständlich keine Verfahrensregel, sondern ein nicht beweisbares, nur behauptetes Prinzip, ein Wahrheitsanspruch. Der schönste und wichtigste Satz unseres Grundgesetzes: »Die Würde des Menschen ist unantastbar«, ist offensichtlich kein empirischer Befund; als solcher wäre er falsch. Er formuliert ein Prinzip als verfassungsrechtliche Norm. Und dieses Prinzip verdankt sich der jüdisch-christlichen Tradition der Vorstellung vom Menschen als Ebenbild Gottes. Jürgen Habermas, der tatsächlich den Friedenspreis des Deutschen Buchhandels erhalten hat, hat sich damals bei seiner Dankesrede selbst als einen »religiös unmusikalischen Menschen« vorgestellt und hat schon zwei Jahre zuvor, 1999, in einem sehr lesenswerten Gespräch über Gott und die Welt unter genau diesem Titel folgende Einsichten formuliert: »Das Christentum ist für das normative Selbstverständnis der Moderne nicht nur eine Vorläufergestalt oder ein Katalysator gewesen. Der egalitäre Universalismus, aus dem die Ideen von Freiheit und solidarischem Zusammenleben, von autonomer Lebensführung und Emanzipation, von individueller Gewissensmoral, Menschenrechten und Demokratie entsprungen sind, ist unmittelbar ein Erbe der jüdischen Gerechtigkeits- und der christlichen Liebesethik. In der Substanz unverändert ist dieses Erbe immer wieder kritisch angeeignet und neu interpretiert worden. Dazu gibt es bis heute keine Alternative.« So viel übrigens auch zur Spurensuche der Urheberschaft für die Behauptung der Alternativlosigkeit zeitgenössischer Diskurse. Aus dieser Norm folgen Regeln, die für allgemein verbindliche Entscheidungen die Legitimationsgrundlage darstellen und auf dem Ausschluss von Wahrheitsansprüchen zugunsten von Verfahrensregeln beruhen. Ohne dieses innere Spannungsverhältnis geht die Beziehung von Interessen und Überzeugungen auf der einen Seite und von Verfahren und Institutionen auf der anderen Seite nicht auf. Aber weil sie nicht aufgeht, wird auch die Spannung erhalten bleiben. Das Problem ist nicht ein für alle Mal gelöst; es wird sich vermutlich auch nicht ein für alle Mal lösen lassen.

Deshalb muss ich wohl Lessing zum Trotz und Lessing zum Dank doch noch ein paar Bemerkungen zur Toleranz machen. Toleranz ist sicher eine der populärsten und zugleich folgenlosesten Begriffe unserer Zeit. Fragt man Google, was man sich unter Toleranz vorzustellen habe, werden dort fast zehn Millionen Ergebnisse angezeigt. Das allein ist ein starkes Indiz dafür, dass weder der Begriff unmissverständlich und eindeutig ist noch die damit verbundenen Sachverhalte. Wie ist der Begriff überhaupt in die deutsche Sprache gekommen? – Sie ahnen es: durch Luther. Er hat den lateinischen Begriff der Tolerancia als »Tollerantz« in die deutsche Sprache übertragen und eingeführt. Im römischen Sprachgebrauch umschrieb »tolerancia« die individuelle Tugend des Ertragens von Unrecht, Leid, Schmerzen, Schicksalsschlägen oder auch Naturkatastrophen. Diese Bedeutung wurde von den früheren Kirchenvätern unter dem Eindruck der Christenverfolgung als göttliche Gabe überhöht, die die Christen zur standhaften Erduldung von Verfolgung und Tod befähigen sollte. Dass in der Lutherdekade, die jetzt im Reformationsjubiläumsjahr zu Ende geht, unter den Themen jedes einzelnen Jahres Toleranz ein solch zentraler Begriff war, hat natürlich nicht nur mit der Bedeutung Martin Luthers für unser heutiges deutsches Sprachverständnis zu tun, sondern mit der historischen Erfahrung, die wir mit diesem Begriff und dem, was damit gemeint sein könnte, gemacht haben. Toleranz ist nicht das herausragende Merkmal der Kirchengeschichte – weder vor der Reformation noch danach. Die dunklen Schatten oft brutaler Intoleranz begleiten die Religions- und die Kirchengeschichte durch die Jahrhunderte: Inquisition, Hexenprozesse, Ketzerverbrennungen und Glaubenskriege. Auch die Entdeckung der Freiheit des Christenmenschen, eine der großen Errungenschaften der Reformation, hat damals nicht zugleich auch die Glaubensfreiheit gemeint und schon gar nicht akzeptiert. Auch Martin Luther war ein mittelalterlich geprägter Mensch, der sich nicht vorstellen konnte, dass unterschiedliche Wahrheits- und Glaubensvorstellungen nebeneinander bestehen können. Und der berühmte Augsburger Religionsfrieden von 1555 mit der Vereinbarung, dass derjenige Glaube für alle Menschen gelten solle, der vom jeweiligen Herrscherhaus eines Gebietes übernommen wurde, war eine friedensstiftende Maßnahme, aber nur unter der zutiefst intoleranten Voraussetzung, dass in einem Staatsgebiet verschiedene Glaubensweisen nicht nebeneinander leben und ausgeübt werden können.

Meine Damen und Herren, Religionen haben ein ambivalentes Verhältnis zur Toleranz. In der Lehre vermitteln sie diese; in der Praxis verweigern sie diese – jedenfalls allzu oft – nach innen wie nach außen. Erst mit der Aufklärung im 18. Jahrhundert, die ihre wesentlichen Einsichten weitgehend gegen den erbitterten Widerstand der Kirche durchsetzen musste, wurde die Freiheit des Christenmenschen als individuelle Freiheit des Bürgers im Staat, gegenüber dem Staat und auch gegenüber den Kirchen reklamiert und durchgesetzt. Die Einsicht der Aufklärung in die Aussichtslosigkeit einer abschließenden Beantwortung der Wahrheitsfrage hat Demokratie nötig und möglich gemacht. Ihre Folge war die Trennung von Politik und Religion in zwei eigenständige Verantwortungsbereiche. Das spätere Missverständnis, beide Bereiche sollten oder dürften möglichst nichts miteinander zu tun haben, ist freilich ein nicht geringerer Irrtum als die jahrhundertealte Vorstellung, das eine dürfe von dem anderen nicht unterschieden werden. Unter den Bedingungen eines aufgeklärten, modernen Staats- und Gesellschaftsverständnisses sind Toleranz und Freiheit Geschwister. Die Toleranz ist gewissermaßen der größere Bruder der Freiheit, die ohne die Bereitschaft zur Toleranz jedenfalls keine allgemeine Freiheit sein kann, sondern bestenfalls die zum Standard erhobene Umsetzung von je eigenen Freiheitsvorstellungen, die für allgemein und zugleich für alle verbindlich erklärt werden. Wer wirklich individuelle Freiheit will, muss zur Toleranz bereit und in der Lage sein oder er muss auf Freiheit verzichten.

Die Legitimation von Entscheidungen in demokratischen rechtsstaatlichen Mehrheitsvoten hat immer wieder bis in die Gegenwart hinein zu dem Missverständnis geführt, die Mehrheit sei Nachweis der Richtigkeit der eigenen Meinung. Das Gegenteil ist richtig. Wäre die Richtigkeit offenkundig oder nachweisbar gewesen, hätte eine Abstimmung gar nicht stattfinden müssen. Jede Mehrheitsentscheidung hat zur logischen Voraussetzung, dass keine Wahrheitsansprüche erhoben und schon gar keine Richtigkeitsnachweise geführt werden können. Das gilt für Erbschaftsrecht und Ehegatten-splitting, die Höhe des Rentenalters und soziale Leistungsan-sprüche, für Bundeswehreinsätze in Mali oder Afghanistan, für den Umfang und die Bedingungen von Migration und Flüchtlingshilfen bis hin zur Entscheidung über Neubaupro-jekte für Bahnhöfe oder Flughäfen. In all diesen Fällen geht es nicht um Richtigkeits- noch um Wahrheitsansprüche, son-dern um notwendige Entscheidungen über legitime Alterna-tiven, über die durch Mehrheit entschieden wird. Durch die Mehrheitsentscheidungen werden sie rechtlich verbindlich, aber nicht notwendigerweise richtig. Sie gelten folgerichtig auch nur so lange, bis neue Mehrheiten anderes beschließen.

Wo beginnt Toleranz und wo hört sie auf? Toleranz be-ginnt immer mit der Erfahrung des anderen, des anderen Menschen, seiner jeweils besonderen Eigenart, seiner Veran-lagungen, seiner Interessen, seiner Auffassungen und Mei-nungen, seiner Ziele und Bedürfnisse. Toleranz ist eben nicht die schlichte Kenntnis oder Kenntnisnahme, dass es so ist, wie es ist – und sie ist mehr als die Duldung des anderen, weil es sich ohnehin nicht verändern oder vermeiden lässt. Tole-ranz ist Akzeptanz des anderen, die Bereitschaft zu verste-hen, warum es so ist, wie es ist, und sich darauf einzulassen, es möglich werden zu lassen. Toleranz darf allerdings nicht die Legitimation für Rücksichtslosigkeit sein. Die Grenzen der Toleranz sind spätestens dann erreicht, wenn es um An-wendung oder Androhung von Gewalt geht: um Terror, auch

Gesinnungsterror, um Diskriminierung oder Privilegierung, soweit diese nicht in der Sache geboten und begründet sind. Nicht alles, was sich als Toleranz ausgibt, genügt höheren Ansprüchen. Toleranz ist nicht immer und überall weise. Sie kann auch dumm sein, blind, bequem, leichtfertig, gefährlich und manchmal lebensgefährlich. Deshalb ist es im Namen der Toleranz erlaubt und manchmal dringend geboten, Intoleranz nicht zu tolerieren.

Meine Damen und Herren, der echte Ring ging vermutlich verloren, aber wir ahnen: Wenn es einen Gott gibt, haben wir alle denselben. Beim bedeutenden islamischen Mystiker Rumi habe ich einen Satz gefunden, der in einer kaum zu überbietenden Prägnanz verdeutlicht, worum es geht im notwendigen, ständigen Dialog der Gläubigen und der Ungläubigen untereinander und miteinander: »Draußen, hinter den Ideen von rechtem und falschem Tun kommt ein Acker. Wir treffen uns dort. Das ist die ganze Aufgabe. Aber um diese Aufgabe zu erledigen, bedarf es zweier Voraussetzungen: Erstens muss man sich treffen wollen und zweitens muss man den Acker tatsächlich bearbeiten.«

Man muss sich treffen. Man muss sich bemühen. Und vor allem muss man es wollen.

Globalisierung und Europa

Sich eine andere als eine globale Welt vorzustellen, gelingt selbst Philosophen nicht mehr

**Rede beim 21. Deutschen Bankentag,
Berlin, 6. April 2017**

Ich bedanke mich sehr für die freundliche Einladung zur Mitwirkung an der Eröffnung des Deutschen Bankentages. Ich habe gehört, Sie hatten schon einen interessanten Eröffnungsabend mit Wolfgang Schäuble und Christopher Clark und haben möglicherweise auch die Beobachtung machen können, dass Politiker besonders gut erklären können, wie es in der Vergangenheit wirklich war, während die Historiker besonders gern erläutern, was daraus in Zukunft wird.

Mir geht es zugegebenermaßen regelmäßig so ähnlich, es fällt meistens leichter, zu stattgefundenen Ereignissen und Erfahrungen ein sicheres Urteil zu bilden, als Vorgaben und Festlegungen für die Zukunft zu machen. Tatsächlich bietet es sich aber sehr an, die Verbindung des einen mit dem anderen herzustellen und aus den Erfahrungen Schlüsse für die Zukunft herzuleiten.

Es ist jetzt gerade einmal ein Vierteljahrhundert her, seit wir zu Beginn der 90er Jahre die wahrscheinlich spektakulärste gleichzeitig stattfindende Veränderung der Welt erlebt haben mit dem Zusammenbruch der kommunistischen autoritären Systeme in Mittel- und Osteuropa, der Auflösung der Sowjetunion, der Wiederherstellung der deutschen Einheit, der Überwindung der Teilung Europas. Handelsbarrieren sind damals gefallen, die Weltwirtschaft boomte, es gab ein Klima der Zuversicht wie des Aufbruchs, gelegentlich auch des Übermuts. Und genau in diese Stimmung hinein schrieb Francis Fukuyama seinen Bestseller *The End of History* – Das Ende der Geschichte. Natürlich hat er nicht behaupten wollen, nun sei die Welt zu Ende; schon gar nicht hat er den Weltuntergang ankündigen wollen. Aber er hat tatsächlich gemeint und geschrieben, dass alle wesentlichen Grundsatzfragen, alle Systemfragen nun eigentlich ein- und alle Mal geklärt seien. Das Zeitalter der Systemkonkurrenz sei vorbei, die liberale Demokratie habe sich global durchgesetzt so wie der Markt, das Wettbewerbssystem als einzig vertretbares Ordnungssystem einer modernen Volkswirtschaft. 25 Jahre später wissen wir etwas genauer: Ganz so schön ist es nicht gekommen. Selbst der Arabische Frühling, der wie die scheinbare Bestätigung dieser fröhlichen Vermutung wirkte, war ebenso schnell zu Ende, wie er begonnen hatte.

In der vorletzten Ausgabe eines besonders großen Nachrichtenmagazins findet sich ein lesenswertes Interview mit dem afrikanischen Philosophen und Historiker Achille Mbembe, der ausdrücklich erklärt: »Die Anzeichen mehren sich, dass das Modell der liberalen Demokratie, das sich in den entwickelten Regionen der Welt seit dem Ende des Zweiten Weltkriegs bewährt hat, an seine Grenzen stößt. Heute dominiert die Rationalität des Finanzkapitalismus, und die ist immer weniger verträglich mit den Prinzipien einer demokratischen Ordnung.« Und er fügte hinzu: »Die liberale Demokratie und der neoliberale Kapitalismus erweisen sich immer mehr als unvereinbar. Es ist der Gegensatz zwischen der Herrschaft des Volkes und der Herrschaft des Geldes [...].« Das kommt einem dann doch ein wenig übertrieben und vorschnell und ein wenig zu allgemein vor, und ist es wohl auch. Aber so ganz frei erfunden ist es eben auch nicht. Und deswegen lohnt es sich schon, sich mit der Frage zu beschäftigen, was hat sich denn eigentlich in dieser doch vergleichsweise kurzen zurückliegenden Zeit an nachhaltigen Veränderungen ergeben und an welcher Stelle müssen wir auf die stattgefundenen Veränderungen mit welchen Schlussfolgerungen reagieren.

Mein Eindruck ist, dass bei nüchterner Betrachtung die wirklich nachhaltigen Veränderungen nicht in der Politik stattgefunden haben, sondern in der Wirtschaft, in der Technik, in den Rahmenbedingungen, unter denen moderne Gesellschaften wie Deutschland für die absehbare Zukunft arbeiten. Wir leben im Zeitalter der Globalisierung und der Digitalisierung; an das eine ist ohne das andere gar nicht zu denken, und hinter die mit diesen Veränderungen verbundenen Rahmenbedingungen werden wir nie wieder zurückkönnen, selbst wenn wir wollten. Die Fortschritte der Informationstechnologie haben uns in die Lage versetzt, Informationen, die überhaupt irgendwo auf der Welt verfügbar sind, zeitgleich an jedem Platz der Welt gleichzeitig verfügbar zu haben, und die Fortschritte in den Mobilitätstechnologien versetzen uns in die Lage, buchstäblich jeden Platz auf diesem Globus spätestens innerhalb von 24 Stunden zu erreichen. Die Verbindung des einen mit dem anderen hat Globalisierung erst möglich gemacht – und dadurch, dass sie möglich geworden ist, ist sie zugleich unvermeidlich geworden. Sich eine andere als eine globale Welt vorzustellen, gelingt selbst Philosophen nicht mehr. Ökonomen haben sich zu Recht längst davon verabschiedet.

Zu den nachhaltigen Veränderungen, die ohne Digitalisierung und Globalisierung gar nicht erklärbar sind, gehört, dass sich die Finanzmärkte in einer statistisch wie qualitativ so spektakulären Weise von den Gütermärkten emanzipiert haben, dass es zur Erinnerung an einen früher einmal be-

standenen Zusammenhang in einer nun schon fast rühren-
den Weise mit zunehmender Häufigkeit den Begriff der Realwirtschaft gibt, den man offensichtlich der virtuellen Wirtschaft in Erinnerung bringen muss.

Allein in diesen letzten 25 Jahren hat sich das Volumen der
täglichen Finanztransaktionen weltweit mehr als verfünfzig-
facht und die Größenordnung der durch Börsenklicks täglich
stattfindenden Finanztransaktionen ist etwa zwanzigmal so
hoch wie das Volumen der Transaktionen in Anlagekapital
oder in die Finanzierung von Gütern und Dienstleistungen.
Dass wir sowohl in der Form und in der Sache zwei große
Regelkreise haben, bei denen die Transaktionen der Finanz-
wirtschaft die der Realwirtschaft um ein Vielfaches überbo-
ten und überholt haben, gehört zu den Veränderungen der
Lage, die es so vorher nie gab und die für eine offensichtliche
Errungenschaft zu halten immer mehr Beteiligte und Betrof-
fene aus guten Gründen immer zögerlicher beantworten.

»Es ist unüberhörbar: Die Frage nach der Effizienz der
Finanzmärkte, nach der Sinnhaftigkeit manch moderner
Finanzprodukte, der Organisation der Finanzmärkte mit
Transaktionsfrequenzen im Takt von Millisekunden, nach
der Rolle der Finanzmärkte im Verhältnis zu den realen Gütermärkten werden generell immer lauter.« Dieser letzte Satz
ist nicht von mir, sondern vom früheren Vorstandsvorsit-
zenden einer früher besonders großen besonders deutschen
Bank und stammt aus dem Herbst 2011. Und das Zitat geht
wie folgt weiter: »Die Verunsicherung ist dabei inzwischen in
die bürgerliche Mitte der Gesellschaft und den Mainstream
des Ökonomen vorgerückt, und sie hat auch unsere Branche
erreicht. Wir als Finanzindustrie haben noch keine wirklich
überzeugenden Antworten auf die genannten Fragen anzubieten. Seit der ersten Phase der Finanzkrise 2007/08 wurden zwar die gröbsten Übertreibungen beseitigt, wir müssen

uns aber die Frage stellen, ob dies ausreicht. [...] Wir müssen nach meiner Überzeugung unsere gesamte Tätigkeit in allen Bereichen noch einmal gründlich darauf überprüfen, ob wir damit unseren genuinen Aufgaben als Diener der realen Wirtschaft gerecht werden. Wir tun alle gut daran, die Logik von Anlagestrategien und Marktstrukturen hinsichtlich ihrer Auswirkung auf das System kritisch zu überprüfen.« Es wird Sie nicht überraschen, dass mir das Zitat besonders gut gefällt, und ich glaube auch, dass wir uns möglicherweise manche Turbulenzen hätten ersparen können, wenn es diese Einsichten und Überlegungen schon früher an ähnlich prominenter Stelle gegeben hätte. Und deswegen haben wir natürlich Anlass, immer wieder und nicht nur heute – dies ist allerdings eine besonders schöne Gelegenheit – zu bilanzieren, wo haben wir welche Schlussfolgerungen erstens überhaupt und zweitens hinreichend und hoffentlich auch in die richtige Richtung getroffen und wo besteht noch welcher Anpassungs- oder Regelungsbedarf. Jedenfalls gibt es manchen Anlass zu der Vermutung, dass wir eine Neuvermessung im Verhältnis von Politik und Ökonomie brauchen – sowohl auf nationaler Ebene, aber eher noch mehr auf europäischer und internationaler Ebene, weil zu den nachhaltigen Veränderungen, mit denen wir längst und definitiv zu tun haben, genau diese Möglichkeit gehört, sich nationalen Regelungen durch Auswanderung, durch Transaktionen an andere Plätze erfolgreich zu entziehen.

Von Ludwig Erhard, der zugegebenermaßen lange tot ist, an den sich aber immerhin noch eine Reihe von Leuten erinnern und von denen nicht wenige auch nicht zu Unrecht vermuten, er sei der eigentliche Vater unseres sogenannten Wirtschaftswunders, das natürlich kein Wunder war, sondern aus darstellbaren, nachvollziehbaren Ursachen eine erstaunliche wirtschaftliche Entwicklung unseres Landes nach einem beispiellosen Niedergang ermöglicht hat, von Ludwig Erhard stammt der interessante, jahrzehntealte, aber eben nicht überholte Satz: »Freiheit, die sozialökonomisch oder politisch nicht in ein umfassendes Ordnungssystem eingespannt und damit gebändigt ist, oder auch Freiheit, die um keine moralische Bindung weiß, wird immer im Chaotischen entarten.«

Meine Damen und Herren, ohne die Bereitschaft des längst abgeschriebenen Staates zur Intervention in kollabierende Finanzmärkte hätten wir in den vergangenen Jahren gänzlich neue Aufschlüsse zur Chaos-Theorie gewinnen können. Und ich empfehle uns dringend, diese Einsicht nicht hinter uns zu lassen, sondern mindestens in Erinnerung zu behalten und daraus über Festreden hinaus operative Schlussfolgerungen zu ziehen. Zumal ich ohnehin den Eindruck habe, dass uns die Einsicht in notwendige Regelungen im Allgemeinen mit Abstand leichter fällt als deren Umsetzung in konkrete Regelwerke und deren praktische Implementierung.

Dies ist ein enorm komplexes Thema, zu dem ich, wenn überhaupt, heute Morgen nur einige wenige und eher grundsätzliche Hinweise geben kann. Aber ich möchte doch wenigstens den Versuch unternehmen, deutlich zu machen, dass es wiederum nach meinem Eindruck inzwischen neue Einsichten gibt, aber auch neue Versuchungen. Die erste und vielleicht wichtigste neue Einsicht ist die, dass auch und gerade Märkte Regeln brauchen und dass das für Finanzmärkte nicht nur auch, sondern offenkundig in besonderer Weise zutrifft; dass sie den Höhepunkt ihrer Leistungsfähigkeit nicht dann erreichen, wenn es möglichst keine, schon gar nicht durchsetzbare oder beliebig vermeidbare Regelsysteme gibt. Ich glaube, eine selbstkritische Betrachtung, die an der ein oder anderen Stelle inzwischen deutlich zu hören ist, kann nicht übersehen, dass es in keiner anderen Branche der Volkswirtschaft nicht nur in Deutschland einen vergleichbaren Ehrgeiz gegeben hat, staatliche Regelungen bis auf ein Minimum zurückzuführen und ihnen dort, wo sie vorhanden sind, erfolgreich auszuweichen – mit dem desaströsen Zwischenergebnis, dass am Ende ein Zustand erreicht war, in dem sich alle Banken weltweit das Misstrauen erklärt haben und ausgerechnet die Instanz als letzter Anker angerufen wurde, die man seit Jahren als lästige Behinderung liberaler Finanzbeziehungen beklagte.

Zu einer selbstkritischen Betrachtung gehört sicher auch, dass nicht jede Regelung, weil sie stattfindet, schon eine Vermeidung von Risiken ist und dass sich auch und gerade für Regelungen, für Regulierungs- wie Deregulierungsabsichten die Frage stellt, ob man auf dem gewünschten Weg tatsächlich die gewollte Wirkung erzielt oder ob nicht möglicherweise ganz andere Wirkungen zustande kommen als diejenigen, die intendiert sind, oder aber Nebenwirkungen damit verbunden sind, die die erhofften, vielleicht sogar erreichbaren Vorteile überkompensieren. Auch dafür gibt es zweifellos Beispiele.

Ob es eine wirklich hinreichend durchdachte Entscheidung war, staatliche Schuldverschreibungen völlig anders zu behandeln als private und sie von den Eigenkapitalverpflichtungen auszunehmen, die an anderer Stelle nicht nur aufrechterhalten, sondern weiter verschärft worden sind – mit der eigentlich absehbaren Folge, dass die Banken geradezu bedrängt wurden, sich vorzugsweise in diese Art von Kreditvergabe zu begeben, mit der wiederum absehbaren Nebenwirkung, dass die Schuldenaufnahme von Staaten auf diese Weise in einer bedenklichen Weise zusätzlich erleichtert wurde –, das gehört hoffentlich auch zu den Lektionen, die sowohl Staaten wie Banken nicht nur in Erinnerung behalten als historische Reminiszenz, sondern als Lektion für vernünftige Gestaltungen angemessener Rahmenbedingungen für die Zukunft.

Herr Peters hat vorhin in seiner Begrüßung darauf hingewiesen, dass wir übrigens nicht nur im Bereich der Wirtschaft, nicht nur im Bankensystem in den vergangenen Jahren einen beachtlichen Vertrauensverlust erlebt haben. Das ist deswegen doppelt bedenklich, weil für die Demokratie wie für Märkte ziemlich leicht zu erkennen ist, dass ihr Funktionieren auf nichts mehr beruht als auf dem Vertrauen sowohl der Marktteilnehmer wie der Wählerinnen und Wähler über die angemessenen seriösen Funktionsbedingungen des jeweiligen Systems. Und es gehört im Übrigen zu den besonders interessanten, aufarbeitungsbedürftigen Sachverhalten, dass es wiederum nicht nur bei Banken, aber bei Banken eben auch besonders auffällig, eine erstaunliche Diskrepanz gibt zwischen dem Vertrauen, das Personen, Persönlichkeiten genießen, und dem Misstrauen, auf das die Institutionen stoßen, für die sie stehen. Eine Erfahrung, die wir in der Politik übrigens in einer ganz ähnlichen Weise machen. Jede Umfrage, was man von Politikern hält, führt zu deprimierenden Ergebnissen, ähnlich miserabel wie bei der Frage, was die Leute von Banken und Bankern halten. Da befinden wir uns insofern in einer gleich schlechten Gesellschaft. Und wenn man die gleichen Leute, die auf die Frage, was halten Sie von Politikern oder von Bankern, sich spontan bekreuzigen, wenn sie zu dieser rituellen Übung noch bereit und in der Lage sind, und keinen Zweifel daran lassen, dass sie mit dieser Kategorie von Leuten nichts zu tun haben wollen – wenn man genau die gleichen Leute fragt, was halten Sie von Ihrem Bürgermeister oder von Ihrem Abgeordneten oder von Ihrem Kundenberater, dann sagen die gleichen Leute: Den kenne ich, der ist in Ordnung, auf den kann ich mich verlassen.

Das ist ein erstaunlicher und natürlich überhaupt nicht witziger Befund. Wieso gelingt es uns nicht, das Vertrauen, das Menschen offenkundig genießen, mit den Institutionen zu verbinden, in denen wir sie wahrnehmen? Es handelt sich ja nicht um einen aus dem privaten Bereich stammenden Vertrauensvorschuss, sondern um ein Vertrauen, das sich aus der Ausübung des jeweiligen Amtes, der jeweiligen professionellen Funktion ergibt, aber offenkundig keine hinreichend tragfähige Brücke ist, um ein Grundvertrauen in die Institution zu erhalten oder wieder herbeizuführen, das die Wirtschaft nicht weniger dringend braucht als die Politik.

Es gibt ein zweites Thema, von dem ich Ihnen auch gleich verspreche, dass ich es nicht vertiefen werde, weil man damit eine ganze Veranstaltung hinreichend verderben kann. Das sind die zunehmenden Zweifel an der Angemessenheit der Einkommens- und Vermögensverteilung im Wettbewerbssystem. Da haben wir jetzt über Jahre und Jahrzehnte hinweg haushohe Mehrheiten, die, wenn sie überhaupt schwanken, immer jenseits virtueller verfassungsändernder Mehrheiten liegen: Also weit über zwei Drittel der Bevölkerung, die in Umfragen zu Protokoll geben, sie hielten die Einkommens- und Vermögensverteilung in unserem Land für zutiefst ungerecht. Hier heute Morgen bekämen wir möglicherweise eine etwas andere Verteilung zustande. Aber selbst wenn wir alle davon überzeugt wären, dass das wiederum zu den voreiligen Verallgemeinerungen gehört, empfehle ich sehr, das ernst zu nehmen.

Ich glaube persönlich eigentlich nicht, dass der Kern dieser Wahrnehmung darin besteht, dass die meisten Menschen ein Problem mit der Erfahrung von Ungleichheit hätten. Den Eindruck habe ich nicht. Die meisten Menschen machen nicht nur von Kindesbeinen an die ganz vitale Erfahrung, dass die Menschen nicht gleich, sondern ungleich sind. Sondern die allermeisten würden vermutlich sogar akzeptieren, dass die Ungleichheit, die es nun einmal gibt, eine der wichtigsten Vitalitätsquellen einer Gesellschaft ist, einschließlich der Frustrationserfahrungen, die sich aus der Erfahrung von Ungleichheit ergeben, mit anderen Worten, dass eine Gesellschaft vermutlich nicht besser, ganz sicher nicht dynamischer wäre, wenn es keine Ungleichheit gäbe. Das Problem beginnt deutlich jenseits dieses prinzipiellen Erfahrungssachverhalts. Ungleichheit, insbesondere Ungleichheit von Einkommen und Vermögen, wird immer dann als schwer oder unerträglich empfunden, wenn es keinen nachvollziehbaren Zusammenhang mehr gibt zwischen individueller Leistung und individuellem Einkommen und Vermögen. Und dieser Effekt ist spätestens erreicht oder überschritten, wenn es die Erfahrung gibt, dass selbst bei verweigerter Leistung oder bei offenkundig fehlerhafter Leistung es nicht nur weiterhin, sondern überdurchschnittliche Einkommens- und Vermögensvorteile gibt, die sich mit einem Mindestmaß an Fairness, Gerechtigkeit in einer Gesellschaft beim allerbesten Willen nicht in Verbindung bringen lassen. Dabei rede ich nicht über ein theoretisches Problem, sondern um ein praktisches, und dass dieses Problem überall, nur nicht im Bankensystem zu beobachten sei, das wird vermutlich nicht einmal heute Morgen hier eine mehrheitsfähige Auffassung sein.

Nun ahne ich, was der eine oder andere von Ihnen spontan vermutet: Jetzt kündigt der uns eine entsprechende gesetzliche Regelung an. Das ist nicht ganz falsch, aber wiederum voreilig. Ich kann Ihnen jedenfalls aus einer fast vierzigjährigen parlamentarischen Erfahrung sagen, die Neigung des Gesetzgebers, solche Themen zu regeln, ist nach wie vor außerordentlich gering, weil beinahe unabhängig von Wahlergebnissen die meisten Parlamentarierinnen und Parlamentarier davon überzeugt sind, dass dies sehr viel besser, treffergenauer in der jeweiligen Branche unter den unmittelbar Betroffenen geregelt werden kann – wenn sie es denn tun.

Aber ich sage Ihnen auch genauso deutlich: Wenn sie es nicht tun, werden sie genau diese gesetzlichen Regelungen bekommen, von deren Unzweckmäßigkeit sie wie ich überzeugt sind. Dafür gibt es ja Beispiele aus der jüngeren Vergangenheit, bei denen auch rechtzeitig angekündigt war, regelt es bitte selbst, damit es nicht gesetzlich geregelt werden muss. Und aus der Unfähigkeit oder mangelnden Bereitschaft zur Regelung sind dann die gesetzlichen Vorgaben und Regelungen entstanden, die prompt die Schwierigkeiten nach sich ziehen, die natürlich auch absehbar waren, die aber gegenüber einem wachsenden Erwartungsdruck einer zunehmend sensibilisierten Öffentlichkeit am Ende nicht mehr zu vermeiden gewesen sind.

Meine Damen und Herren, ich habe davon gesprochen, dass es nach den Erfahrungen der letzten 20 bis 25 Jahre eine Reihe neuer Einsichten, aber auch neuer Versuchungen gibt. Zu den neuen Versuchungen gehört zweifellos, dass viele, die jetzt ganz erschrocken den Staat wiederentdeckt haben, reflexhaft dazu neigen, aus der alten Übertreibung in die nächste zu fallen und dem lange unterschätzten Staat nun für die Lösung aller entstandenen und künftigen Probleme wieder die zentrale Steuerungsfunktion zuzuweisen, womit er natürlich hoffnungslos überfordert wäre. Und wenn das für die Vergangenheit schon offensichtlich war, dass – schon gar unter den Bedingungen einer Wettbewerbsordnung – der Staat immer mehr, immer komplexere Zusammenhänge nicht steuern kann und wir inzwischen im Übrigen ja auch die historische Erfahrung des Kollapses von Systemen erlebt haben, die genau diesen Anspruch perfektioniert haben, dann ist diese Einsicht unter den Bedingungen der Globalisierung und der Digitalisierung noch zwingender, als sie es in dem vordigitalen Zeitalter unserer eigenen Geschichte war. Deswegen brauchen wir sowohl auf Seiten der Politik wie auf Seiten der Wirtschaft eine ebenso behutsame wie sorgfältige, aber auch entschlossene Neujustierung unserer jeweiligen Regelsysteme und des Verhältnisses der einen zu den anderen. Und Sie werden auch nicht völlig verblüfft sein, wenn ich darauf hinweise, dass die Autorität eines staatlichen Regelsystems, von dessen Notwendigkeit grundsätzlich inzwischen wieder beinahe jedermann überzeugt ist, mindestens strapaziert, gelegentlich ruiniert wird, wenn der fast unvermeidliche Eindruck besteht, dass ab einer bestimmten Größenordnung der Staat zu Interventionen bereit ist, die er unterhalb dieser Größenordnung aus vermeintlich ordnungspolitischen Grundsätzen verweigert. Das ist auch eine Erfahrung, die sowohl innerhalb von Branchen gemacht werden kann und gemacht werden musste als auch zwischen Branchen und nun wiederum die Erwartungen beschreibt, denen der Staat genügen muss, wenn er seinen Regelungsfunktionen in einer angemessenen Weise nachkommen will.

Ja, es ist nicht einfach, aber notwendig, voreilige Vereinfachungen und Verallgemeinerungen zu vermeiden, aber bitte auch die Verniedlichung, alles regele sich am Ende schon von selbst. Das tut es eben nicht. Und schon gar nicht unter vertretbaren Bedingungen und Ergebnissen. Dabei gehört es zu den lästigen, aber zentralen Einsichten, dass wir in immer mehr relevanten Sachverhalten mit nationalen Regelungen die gewünschten Wirkungen gar nicht erzielen können, sondern mindestens europäische, vorzugsweise auch über Europa hinausreichende Regelungen von Marktteilnehmern, Beteiligten und Betroffenen brauchen, weil es zu den nicht mehr rückführbaren Veränderungen der Gegenwart gehört, dass immer mehr Beteiligte sich den Platz ihrer eigenen Aktionen über das Internet selber wählen können und damit auch den Platz der Regeln, die sie für sich gelten lassen wollen oder besser vermeiden möchten. Deswegen ist der aktuelle Zustand der Europäischen Union besonders deprimierend, denn sie war bis vor kurzem der bislang intelligenteste Versuch einer Antwort auf die Veränderungen in Zeiten der Globalisierung. Nirgendwo auf der Welt sehe ich einen vergleichbar ehrgeizigen und erfolgversprechenden Versuch, aus der Einsicht, dass Nationalstaaten in Zeiten der Globalisierung nicht mehr haben, was sie jahrhundertelang für ein Kerngeschäft gehalten haben – nämlich die Souveränität über die eigenen Angelegenheiten –, die richtige Schlussfolgerung zu ziehen, dass man Souveränität teilen muss, wenn man sie erhalten will. Und dass nur über die Bereitschaft, gemeinsam Regeln zu setzen, eine Aussicht besteht, diese Regeln auch durchzusetzen.

Glücklicherweise haben mich die Veranstalter nicht gebeten, die Frage zu beantworten, wie Europa, wie Deutschland, wie die Welt in 25 Jahren aussieht. Dafür laden sie demnächst hoffentlich wieder einen Historiker ein, aber wenn es mir gelungen sein sollte, deutlich zu machen, dass und warum wir nicht weniger als eine Neuvermessung des Verhältnisses von Politik und Ökonomie in Zeiten der Globalisierung brauchen, weil unter den Bedingungen, unter denen wir heute leben und weiter leben werden, weder die Politik die Wirtschaft steuern kann noch die Wirtschaft sich selbst überlassen werden darf, wäre ich zumindest mit meinem Auftritt hochzufrieden.

Wohin die Europäische Union steuert, kann niemand verbindlich sagen

**Rede beim 44. Halleschen Wirtschaftsgespräch,
Halle, 23. Mai 2017**

Ich bedanke mich für die freundliche Einladung, die liebenswürdige Begrüßung. Es gefällt mir besonders gut, dass diese Veranstaltung nicht irgendwo in Halle, sondern hier in diesem traditionsreichen Saal stattfindet, den ich vermutlich das erste Mal gesehen und betreten habe aus Anlass der Gründungsversammlung der Kulturstiftung des deutschen Bundes. Dass die Kulturstiftung des Bundes ihren Sitz in Halle und die Kulturstiftung der Länder ihren Sitz in der Hauptstadt hat, gehört zu den vielen innovativen Lösungen, zu denen der deutsche realexistierende Föderalismus immer mal wieder in der Lage ist. Das ist aber heute Abend nicht unser Thema, auch wenn es ein Aspekt ist, der mich immer wieder und auch besonders gerne beschäftigt.

Wohin die Europäische Union steuert, kann Ihnen verbindlich niemand sagen. Ich jedenfalls nicht. Und diejenigen von Ihnen, die heute Abend in der Erwartung gekommen sein könnten, auf diese Frage eine abschließende Antwort zu erhalten, muss ich jetzt vorsichtig auf eine absehbare Enttäuschung vorbereiten. Zu Europa lässt sich zwar vieles sagen, aber ganz sicher nicht, wie dieses ebenso gigantische wie grandiose Experiment weitergeht. Wichtige aktuelle Entwicklungen, deren Konsequenzen noch nicht feststehen, verkomplizieren die an sich schon nicht ganz einfache Sachlage beträchtlich. Ich denke etwa an die britische Entscheidung, aus dieser Gemeinschaft auszutreten, oder an die Frage, warum die EZB Politik macht, obwohl ihr Mandat dies so nicht vorsieht. Aber selbst, wenn wir hier bereits klarer sähen, ist mit diesen beiden besonders hervorgehobenen Aspekten die Frage, wohin die EU steuert, nicht vollständig zu beantworten. Dazu wäre eine enzyklopädische Behandlung erforderlich, und ich bitte vorab um Nachsicht, dass ich eine solche selbst dann nicht leisten könnte, wenn unbegrenzt Zeit zur Verfügung stünde. Ich beschränke mich vielmehr auf ein paar grundsätzliche Überlegungen zum europäischen Integrationsprozess und kommentiere einige der offenkundig aktuellen und nachhaltigen Herausforderungen.

Dass der europäische Integrationsprozess, so wie er seit den fünfziger Jahren des letzten Jahrhunderts begonnen hat, ein herausragendes Ereignis ist – ganz sicher der europäischen Geschichte, im Urteil künftiger Historiker vielleicht sogar der Menschheitsgeschichte –, das will ich mindestens als meine persönliche Überzeugung an den Beginn stellen. Vertiefung und Nachweis dieser Beurteilung muss dabei natürlich dem strengen Urteil späterer Historiker überlassen bleiben. Aber ich will doch auf einen Gründungsimpuls mit einer sehr frühen Verengung der Betrachtungsperspektive hinweisen, bevor ich auf die aktuellen Fragestellungen komme, die sich durch Brexit, gemeinsame Währungspolitik, die französischen Präsidentschaftswahlen und griechische Dauerthemen in diesem europäischen Prozess zu unserer gemeinsamen Unterhaltung immer wieder aufs Neue ergeben. Dieser Gründungsimpuls ist verknüpft mit der berühmten Rede, die Winston Churchill 1946 an der Universität in Zürich an die Jugend Europas gehalten hat. Sie war sicher nicht die erste, aber ganz sicher die prominenteste Initiative als Resultante der traumatischen Erfahrungen aus zwei

Weltkriegen, die beide in Europa stattgefunden haben und die beide ganz wesentlich das Ergebnis einer Dauerrivalität europäischer Großmächte waren. Winston Churchill hat damals in seiner Rede das Resümee dieses gemeinsamen Irrweges europäischer Nationen und des Fiaskos der beiden Weltkriege mit der ausdrücklichen Schlussfolgerung versehen, nun müssten wir gemeinsam so etwas wie die Vereinigten Staaten von Europa schaffen. Es müsste eine völlig neue Zusammenarbeit zwischen den europäischen Staaten an die Stelle einer jahrhundertelangen Rivalität treten. Diese im Einzelnen unbestimmte Empfehlung hat er mit der ausdrücklichen, durchaus gönnerhaften Zusage verbunden, Großbritannien würde einen solchen Prozess als Nachbar und Partner begleiten, aber selbstverständlich nicht zu einem solchen Einigungsprozess dazugehören. Es hat mehr als nur anekdotischen Reiz, sich daran zu erinnern, dass es schon in der Geburtsstunde des europäischen Einigungsprozesses, für den man Churchills Rede durchaus halten kann, ein Missverständnis zwischen der britischen Vorstellung von Europa als Kontinentaleuropa und der im übrigen Europa vorherrschenden Vorstellung einer – England mit einschließenden – Gemeinschaft von Staaten gab, die Mitglieder einer gemeinsam gewachsenen Zivilisation sind. Und das Missverständnis, dass Großbritannien an Europa zwar interessiert sei, aber nicht zu Europa gehöre, scheint sich ja wie eine Art von Vermächtnis auf alle seine Nachfolger im Amt des britischen Premierministers weitervererbt zu haben, was ich jetzt auch nicht weiter vertiefen will.

Was aber in Erinnerung gerufen zu werden lohnt, ist ein weiterer Gründungsakt, der über Churchills ersten Impuls hinausging und das Trauma zweier Weltkriege bereits konkret, mit einem hochpolitischen Projekt, zu konterkarieren versuchte, nämlich mit der Gründung einer Europäischen

Verteidigungsgemeinschaft (EVG). Wir stehen heute alle miteinander so sehr unter dem Eindruck eines anderen Gründungsaktes, der Römischen Verträge, dass diese Vorgeschichte der EVG einer breiten Öffentlichkeit nicht im Bewusstsein ist. Noch bevor die Römischen Verträge vereinbart wurden, gab es Verhandlungen unter den gleichen westeuropäischen Staaten, die Sicherheitspolitik zu vergemeinschaften und Bedrohungen – auch wechselseitige – zu neutralisieren. Der Vertrag über eine solche Europäische Veteidigungsgemeinschaft ist ausgehandelt und notifiziert worden, fünf der sechs Signatarstaaten ratifizierten ihn sogar, darunter die Bundesrepublik Deutschland. Gescheitert ist er in der Assemblée nationale. Grund dafür war, dass man mit damals vielleicht dann doch zu viel Ehrgeiz in einem zu frühen Stadium versuchte, eine zentrale Dimension staatlicher Souveränität aus der alleinigen Verfügungsgewalt der jeweiligen Nationalstaaten in zentrale Gemeinschaftsinstitutionen zu verlagern. Dazu war die französische Nationalversammlung nicht bereit, was rückwärts betrachtet nicht völlig unerklärlich ist. Den Deutschen fiel der Verzicht auf Souveränität nicht besonders schwer, weil sie gar keine besaßen. Frankreich hingegen, auf dem Papier ein sehr wohl souveräner Staat und Siegermacht des Zweiten Weltkriegs, empfand den Gedanken eines Souveränitätsverzichts befremdlich, was das Projekt EVG zur Totgeburt machte. Es ist wichtig, sich dieses Scheitern eines hochpolitischen ersten Anlaufs der Vergemeinschaftung europäischer Politik in Erinnerung zu rufen, da es verdeutlicht, dass die Römischen Verträge nicht nur überhaupt ein neuer Anlauf, sondern eben ein ganz anderer Anlauf zur Zusammenarbeit darstellten. Deren zentraler Gegenstand war nicht Sicherheit, sondern Wirtschaft. Die Römischen Verträge begründeten die Europäische Wirtschaftsgemeinschaft, EWG, wie sie dann hieß. Übrigens für diejenigen, die Freude an Anekdoten haben: An den Verhandlungen über die Römischen Verträge war auch eine britische Delegation beteiligt. Die ist nach wenigen Tagen abgereist mit der bemerkenswerten Begründung: Aus dieser Sache werde ohnehin nichts Vernünftiges. Als dies dann aber doch geschah und die Europäische Wirtschaftsgemeinschaft – das kann und muss ich jetzt nicht im Einzelnen darstellen – eine immense Eigendynamik entwickelte, wuchs ihre Attraktivität nicht nur für diejenigen sechs Gründungsstaaten, die von Anfang an daran beteiligt waren, sondern auch für diejenigen, die sich zunächst verweigert hatten, aber nun möglichst schnell dazugehören wollten, darunter die Briten.

Und nun möchte ich Sie gerne auf drei Asymmetrien im europäischen Integrationsprozess aufmerksam machen, aus denen sich die Steuerungsprobleme erklären und auch die Schwierigkeiten, abschließend zu beantworten, auf was der europäische Integrationsprozess eigentlich hinausläuft, was an seinem Ende stehen wird. Die drei Asymmetrien, die ich sehe, sind die Asymmetrie zwischen Ökonomie und Politik, die Asymmetrie zwischen Erweiterung und Vertiefung der Gemeinschaft und die Asymmetrie zwischen Exekutive und Legislative oder, etwas zugespitzt, zwischen Administration und Legitimation. Ich mache das jetzt alles sehr knapp und zugespitzt, weil ich ja auch noch etwas zu den aktuellen Herausforderungen sagen soll und will.

Was die erste Asymmetrie betrifft, macht allein der Hinweis auf die Entstehungsgeschichte der Römischen Verträge deutlich, dass die Verträge nicht irgendeine Gemeinschaft schufen, sondern eine Wirtschaftsgemeinschaft. Und die Absicht der sechs Gründerstaaten, drei größeren, Deutschland, Frankreich, Italien, und drei kleineren, Belgien, Niederlande und Luxemburg, war, einen gemeinsamen Markt zu schaffen, dessen Etablierung und möglichst ungehinderte Freiheit für alle Beteiligten, Produzenten wie Konsumenten, Arbeitgeber wie Arbeitnehmer, Gewerkschaften wie Industrie, zusätzliche Entfaltungsperspektiven eröffnen sollte. Dieser Grundgedanke hat dann eine Eigendynamik entwickelt, die bis heute der ökonomischen Logik Vorrang vor politischen Gestaltungsoptionen einräumt. Dass es eine solche faktische Priorisierung gibt, kann man vielleicht am besten am vorläufigen Abschluss des bisherigen ökonomischen Integrationsprozesses erkennen, nämlich der Einführung einer gemeinsamen Währung. Eine solche liegt zwar durchaus in der Logik eines Binnenmarkts mit allen Vorteilen der Freizügigkeit und räumt gewissermaßen die letzte verbliebene große Hürde zur Integration aus dem Weg, indem sie die unterschiedlichen Währungen des gemeinsamen Marktes vereinheitlicht. Das leuchtet auch jedem Nichtökonomen sofort ein. Dass es allerdings in der Wirtschafts- und Menschheitsgeschichte noch nie eine gemeinsame Währung ohne gemeinsame Regierung, ohne gemeinsames Parlament, ohne gemeinsame Steuerpolitik, ohne gemeinsame Haushaltspolitik, ohne gemeinsame Wirtschaftsförderung, ohne gemeinsame Regionalförderung, also ohne hinreichende politische Fundierung, gegeben hat, macht die Größenordnung des Ehrgeizes deutlich, der damals diesen Integrationsprozess begleitet hat. Hilfsweise hat man sich auf einen Stabilitätspakt verpflichtet, also auf Kriterien, die in Ermangelung einer gemeinsamen Regierung, eines gemeinsamen Parlamentes, die Selbstverpflichtung aller an dieser Währung Beteiligten zum Ausdruck brachten. Wie wenig belastbar solche Selbstverpflichtungen sind, wenn sie mit handfesten eigenen Interessen kollidieren, muss ich Ihnen nicht erläutern. Da haben wir inzwischen hinreichend einschlägige Erfahrungen gemacht.

Die zweite Asymmetrie im europäischen Integrationsprozess, die Ungleichzeitigkeit von Erweiterung und Vertiefung, hängt natürlich eng mit der ersten zusammen. Es hätte dringend im Interesse der Stabilisierung des ökonomischen Integrationsprozesses gelegen, auch die politische Integration auf die Höhe der ökonomischen zu bringen. Oder andersherum ausgedrückt: Dass die politische Integration noch immer nicht das gleiche Niveau erreicht hat wie die ökonomische, ist die wichtigste einzelne Erklärung für die regelmäßigen Turbulenzen im Euroraum. Solche Turbulenzen können gerade angesichts der bekannten Halbwertszeiten gut gemeinter Absichtserklärungen wechselnder Beteiligter verlässlich auf nur zwei denkbare Weisen vermieden oder beseitigt werden. Nämlich einmal dadurch, dass man den politischen Integrationsprozess so weit treibt, wie der ökonomische bereits gediehen ist. Das wollen die meisten aber nicht wirklich, weil es natürlich wieder ein Souveränitätsverzicht wäre, mit dem man sich nur schwer abfinden will. Die andere konsequente Lösung wäre, die ökonomische Integration auf das Maß zurückzuführen, das wir für politisch zumutbar halten. Auch das will keiner wirklich. Und da folglich beide Lösungen faktisch nicht in Betracht kommen, müssen wir uns mit den Turbulenzen abfinden und zu steuern versuchen, die sich aus dieser Asymmetrie ergeben. Das ist naturgemäß noch komplizierter geworden durch den Erweiterungsprozess der Europäischen Union und deswegen spreche ich hier von einer Asymmetrie zwischen Erweiterung und Vertiefung. Natürlich hätten wir längst eine Vertiefung des politischen Integrationsprozesses gebraucht über das hinaus, was die jeweiligen Schritte von Amsterdam und Maastricht bis Lissabon jeweils geleistet haben. Aber regelmäßig wurde dieser Vertiefungsprozess durch eine neue Erweiterungsrunde eingeholt und überholt. Aus einer Gemeinschaft von sechs westeuropäischen Staaten ist über die Zwischenschritte 10, 12, 15, 20, 22 jetzt eine Gemeinschaft von (derzeit noch) 28 westeuropäischen, mittel- und osteuropäischen Staaten geworden. Und ich glaube, man tritt niemandem zu nahe, wenn man sagt, wann immer es die Notwendigkeit gab, eine Konsolidierung der Integration anzugehen, hat die nächste Erweiterung um weitere Mitglieder Vorrang vor der Vertiefung gehabt. Ich würde das im Übrigen nicht einmal als Vorwurf formulieren, weil wir bei umgekehrter Vorgehensweise einige Probleme zwar nicht, dafür aber sicher andere Probleme hätten. Und ob uns die dann wiederum besser gefallen würden als jene, mit denen wir heute zu tun haben, ist auch nicht ohne weiteres zu beantworten. Dabei war der Zielkonflikt zwischen Erweiterung und Vertiefung den allermeisten durchaus früh bewusst. Ich erinnere mich lebhaft an viele Reden von Helmut Kohl, in denen er voll persönlicher Überzeugung sagte: »Erst der Erweiterungsprozess um weitere Mitglieder wird die Vertiefungen erzwingen, die ohne Erweiterung freiwillig nie zustande kommen.« Das war keine völlig falsche Überlegung, hat sich aber bedauerlicherweise auch nicht als der erhoffte Königsweg herausgestellt, weil das Beharrungsvermögen von Nationalstaaten in der Verteidigung souveräner Rechte groß ist und von einem Entscheidungsmechanismus begünstigt wird, der für alle substanziellen Veränderungen Einstimmigkeit vorsieht, also jedem alten wie neuen Mitglied eine Vetoposition einräumt.

Weiter verkompliziert wird das Ganze durch die dritte Asymmetrie im europäischen Einigungsprozess, das Ungleichgewicht zwischen exekutiven und legislativen Organen. Natürlich war der europäische Einigungsprozess ganz wesentlich exekutiv gesteuert. Das war ein Geschäft der Regierungen – immer mehr Regierungen –, die ihre Ergebnisse zwar Parlamenten zur Ratifizierung vorzulegen hatten. Aber Ratifizierungen von Völkerrechtsverträgen durch Parlamente unterscheiden sich von Gesetzgebungsprozessen substanziell dadurch, dass ein Völkerrechtsvertrag gebilligt oder abgelehnt, vom Parlament aber nicht verändert werden kann. Der Bundestag hätte wie die Assemblée nationale oder die beiden Kammern des niederländischen Parlamentes oder die Deputiertenversammlung in Italien den Maastricht-Vertrag oder den Lissabon-Vertrag ablehnen können, aber eben nicht ändern. Als nächster komplizierender Faktor kommt hinzu, dass mit diesen neuen europäischen Verträgen eine zunehmende Übertragung von Zuständigkeiten, die eigentlich die Staaten haben, auf eine Gemeinschaft erfolgt, die kein Staat ist, sondern eine Staatengemeinschaft. Und übrigens nach den regelmäßigen Erklärungen ihrer Mitglieder auch kein Staat werden soll, aber die ihr übertragenen Aufgaben nur wahrnehmen kann, wenn sie sich wie ein Staat benimmt. Das wiederum gefällt den Mitgliedsstaaten nicht, obwohl sie sie ausdrücklich mit der Wahrnehmung dieser Aufgaben betraut haben.

Doch die Komplikationen gehen noch weiter: Nationalstaatliche Regelungen, die einen demokratischen Geltungsanspruch erheben können, kommen ausschließlich durch parlamentarische Entscheidungen zustande. Eine Regierung kann nicht mit dem Anspruch der Rechtsverbindlichkeit Gesetze verordnen. Sie kann auf der Basis von Gesetzen administrative Regelungen veranlassen. Das sind dann eben Verordnungen. Aber Gesetze werden von Volksvertretungen geschlossen oder sie kommen demokratisch nicht zustande. Hier war nun eine wiederum historisch beispiellose Situation gegeben, dass durch die Übertragung von Zuständigkeiten Kompetenzen, die bis dahin in nationalen Parlamenten angesiedelt waren, auf europäische Institutionen übertragen wurden, Ministerräte beispielsweise, die unter Ausschluss der Öffentlichkeit gemeinsame Richtlinien vereinbarten, die dann anschließend in nationales Recht umzusetzen waren, also faktisch ratifiziert wurden. Das war das zu Recht viel beklagte Legitimationsdefizit der europäischen Gemeinschaft, dass ein immer größerer Teil von Regelungen nicht mehr national, sondern europäisch zustande kam, aber nicht durch parlamentarische Willensbildung, sondern durch exekutive Vereinbarungen mit einer zunächst ephemeren Beteiligung des Europäischen Parlaments, das erst im Laufe der Zeit zu einem gleichwertigen Partner im europäischen Entscheidungsprozess wurde, und einem faktischen Ratifizierungszwang der nationalen Parlamente.

Das hat sich in der Zwischenzeit nicht in allen Parlamenten gleich, aber in manchen Parlamenten und insbesondere im deutschen Parlament grundlegend verändert, insbesondere durch den Lissabon-Vertrag und durch die Interpretation des Lissabon-Vertrages durch das Bundesverfassungsgericht. Das kann ich jetzt gar nicht alles im Einzelnen darstellen, aber Fakt ist, dass seit zehn Jahren der Bundestag die Möglichkeit hat, der eigenen Regierung bei ihren Verhandlungen auf europäischer Ebene Weisungen mit auf den Weg zu geben, Beschlüsse in einer bestimmten Weise zu fassen oder nicht zu fassen oder sie in Gänze abzulehnen. Dass diese Errungenschaft stärkerer Parlamentsbeteiligung allerdings den europäischen Willensbildungsprozess nicht eben vereinfacht hat, leuchtet wiederum ein. Die Zahl der Beteiligten wird immer größer oder, wiederum zugespitzt formuliert: der Preis der gestiegenen Legitimation ist eine weiter gewachsene Komplexität. Das bestätigt im Übrigen einmal mehr die wiederum eher banale Erfahrung, dass Demokratie überhaupt kein einfaches, sondern das komplizierteste aller denkbaren Entscheidungsverfahren ist. Wenn die Haupterwartung an Politik Einfachheit und Transparenz ist, sollte man sich sehr überlegen, ob man für demokratische Regeln eintritt. Umgekehrt, wenn man auf Demokratie besteht, muss man wissen, dass es nicht einfacher und auch nicht schneller wird, sondern komplizierter und langsamer, und dass – um ihren Frustrationspegel weiter vorsichtig anzuheben – auch eher selten konsequente Lösungen zustande kommen, da der Zwang zum Kompromiss dominiert. Die Bereitschaft, Dinge mitzuregeln, die man gar nicht regeln wollte, oder Regelungen zu akzeptieren, von denen man nicht überzeugt ist, ist Voraussetzung dafür, überhaupt Mehrheiten zustande zu bringen. Das und anderes mehr muss man vor Augen haben, mindestens im Hinterkopf, wenn man sich mit der Frage beschäftigt: Wie geht eine Gemeinschaft mit ihren Herausforderungen um? Wer steuert da eigentlich, und wohin steuert er? Wer hat welche rechtliche und faktische Kompetenz?

Dass wir das hier heute an einem 23. Mai erörtern, ist übrigens ein besonders schöner Zufall. Unser Verfassungstag bietet uns, ohne größere emotionale Wellen durch die Republik zu treiben, die Gelegenheit, sich mindestens einmal im Jahr daran zu erinnern, dass wir nicht nur über viele Gesetze, Vorschriften und Regelungen verfügen, sondern auch eine Verfassung besitzen. Unbestrittenerweise ist sie die beste, die wir jemals hatten, und inzwischen, was zum Zeitpunkt ihrer Verabschiedung nicht absehbar war, wird sie von vielen Experten für eine der großen Verfassungen der Welt gehalten. Die amerikanische Verfassung wurde übrigens auch an einem 23. Mai ratifiziert, viel früher, 1788, und sie gründet, was eine weitere Kuriosität ist, in der europäischen Aufklärung. Die dort formulierten Prinzipien der Volkssouveränität, der Gewaltenteilung, der demokratischen Legitimation hat sie zum ersten Mal in der Menschheitsgeschichte zum Gegenstand einer geschriebenen Verfassung gemacht, was nicht nur neuerliche Betrachtungen über den inneren Zustand Europas, sondern auch über die Verfassung der Vereinigten

Staaten von heute nahelegte, worauf ich jetzt aber nicht näher eingehen kann und will.

Was den Brexit betrifft, ist das zunächst einmal ein in den Verträgen vorgesehener Schritt. Es hat insofern nicht Putschcharakter, es hat nichts Revolutionäres im formalen Sinne, sondern hier macht zum ersten Mal ein Mitgliedsland von einer vertraglichen Option Gebrauch, die diese europäischen Verträge ausdrücklich vorsehen. Dass es ausgerechnet Großbritannien ist, kann mit Blick auf die Geschichte und meine Bemerkungen zu Beginn nicht so richtig überraschen. Dennoch ist die Entscheidung zum Austritt alles andere als ein routinehafter Vorgang. Immerhin scheidet mit Großbritannien nicht nur eines der vier großen Mitgliedsländer, die jeweils deutlich mehr als 50 Millionen Einwohner haben, aus der Europäischen Union aus, sondern mit Großbritannien verlieren wir auch, wenn es zum Vollzug der Exit-Entscheidung kommt, die zweitgrößte Volkswirtschaft der Gemeinschaft.

Um sich eine Vorstellung von den Größenordnungen des bevorstehenden Verlustes zu machen, seien nur folgende Kerndaten erwähnt: Das Sozialprodukt der britischen Volkswirtschaft ist etwa so groß wie das der 20 kleinsten EU-Mitgliedsstaaten zusammen. Wir reden also über keine Petitesse, sondern gewissermaßen über einen Meteoriteneinschlag mitten im gemeinsamen Markt mit nicht absehbaren Wirkungen. Man kann manches absehen, was rechtliche Fragen betrifft, aber welche ökonomischen und politischen Folgen das Ausscheiden Großbritanniens für diese Gemeinschaft im Einzelnen haben wird, kann niemand verlässlich beantworten. Das macht die Verhandlungen über das Ausscheiden noch anspruchsvoller und komplizierter und erklärt im Übrigen ja auch, warum die Kampagne in Großbritannien selbst so extrem kontrovers geführt wurde. Die beiden gewissermaßen idealtypischen Positionen waren auf der einen Seite: Wir wollen die eigene Souveränität wiederherstellen. Die andere Position, die interessanterweise der frühere Premierminister John Major, Nachfolger von Maggie Thatcher, ausdrücklich vertreten hat, war genau umgekehrt. Wenn Großbritannien aus der EU austritt, wird es, so Major, zum ersten Mal seit 300 Jahren global keine Rolle mehr spielen. Beide Positionen haben ihre innere Logik. Beide sind im mathematischen Sinne weder beweisbar noch falsifizierbar. Jeder mag da auch seine unterschiedlichen Einschätzungen über die Plausibilität der einen oder der anderen Position haben. Ich will Ihnen meine persönliche Überzeugung nicht vorenthalten, die lautet, dass die unvermeidlichen Schäden des Brexit für Großbritannien möglicherweise größer sein werden als für die Europäische Union selber. Auch erscheint mir der ganze Vorgang für Deutschland sowohl ökonomisch wie politisch nicht als irgendein Thema, sondern als ein Megathema, wie folgende Zahlen verdeutlichen: Großbritannien ist Deutschlands fünftgrößter Handelspartner und drittgrößter Exportmarkt. Unser Handelsvolumen beträgt mehr als 120 Milliarden Euro im Jahr. Rein rechnerisch hängen in Deutschland etwa 750 000 Arbeitsplätze von unserem Export in das United Kingdom ab. Deutsche Unternehmen haben in Großbritannien, Stand Ende letzten Jahres, Betriebe und Produktionsstätten mit einem Gesamtwert von 120 Milliarden Euro errichtet und beschäftigen in 2500 Niederlassungen nahezu 400 000 Leute. Das britische Engagement in Deutschland ist etwa halb so hoch, mit etwa 1200 britischen Niederlassungen und circa 220 000 Mitarbeitern bei uns.

Hinzu kommt, dass jenseits der ökonomischen Überlegungen, über die ja jetzt im Einzelnen komplizierte Verhandlungen zu führen sind, eine politische Wirkung des Austritts Großbritanniens schon jetzt absehbar und unabwendbar ist. Die Kräfteverhältnisse werden sich in Europa verändern. Wenn aus einer Gemeinschaft von 500 Millionen Einwohnern eine Teilgemeinschaft von 60 Millionen ausscheidet, dann nimmt das relative Gewicht der verbleibenden größeren Staaten zu. Das hat zunächst einmal nichts mit Politik zu tun, sondern ist ein schlichtes Faktum. Und wenn dann das größte einzelne Mitglied, nämlich Deutschland mit 82 Millionen Einwohnern, die nachfolgenden anderen Länder nicht nur deutlich an Bevölkerungszahl übertrifft, sondern das wirtschaftliche Gewicht ebenfalls überproportional stärker ist als das der nächstgrößeren Volkswirtschaften, dann kann das nicht ohne Folgen für das Kräfteparallelogramm in Europa bleiben. Es gibt nicht wenige Beobachter, die sagen, dass wir über viele Jahrzehnte so etwas wie ein europäisches Dreieck hatten, das aus Deutschland, Frankreich und Großbritannien bestand und zwischen dem sich der Willensbildungsprozess hauptsächlich abspielen musste, an dessen Ende gemeinsame europäische Regelungen standen. Aus diesem Dreieck wird jetzt über die historischen Sonderbeziehungen hinaus wieder wie vor dem britischen Beitritt 1973 eine deutsch-französische Achse, von der niemand vernünftigerweise vermutet, dass sie aus zwei gleich starken Partnern besteht. Diese asymmetrische Bipolarität ist ganz sicher keine Errungenschaft. Sie liegt weder im europäischen noch im deutschen Interesse, wird aber zu den veränderten Realitäten gehören, mit denen wir uns arrangieren müssen, ob es uns gefällt oder nicht.

Am Ende der Verhandlungen, die die Europäische Kommission auf der Basis von Leitlinien des Europäischen Rats führt, wird dann ein Ergebnis stehen, wonach Großbritannien in einem bestimmten Zeitrahmen, der vielleicht zwei, drei, vier Jahre umfasst, ausscheidet, und dann wird Europa anders ticken als bisher. Denken wir nur an den erkennbar unterschiedlichen Umgang mit dem gemeinsamen europäischen Stabilitätsakt und die sich daraus ergebenden Reibungen, beispielsweise zwischen Deutschland und Frankreich, und viele andere damit verbundene Aspekte, die ohne Großbritannien, das etwa Deutschlands Skepsis gegen überbordende Staatsverschuldung teilt, an Problematik zunehmen werden. Auch die Mehrheitsverhältnisse im Europäischen System der Zentralbanken (ESZB) werden nach dem Ausscheiden Großbritanniens aus deutscher Sicht ungünstiger, womit wir bei der Geldpolitik wären, die Sie sich ausdrücklich als Aspekt meiner Rede gewünscht hatten, die ich im Detail aber nur in der Diskussion vertiefen möchte. Wie klug, wie voreilig, wie hilfreich oder bedenklich uns die Währungspolitik, die Geldpolitik der Europäischen Zentralbank vorkommt, können wir dann erörtern. Ich erinnere allerdings bereits jetzt an eine politische Vorgabe, die in diesem Zusammenhang wichtig, wenngleich vielleicht nicht mehr allgemein bekannt ist.

Das Projekt Euro war zu Beginn in kaum einem Land umstrittener als in Deutschland, weil dessen erfolgreiche nationale Währung die Neigung der Bürgerinnen und Bürger dämpfte, die ihnen vertraute, starke DM für eine als Kunstprodukt empfundene neue Währung aufzugeben. Die Skepsis im Osten Deutschlands, der erst 1990 in den Genuss der DM gekommen war, erwies sich sogar als noch ausgeprägter als im westlichen Teil der Republik. Nicht zuletzt wegen dieser gesamtdeutschen Stimmungslage hat die Bundesregierung in den Verhandlungen über die Einführung des Euro darauf bestanden, dass es eine vertragliche Verpflichtung aller Staaten auf Stabilitätskriterien gibt und dass eine Europäische Zentralbank geschaffen wird, die genauso unabhängig und weisungsungebunden ist wie die Deutsche Bundesbank. Das war zwar kein exklusiv deutscher Wunsch, aber in jedem Fall keine mehrheitlich bevorzugte Regelung aller beteiligten europäischen Staaten. Wir haben aber darauf bestanden und verdeutlicht: Ohne die Unabhängigkeit der EZB gibt es keinen Euro. Und jetzt gefällt uns nicht, dass sich die EZB genau so verhält, wie wir es gewollt haben, nämlich unabhängig. Auch das ist eine der bemerkenswerten überraschenden Erfahrungen, dass einen eigene dogmatische Positionen unter Umständen irgendwann wieder einholen. Dennoch bin ich davon überzeugt, dass ungeachtet der im Einzelnen verständlichen und auch von mir geteilten Skepsis gegen die Weisheit einiger der jüngeren Entscheidungen der EZB die Festlegung ihrer Unabhängigkeit und ihrer Weisungsungebundenheit sowohl von der Europäischen Kommission wie von nationalen Regierungen grundsätzlich richtig war und bleibt.

Da ich am Ende der vorgesehenen Zeit für meinen Vortrag bin, möchte ich von der weiteren Reihe von Veränderungen und Entwicklungen nur noch die Präsidentschaftswahlen in Frankreich ansprechen. Die gehören sicher auch zu den mehr als nur routinemäßigen Fortschreibungen der Rahmenbedingungen des europäischen Integrationsprozesses. Sowohl für die ökonomische als auch politische Entwicklung Europas wird das, was jetzt eine neue französische Administration tut oder lässt, eine maßgebliche Bedeutung haben. Dies gilt umso mehr, falls die Bedeutung des deutsch-französischen Tandems, wie angedeutet, nun tatsächlich zunimmt. Der Verständigungsprozess zwischen Deutschen und Franzosen, den jeweiligen Regierungen, den jeweiligen Parlamenten, wird künftig noch prägendere Wirkungen haben. Dazu könnte man jetzt viele Überlegungen und Betrachtungen anstellen, was aber aus zeitlichen Gründen nicht geht. Ich will nur so viel sagen: Die Volkswirtschaften dieser beiden Nachbarländer waren zum Zeitpunkt der Gründung der Europäischen Wirtschaftsgemeinschaft sehr viel näher beieinander, als sie es ein halbes Jahrhundert später sind. Oder anders formuliert, die beiden Volkswirtschaften haben sich in einer unangenehm deutlichen Weise auseinanderentwickelt. Und ich glaube, ich übertreibe nicht, wenn ich sage, unter den beiden letzten französischen Präsidenten sind zwei mal fünf Jahre verloren gegangen, ohne dieses Problem ernsthaft anzupacken. Meine Sorge ist, dass, wenn das auch in der jetzigen dritten Präsidentschaft nicht gelingt, das Ergebnis der dann folgenden Präsidentschaftswahlen leider als ein ungutes vorhersehbar wäre und auch nicht mehr nur ein französisches Ereignis sein würde.

Das heißt, auch und gerade, wenn wir die aktuelle Verfassung Europas und seiner Mitgliedsstaaten betrachten, zeichnen sich gigantische Herausforderungen ab, für die es leider nirgends die einfachen Lösungen gibt, die wir alle am liebsten hätten und von denen manche mit bemerkenswertem Selbstbewusstsein so tun, als würden sie sie kennen. Von George Bernard Shaw, der auch wieder Brite, aber weder Premierminister noch je englischer Abgeordneter war, stammt der schlichte, kluge Satz: »Für jede komplizierte Frage gibt es eine einfache Antwort, und die ist regelmäßig falsch.« Wir leben freilich in einer Zeit, in der die einfachen Antworten auf die komplizierten Fragen eine besondere Konjunktur haben. Und wo diejenigen sich einer bemerkenswert positiven Resonanz erfreuen, die mit dem Anspruch auftreten, sie wüssten, was zu tun ist, eigentlich wäre alles ja ganz einfach, nur die Betonköpfe in Berlin, Paris und in London hätten es halt nicht begriffen. Wenn ich unter diesen Umständen für den heutigen Abend einen Wunsch frei hätte, dann wäre es der, dass Sie meinetwegen den Großteil meiner Ausführungen vergessen mögen, aber wenigstens den eben zitierten Satz von George Bernard Shaw in Erinnerung behalten. Ich bedanke mich für die Aufmerksamkeit.

Für die meisten Probleme, die es heute gibt, würden sich frühere Generationen beglückwünschen

Festrede bei der Deutsch-Französischen Konferenz der Konrad-Adenauer-Stiftung, der Städte Aachen und Reims und der Europäischen Stiftung Aachener Dom, Reims, 7. April 2017

Ich freue mich sehr, hier heute vor Ihnen zu stehen und an dieser Veranstaltung teilzunehmen; und ich hoffe sehr, dass Sie dafür Verständnis haben und akzeptieren, dass ich meine Rede auf Deutsch halten werde, denn das fällt mir doch leichter und ich bin auch präziser.

Als Emmanuel Macron vor wenigen Wochen in Berlin an der Humboldt-Universität einen Vortrag zu einem sehr ähnlichen Thema wie ich heute Abend gehalten hat, hat er damit in Frankreich wütende Reaktionen erzeugt. Nicht wegen des Inhalts, den niemand zur Kenntnis genommen hat, sondern weil er in Englisch gesprochen hat; mit der plausiblen, jedenfalls praktischen Begründung – ich zitiere: – »um vom Auditorium verstanden zu werden«. Das war gut gemeint, aber offenkundig leichtsinnig, denn er hätte wissen sollen, dass in Frankreich der Verrat an der eigenen Sprache für ein ähnlich strafwürdiges Verbrechen gehalten wird wie Landesverrat.

Jedenfalls hat es seine Mitbewerberin um das Amt des Präsidenten der Republik – deren Namen mir im Moment entfallen ist – prompt in diese Kategorie gerückt. Mit Blick auf das Sprachregime sind wir in Deutschland etwas liberaler –

gelegentlich leichtfertig liberal, aber zu einem Zeitpunkt, in dem Großbritannien nun definitiv erklärt hat, aus der Europäischen Union ausscheiden zu wollen, kommt es mir auch unangemessen vor, dass die verbleibenden Europäer sich untereinander just in Englisch verständigen.

Heinrich von Kleist, mein Lieblingsautor unter den großen deutschen Dichtern, hat seine Wahrnehmung des unterschiedlichen Sprachempfindens der Deutschen und der Franzosen anders formuliert als Madame de Staël, die Hans-Gert Pöttering heute Nachmittag zitiert hat. Kleist hat in einem Brief von 1801 aus Paris geschrieben: »Der Deutsche spricht mit Verstand, der Franzose mit Witz. Das Gespräch des ersteren ist wie eine Reise zum Nutzen; das Gespräch des anderen wie ein Spaziergang zum Vergnügen. Der Deutsche geht um das Ding herum; der Franzose fängt den Lichtstrahl auf, den es ihm zuwirft, und geht vorüber.« Sie wissen nun, worauf Sie sich einzurichten haben, eine deutsche Rede: nicht witzig, aber hoffentlich nützlich.

Als sich Konrad Adenauer unmittelbar nach dem Zweiten Weltkrieg und ganz kurz nach seiner übrigens überraschenden Wahl zum ersten Kanzler der Bundesrepublik Deutschland in einem Interview mit der *Zeit* mit der Situation, die aufgrund der beispiellosen Verwerfungen der ersten Hälfte des 20. Jahrhunderts entstanden waren, befasste und sich auch und gerade mit dem deutsch-französischen Verhältnis beschäftigte, hat er in diesem Interview erklärt, »dass viel historisches Gestrüpp Deutschen und Franzosen die Aussicht versperrt und den Weg zueinander erschwert«.

»Historisches Gestrüpp«; »versperrte Aussichten«; »verminte Wege« – diese Worte charakterisieren, jedenfalls mit Abstand, den größeren Teil der gemeinsamen Erfahrungen, die Deutsche und Franzosen miteinander gemacht haben, leider ziemlich gut. Und damals wird er selber sich auch nicht haben vorstellen können, dass er 13 Jahre später mit einem französischen Staatspräsidenten zusammen in der Kathedrale von Reims eine Versöhnungsmesse feiern würde.

Ich ging damals zur Schule und erinnere mich an die Fernsehübertragung als ein – auch für uns junge und, wenn überhaupt, gerade erst politisierte junge Leute – Ereignis von prägender symbolischer Wirkung. Auch diejenigen, die nicht dabei waren, es nur vom Hörensagen erfahren haben oder es am Fernsehgerät mitverfolgen konnten, hatten das beinahe sichere Gefühl: Hier beginnt heute ein neuer Abschnitt der Beziehungen zwischen zwei Ländern. Nach dieser gemeinsamen Messe kann nicht mehr alles so sein, wie es bis dahin war. An dem Tag ist übrigens kein Vertrag unterzeichnet worden. Es ist eine Veränderung durch Gesten gewesen. Und während manche Verträge inzwischen – übrigens zu Recht – längst vergessen sind, hat dieses Ereignis seinen historischen Rang nicht nur bewahrt, sondern – mit wachsendem zeitlichem Abstand – eher an Bedeutung zugenommen.

Ich bin gebeten worden, mich im Rahmen dieser Konferenz mit historischen Lektionen und aktuellen Herausforderungen im deutsch-französischen Verhältnis zu beschäftigen. Das ist eine gut gemeinte, aber natürlich aussichtslose Aufgabenstellung, die mit diesem enzyklopädischen Anspruch selbst dann nicht überzeugend zu bedienen wäre, wenn ich die gesamte Redezeit zur Verfügung hätte, die alle nachfolgenden Redner während dieser Konferenz mindestens in Restbeständen glauben, für sich reklamieren zu können. Deswegen bitte ich um Nachsicht, dass ich mich mit eher mutwilligen, aber gut gemeinten Schlägen durch das historische Gestrüpp begebe, von dem Konrad Adenauer 1949 gesprochen hat. Und, Herr Oberbürgermeister, ich werde nicht bei Karl dem Großen beginnen – was auch seinen Reiz hätte –, sondern deutlich später, mit einem Ereignis, das in diesem Jahr in Deutschland eine ganz besondere Aufmerksamkeit findet, das aber natürlich auch mehr als ein deutsches Ereignis war: nämlich dem Reformationsjubiläum.

500 Jahre Reformation. Das ist zweifellos ein herausragendes Ereignis der Kirchengeschichte. Und es ist ganz ohne Zweifel ein bedeutendes Ereignis der deutschen Nationalgeschichte. Es ist aber mindestens so sehr auch ein herausragendes Ereignis der europäischen Kulturgeschichte. Dass Martin Luther die von ihm angezettelte Reformation, die selbst für den verbohrtesten Katholiken zweifellos überfällig war, als Person überhaupt überlebt hat und nicht – wie die meisten seiner Vorgänger mit ähnlich gut gemeinten, ähnlich dringenden Anliegen – als Ketzer auf dem Scheiterhaufen endete, verdankte er nicht nur dem Schutz deutscher Reichsfürsten und deren Partikularinteressen gegenüber dem deutschen Kaiser, sondern auch der Tatsache, dass der damalige deutsche Kaiser Karl V. im Krieg mit Franz I. von Frankreich um Oberitalien stand und an der Ostgrenze des Reichs die Osmanen abzuwehren suchte, die damals für noch bedrohlicher gehalten wurden als die Protestanten.

Der Blick auf 500 Jahre Reformation ist aber nicht nur kirchengeschichtlich und kulturgeschichtlich von großer Bedeutung. Er ist auch und insbesondere deswegen von aktueller Bedeutung, weil wir damals zum ersten Mal das erlebt und längst wieder verdrängt haben, was uns heute an anderen Plätzen auf dem Globus in grausamer Weise wieder einholt: die gnadenlose Instrumentalisierung der Politik für religiöse Zwecke und umgekehrt die Instrumentalisierung der Religion für politische Anliegen. Das, was viele von uns heute in der islamischen Welt mit Erstaunen und mit Entsetzen als scheinbar unerhörtes, nie gekanntes Ereignis gnadenloser Auseinandersetzung zwischen Sunniten und Schiiten mit politischen Zielen erleben, ist historisch betrachtet so etwas wie die Reprise von Themen und Durchführungen, deren Uraufführung im christlichen Abendland stattgefunden hat – einschließlich der Enthauptung und Verbrennung von Andersgläubigen.

Die Spaltung der Christenheit hatte damals gravierende politische und soziale Folgen in Deutschland wie in Frankreich – nicht zuletzt einen vierzig Jahre währenden Bürgerkrieg in Frankreich und den berühmt-berüchtigten Dreißigjährigen Krieg, der das, was man damals eher unter einer Sammelbezeichnung »Deutschland« nannte, sowie die Nachbarregionen in einer bis dahin beispiellosen Weise verwüstet hatte.

Eine der handfesten Folgen dieser religiösen Auseinandersetzungen waren die Hugenottenkriege mit Konsequenzen sowohl für die innenpolitische Entwicklung Frankreichs wie – unbeabsichtigt, aber mit gewaltiger Wirkung – für den Aufstieg Brandenburg-Preußens als einer der kommenden führenden europäischen Mächte. Allein diese historische Entwicklung, die religiösen und ideologischen Hintergründe, die bewussten und unbewussten Wirkungen von Akzeptanz und Verweigerung der Akzeptanz von Überzeugungen wären es wert, jetzt länger und intensiver betrachtet zu werden.

Ich will im Augenblick nur festhalten, dass wir damals nicht zum ersten und nicht zum letzten Mal in Europa erlebt haben, was uns heute wieder zu Unrecht neu und unzumutbar erscheint: Migration innerhalb Europas und nach Europa, riesige Flüchtlingsströme, auf die die damaligen Gesellschaften ganz sicher nicht besser vorbereitet waren als wir heute. Oder umgekehrt: Dass wir uns pausenlos einreden, wir wären mit einer Migrationsherausforderung konfrontiert, die in Ausmaß und Wirkung alle bisherigen Beispiele überböte, ist schlicht unaufgeklärt. Und für die Bewältigung ähnlicher Herausforderungen, wie es sie früher gab, haben wir heute allemal bessere Voraussetzungen, als sie damals bestanden.

Zu einer anderen interessanten, spannungsreichen Verbindung deutsch-französischer Beziehungen und auch einer Verbindung von Luther, Frankreich und Deutschland ist es dreihundert Jahre später beim sogenannten Wartburgfest gekommen: einer Veranstaltung zur Erinnerung an die Reformation, die aber damals ganz unter dem Eindruck der europäischen Besetzung durch Napoleon und der Befreiungskriege gegen Napoleon gestanden hat und auf der deutsche Studenten, die sich als Avantgarde einer freiheitlichen Nationalbewegung verstanden, das Lutherjubiläum mit der Erinnerung an die Befreiungskriege gegen das napoleonische Frankreich verbunden haben.

Nach der Auflösung des Heiligen Römischen Reiches Deutscher Nation, das weder heilig war noch römisch und eigentlich auch nicht deutsch – und ob es ein Reich war, darüber streiten die Historiker ohnehin bis heute –, bestand damals kein Staat, schon gar kein Nationalstaat. Aus der Einladung zum Wartburgfest durch die studentischen Burschenschaften ergibt sich die Motivation der Veranstalter. Ich zitiere: »Der Himmel segne unser gemeinsames Streben, ein Volk zu werden, das voll der Tugenden der Väter und Brüder durch Liebe und Eintracht die Schwächen und Fehler beider beseitigt.« »Ein Volk zu werden« – nicht: »ein Staat«. Nicht: »eine Nation«. Ob diese begriffliche Unterscheidung damals eher zufällig oder ganz bewusst war, dazu kann ich Ihnen jetzt leider keine hinreichend authentische Auskunft geben. Aber dass es damals in Deutschland – im Unterschied zu Frankreich – zwar eine erstaunliche Ansammlung von mal mehr, meist weniger selbstständigen Territorialstaaten gab, aber eben keinen deutschen Nationalstaat, das kann ich als bekannt voraussetzen.

Und damit kommen wir zum wahrscheinlich wichtigsten und dichtesten Gestrüpp, das es im deutsch-französischen Verhältnis in der jüngeren Geschichte überhaupt gegeben hat: nämlich die Gründung eines deutschen Nationalstaates als Ergebnis einer militärischen Auseinandersetzung zwischen Preußen und seinen Nachbarn. »Einigungskriege« hat man das damals genannt. Die Begabung, für entsetzliche Ereignisse beschwichtigende Formulierungen zu finden, war schon ähnlich weit entwickelt wie heute. Jedenfalls brauchte es drei Kriege – gegen Dänemark, gegen Österreich und gegen Frankreich –, um einen deutschen Nationalstaat zu gründen, der dann – man möchte fast sagen – beinahe folgerichtig nicht in Berlin ausgerufen wurde, sondern im Spiegelsaal von Versailles. Das war der Zustand Europas, auch noch am Ende des 19. Jahrhunderts. Und aus dem kraftstrotzenden Selbstbewusstsein seit Jahrhunderten bestehender und neu hinzukommender Nationalstaaten und ihrer kopflosen Rivalität ist dann schließlich die Auseinandersetzung geworden, die in den Ersten Weltkrieg mündete.

Ich brauche eigentlich die nächsten Hindernisse im deutsch-französischen Verhältnis gar nicht zu nennen. Auf den Waffenstillstand im Wald von Compiègne folgte ein Friedensvertrag, der mit spiegelbildlicher Folgerichtigkeit wieder in Versailles unterzeichnet wurde. Er hat den Frieden weder ernsthaft stiften wollen noch sichern können. Er war ein Dokument des Verhältnisses der europäischen Staaten zueinander und hatte nichts zu tun mit der Vorstellung von einer gemeinsamen europäischen Zukunft. Ein Jahr zuvor, mitten im Ersten Weltkrieg, hatte Thomas Mann, einer unserer großen deutschen Autoren, an seinen *Betrachtungen eines Unpolitischen* gearbeitet – mit dem originellen Ansatz, die deutsche Kultur gegen die französische Zivilisation in Stellung zu bringen. Das ist – gefühlt – ewig lange her. Es liegt jedenfalls jenseits unserer eigenen biografischen Erfahrung.

Aber wer sich über den heutigen Zustand Europas im Allgemeinen und über das deutsch-französische Verhältnis einschließlich der kleinen Gebüsche, die es immer noch gibt, eine halbwegs zutreffende Vorstellung machen will, muss die Etappen im Bewusstsein haben, die wir hinter uns bringen mussten, um überhaupt zu den vergleichsweise komfortablen Schwierigkeiten zu kommen, mit denen wir heute zu tun haben. Für die allermeisten – wenn nicht für alle – Probleme, die es heute in Deutschland wie in Frankreich zweifellos gibt, würden sich frühere Generationen beglückwünschen.

Im März dieses Jahres, 2017, hat der französische Schriftsteller und Übersetzer Mathias Énard den Leipziger Buchpreis zur Europäischen Verständigung erhalten. Und er hat eine bemerkenswerte Dankrede gehalten, aus der ich Ihnen einige wenige Sätze zitieren möchte, weil sie den Kern dessen reflektieren, was Gegenstand dieser Konferenz sein soll: Erinnerungskultur. »Es scheint so«, sagt Mathias Énard, »es scheint so, als hätten die politischen Kommentatoren dieser Tage vergessen, wer Europa war und was Europa bedeutet. Europa war eine libanesische Prinzessin, die an einem Strand bei Sidon von einem Gott des Nordens entführt wurde, der sie begehrte: Zeus. Europa, Tochter König Agenors, hat nie einen Fuß auf unsere Landstriche gesetzt. Europa hat ihr Leben im südöstlichen Mittelmeerraum zwischen Phönizien und Kreta verbracht. Europa ist eine illegale Einwanderin. Eine Ausländerin. Eine Kriegsbeute. Ihre Geschichte ist eine Mittelmeergeschichte, eine Geschichte von Begehren und Eroberung. Diese Metapher für die Geschichte Europas lehrt uns vieles: Wir tragen ihren Namen. Europa ist begehrenswert. Europa ist orientalisch.«

Das kommt uns jetzt auch wieder ein bisschen übertrieben vor. Natürlich ist dies eine Zuspitzung, eine Verkürzung der Geschichte Europas. Aber sie macht deutlich, welche Vereinfachungen und Verkürzungen wir uns in Europa inzwischen längst angewöhnt haben. »Leider«, – zweites Zitat aus dieser

Dankrede – »leider vergessen wir diese Erzählungen viel zu oft. Wir vergessen, dass Europa, die Königstochter, an den südöstlichen Ufern des Mittelmeers geboren wurde, dass der Mittelmeerraum – der kulturelle und sprachliche Raum, den seine Ufer bilden – ein äußerst lebendiger und wichtiger Teil unserer Geschichte ist, und dass Europa – wenn es diesen Teil vergisst und eine ausschließliche Identität schafft, wie man sich in einen Mantel der Einbildung hüllt – sich selbst zu einer Art Einsamkeit verdammt. Eine Festung wider Willen.«

Einbildung, Einsamkeit, Festung – damit sind wir dann in der Gegenwart angekommen, die allerdings einen Zweiten Weltkrieg brauchte, bis die Einsichten, die einige wenige rechtzeitig hatten, die Mindestvoraussetzungen für ihre Realisierbarkeit bekamen. Carl von Ossietzky – der mit manchen überragenden Zeitgenossen das Schicksal teilt, dass er erst lange nach seinem Tod populär wurde – hat zehn Jahre nach Thomas Mann, 1927, in den Turbulenzen der Weimarer Republik mit Blick auf ein – wie er überzeugt war – notwendigerweise anders zu organisierendes Europa geschrieben: »Es gibt nur ein Bündnis, das gut und organisch gewachsen wäre: das deutsch-französische. Das wäre die erste und einzige unter allen alten und neuen Allianzen, die sich nicht gegen einen Dritten richtet. Es wäre die Allianz für Europa.« Damit war er seiner Zeit offenkundig noch um drei Jahrzehnte voraus.

Als dann 1946 Winston Churchill nach dem Zweiten Weltkrieg seine berühmte Züricher Rede an die Jugend Europas hielt und in dieser – zur allgemeinen Überraschung – zur Schaffung der Vereinigten Staaten von Europa aufrief, benannte er dabei zwei Voraussetzungen, die auch erst sehr viel später in ihrer Bedeutung richtig wahrgenommen wurden: Erstens sei die Voraussetzung zur Schaffung von so etwas wie den Vereinigten Staaten von Europa die Aussöhnung zwischen Deutschland und Frankreich. Ohne diese Allianz sei

Europa nicht möglich. Und zweitens würde Großbritannien diese Entwicklung mit Interesse und Sympathie begleiten und beobachten, sei aber selbstverständlich nicht Teil dieser Veranstaltung – ein Irrtum, der sich offenkundig als Vermächtnis aller seiner Nachfolger im Amt fortgesetzt hat und in den denkwürdigen Beschluss mündet, den vor wenigen Tagen seine jetzige Nachfolgerin im Amt in Brüssel notifiziert hat.

In diesem Jahr feiern wir – mit gebremster Begeisterung – den 60. Geburtstag der Römischen Verträge. Und alle, die an den Feierlichkeiten zum 50. Jubiläum der Europäischen Union teilgenommen haben – wie Hans-Gert Pöttering als damaliger Präsident des Europäischen Parlaments –, werden sich lebhaft daran erinnern, wie ganz anders die Stimmung vor zehn Jahren war. Was sich seitdem verändert hat, ist weniger die Zusammensetzung der Europäischen Union, wohl aber offenkundig das Verhältnis der Mitglieder untereinander. Die Stimmung ist eine völlig andere. Und die Verhältnisse auch. Wir leben im Augenblick in einem – zweifellos freundlich formuliert – unbefriedigenden Zustand dieser Europäischen Union, der doppelt unbefriedigend ist, weil er in einem so grotesken Missverhältnis zu den Aufgaben steht, die wir gemeinsam bewältigen müssen – und überhaupt nur gemeinsam bewältigen können. Aber gerade weil das so ist, ist es gelegentlich auch erforderlich, sich bewusst zu machen, dass wir zum ersten Mal überhaupt in der europäischen Geschichte in einer Gemeinschaft europäischer Staaten leben, die ausnahmslos demokratisch gewählte Parlamente und Regierungen haben. Diesen Zustand hat es in der zweieinhalbtausendjährigen europäischen Geschichte vorher nie gegeben.

Dass die Staaten in Europa heute ganz selbstverständlich ihr Verhältnis zueinander durch Verträge kodifizieren und jeweils selbstständig entscheiden, ob und was sie an

Aufgaben gemeinsam wahrnehmen wollen und welche Verantwortung sie auf welche Institutionen übertragen wollen, das zeigt den historischen Quantensprung, den Europa im letzten guten halben Jahrhundert hinter sich gebracht hat. Selbst da, wo sich Europa und die Mitgliedsstaaten der Europäischen Union an selbstvereinbarte Regeln nicht halten, tun sie es immerhin im Bewusstsein eines Regelverstoßes – was ich nun ausdrücklich nicht als Verharmlosung dieses Vorganges meine und schon gar nicht zur Wiederholung empfehle. Dennoch macht auch das deutlich, dass es bei allen Auseinandersetzungen, Problemen, auch mutwilligen Ausbrüchen in Europa ein Grundverständnis über das gibt, was für alle gelten muss und soll – auch und gerade dann, wenn es in konkreten Situationen schwerfällt. Wir haben nach meiner festen Überzeugung – auch unter Berücksichtigung der jüngeren Entwicklung und ihrer Unzulänglichkeiten – heute in Europa bessere Voraussetzungen als jemals zuvor, den Herausforderungen gerecht zu werden, vor denen wir stehen. Wir müssen erstens nur begreifen, dass es sie gibt. Und zweitens, dass wir sie lösen können. Wenn wir sie nicht lösen, haben wir jedenfalls keine Ausrede mehr. Wenn wir sie nicht lösen, haben wir es nicht gewollt.

Deutschland und Frankreich haben in dieser Entwicklung Europas über die Jahrhunderte hinweg und mit zunehmender Annäherung an die Gegenwart in immer stärkerem Maße die Schlüsselrolle der Entwicklung auch in unseren jeweiligen Nachbarländern und Nachbarregionen innegehabt. Das, was in Europa gründlich misslungen ist, hatte regelmäßig mit deutsch-französischen Rivalitäten zu tun. Und das, was gelungen ist, eben auch.

In diesem Jahr finden in beiden Ländern Wahlen statt: in wenigen Wochen in Frankreich Präsidentschaftswahlen, anschließend Wahlen zur Assemblée nationale; im September Bundestagswahlen in Deutschland. Weder steht Konrad Adenauer in Deutschland zur Wahl noch Charles de Gaulle in Frankreich – was keine sonderlich originelle Bemerkung ist, ich gebe es zu. Aber vielleicht ist eine Spur origineller der Hinweis, dass deren gemeinsames Vermächtnis sehr wohl zur Wahl steht – sowohl in Frankreich wie in Deutschland.

Wie die Wahlen in Deutschland ausgehen werden, kann ich unseren französischen Kollegen leider nicht mit der gebotenen Präzision sagen. Aber eines kann ich Ihnen ziemlich sicher sagen: Wenn der nächste französische Staatspräsident in Deutschland gewählt würde, wüsste ich, wer es würde. Er wird aber in Frankreich gewählt, deshalb bleibt ein gewisses Restrisiko, das hoffentlich am 7. Mai ausgeräumt ist.

Die Spekulation ist reizvoll und sie muss natürlich eine Spekulation bleiben – wie wohl diese beiden großen alten Männer, die unsere beiden Länder stärker geprägt haben als irgendjemand sonst, in der inzwischen gründlich veränderten Welt zurechtkämen, die wir im 21. Jahrhundert vorfinden. Die damalige Auseinandersetzung über ein Europa der Vaterländer, ein Europa der Nationen und Nationalstaaten hat nach wie vor einen beträchtlichen rhetorischen und ideologischen Reiz und ist in der Substanz durch die Veränderungen, mit denen wir heute zu tun haben, nicht überholt, aber weitgehend von ihnen überlagert worden.

In Zeiten der Globalisierung verlieren alle Nationalstaaten – alle! – zunehmend genau diese Souveränität, die sie jahrhundertelang für den Kern ihres Geschäftsmodells gehalten haben. Globalisierung bedeutet politisch, dass niemand mehr Herr seiner eigenen Angelegenheiten ist; sondern bei der Bestellung seiner eigenen Geschäfte in einer gelegentlich angenehmen, manchmal aber auch höchst unangenehmen Weise von anderen abhängig. Weil das so ist, finden viele Zeitgenossen Globalisierung auch gar nicht so toll, sondern mindestens diffus, manche sogar bedrohlich. Das diffuse Gefühl, Zuständigkeiten zu verlieren, weil sie abwandern, weil sie in Zeiten der Digitalisierung und der Beeinflussbarkeit von Rahmenbedingungen durch Dritte von beliebigen Standorten auf diesem Globus nicht mehr national mit Erfolg reklamiert werden können.

Eine der klügsten, jedenfalls prägnantesten Bemerkungen, die ich je zum Thema Globalisierung gehört habe, stammt von dem bekannten französischen Intellektuellen Alain Minc, der schon vor etwa zehn Jahren in einem Interview gesagt hat, Globalisierung sei für die Wirtschaft heute ziemlich genau das, was die Schwerkraft für die Physik sei: Man müsse sie nicht mögen, aber man solle sich besser darauf einstellen. Prägnanter kann man's kaum sagen.

Ob ich Globalisierung gut oder schlecht finde, ist ein interessantes, aber heute ein eher unerhebliches Thema. Es empfiehlt sich sehr, dass wir uns darauf einstellen, dass sie stattfindet. Und dass wir eine Antwort darauf finden, wenn wir nicht wollen, dass andere darüber befinden, was für uns gelten soll, sondern wenn wir selber einen Einfluss auf die Geschäftsbedingungen unserer eigenen Zukunft behalten wollen. Die mit Abstand intelligenteste Antwort, die auf diesem Globus auf die Herausforderung der Globalisierung bisher gefunden wurde, ist Europa.

Der europäische Einigungsprozess, als der höchst anspruchsvolle, komplizierte, ärgerliche, gestrüppreiche Weg, Souveränität zu teilen, um durch Übertragung von Verantwortung einen möglichst großen Rest an Einfluss auf die eigene Zukunft zu behalten.

Das werden später Historiker – nach meiner festen Überzeugung – einmal als eine der größten Innovationen in der politischen Geschichte der Menschheit festhalten. Ärgerlicherweise befinden wir uns im Augenblick in einem Zustand, in dem eine beachtliche Zahl von Mitgliedsländern dies nicht mehr begreifen will, weil diese Mitglieder mit einer verzweifelten Wut Zuständigkeiten für sich reklamieren, ohne zu sehen, dass sie längst verlorengegangen sind und dass wir sie entweder gemeinsam mit Erfolg wahrnehmen oder gar nicht. Deswegen ist die deutsch-französische Zusammenarbeit als die Zusammenarbeit zwischen zwei der größeren Länder in dieser europäischen Völker- und Staatenfamilie heute vielleicht sogar noch wichtiger, als sie es damals war. Denn wenn zwei Staaten von dieser Größe, die gleichwohl im globalen Maßstab überschaubare Größenordnungen haben – es gibt etwa 20 Mal so viele Chinesen wie Deutsche, um sich mal nur in Größenordnungen einzufinden –, wenn jedenfalls zwei offenkundig größere Völker und Staaten in Europa nicht nur begriffen haben, dass es so ist, wie es ist, sondern daraus gemeinsame Schlussfolgerungen für eine gemeinsame Zukunft ziehen, dann hat das nicht nur exemplarische, sondern operative Bedeutung für den weiteren Prozess in Europa.

Natürlich beobachten wir seit geraumer Zeit, dass die faktische Schlüsselrolle, die Deutschland und Frankreich für jede europäische Entwicklung längst innehaben, von manchen anderen Ländern als Zumutung empfunden wird – weil sie sich entweder hingehalten fühlen, solange es keine deutschfranzösische Einigung gibt, oder bevormundet, sobald eine solche Einigung zustande gekommen ist. Beides ist verständlich. Aber wenn die Europäische Union nicht auf der Stelle treten, sondern vorankommen will, dann muss sie geführt werden. Und da Europa keinen Dominator mehr erträgt – Napoleon nicht und Hitler nicht und Stalin nicht – und weil es eine Führungsmacht nicht akzeptiert, muss es mindestens zwei geben. Und wer eigentlich sonst als Deutschland und Frankreich muss genau diese Rolle spielen?!

So, meine Damen und Herren, das war jetzt eine deutsche

Rede zu Europa. Wenn Sie unter dem Gestrüpp der Lektionen dennoch den einen oder anderen Lichtstrahl aufgefan-
gen haben, halten Sie ihn unbedingt fest.

Die gesamte europäische Geschichte ist eine Migrationsgeschichte

Rede in der Maison Heinrich Heine, Paris, 17. Juni 2016

Herzlichen Dank für die freundliche Einladung und die liebenswürdige Begrüßung. Ich freue mich, dass ich wieder hier bin, auch wenn es einfachere Themen gibt als das, was wir uns für den heutigen Nachmittag vorgenommen haben. Deshalb bitte ich vorab um Generalabsolution, wenn ich das Thema mit ein paar Strichen verdeutlichen, aber natürlich nicht annähernd in abschließender Form behandeln kann und will.

Ich möchte – erstens – mit einer Bemerkung beginnen, die nicht sonderlich aufregend ist, aber doch ziemlich quer zur öffentlichen Wahrnehmung liegt. Wenn heute, jedenfalls in Deutschland, vermutlich aber auch in den meisten anderen europäischen Ländern, über Migration als Herausforderung diskutiert wird, dann wird das Thema zumeist in der Vermutung diskutiert, Europa stehe vor einer völlig neuen und beispiellosen Herausforderung. Das ist schlicht falsch. Die gesamte europäische Geschichte ist eine Migrationsgeschichte und man würde nur wenig übertreiben, wenn man sie als eine Abfolge von Migrationen beschriebe. Von den Völkerwanderungen der ersten Jahrhunderte über die massiven Migrationen in Folge der Religionskriege in Europa bis hin zur aktuellen Situation gibt es eine fast ununterbrochene Kette von Migrationen, die sich zu verschiedenen Zeitpunkten in verschiedene Richtungen bewegt und in verschiedenen Größenordnungen abgespielt haben. Man wird schwerlich einen längeren Zeitraum in der europäischen Geschichte finden, der nicht auch durch Migration gekennzeichnet war. Der Saldo der Erfahrungen, die dieser Kontinent mit Migrationen gemacht hat, ist zweifellos positiv. Ich sollte vielleicht hinzufügen, dass alle diese Wanderungen jeweils kompliziert, jeweils schwierig, jeweils mit Reibungen versehen waren, aber im Ganzen für alle Beteiligten ein Gewinn gewesen sind.

Europa hat unter diesen Migrationen nicht gelitten, sondern von diesen Migrationen profitiert: kulturell, ökonomisch und auch politisch. Deswegen scheint mir eine der wichtigsten Aufklärungsaufgaben in der aktuellen Migrationsdebatte die Beseitigung des folgenden Irrtums zu sein: Wir stünden erstmals vor einem Problem, das es bisher noch nie gegeben habe, und deswegen dürfe auch niemand erwarten, dass wir dafür überzeugende Antworten lieferten, denn darauf seien wir erkennbar historisch gar nicht vorbereitet.

Zweitens: Der allgemeine Befund, den ich gerade für die europäische Geschichte vorgetragen habe, gilt zweifellos auch und in mancherlei Hinsicht in besonderer Weise sowohl für Frankreich wie für Deutschland. Frankreich hat eine ausgeprägte Migrationsgeschichte, die übrigens auch nicht erst vor wenigen Monaten, auch nicht erst vor wenigen Jahren begonnen hat, und Deutschland ebenfalls. Und da wir hier kein Historikerseminar veranstalten wollen und uns auf die jüngere Gegenwart und jüngste Vergangenheit beschränken müssen, lohnt der Hinweis, dass es im 20. Jahrhundert sowohl in Frankreich wie in Deutschland zeitversetzt auch massive staatlich organisierte Migrationen gab, die aus Gründen des Arbeitsmarktes zunächst in Frankreich und dann in Deutschland mit massivem Aufwand betrieben worden sind: in Frankreich im ersten Drittel des 20. Jahrhunderts, in Deutschland mit Beginn der 1960er Jahre und in den folgenden Jahren. Diese Migrationen waren jeweils ökonomisch begründet. Es hat im Übrigen zur Illustration der aktuellen Diskussionslage einen gewissen Reiz, darauf hinzuweisen, dass Frankreich angesichts dieser staatlich organisierten Migration in den 30er Jahren nach den Vereinigten Staaten das zweitgrößte Einwanderungsland der Welt war. Den aktuellen Zahlen zufolge ist hingegen heute das zweitgrößte Einwanderungsland nach den USA Deutschland.

All dies ist nicht völlig neu, aber offenkundig nicht im öffentlichen Bewusstsein verankert. Ein wesentlicher Unterschied, auf den ich jetzt nur hinweisen möchte, ohne ihn weiter zu kommentieren, besteht sicher darin, dass die freiwillige wie unfreiwillige Zuwanderung nach Frankreich ganz überwiegend französischsprachige Menschen ins Land brachte, während wir diesen zweifellos integrationsfördernden Umstand für die Zuwanderung nach Deutschland nicht annähernd in gleicher Weise konstatieren können. Ich hätte mir diesen Hinweis erspart, wenn wir nicht längst handfeste Belege dafür hätten, dass Sprache das wohl wichtigste Integrationsmedium ist, jedenfalls kein beliebiger Faktor: Die Kenntnis der Sprache der aufnehmenden Gesellschaft bestimmt die Erfolgsaussichten der Integration von Migranten wesentlich mit.

Die dritte Bemerkung, die ich zum Thema gerne machen möchte, ist eine vorsichtige Prognose. Wir haben, wenn man das Jahr 2016 mit dem vergangenen Jahr vergleicht, augenblicklich einen signifikanten Rückgang der aktuellen Flüchtlings- und Zuwanderungszahlen für Europa insgesamt und fast alle davon betroffenen Länder. Allerdings spricht aus meiner Sicht überhaupt nichts für die Vermutung, dass wir damit das Thema bis auf Weiteres hinter uns gelassen hätten, sondern wir erfahren allenfalls eine Pause in einer prinzipiell anhaltenden und wahrscheinlich eher ansteigenden

Zuwanderungsbewegung – und diese Pause nutzen wir hoffentlich dazu, uns Gedanken zu machen, wie wir mit der Zuwanderung künftig umgehen wollen. Hoffentlich sieht sich heute niemand zu der leichtfertigen Vermutung veranlasst, das Thema seien wir nun glücklicherweise los. Anders formuliert: Wenn es denn je so etwas wie die Aussicht auf eine eigenständige oder gar isolierte Entwicklung eines Landes oder eines Kontinentes vom Rest der Welt gab, gilt spätestens seit Beginn des 21. Jahrhunderts, dass eine solche Aussicht auf Autonomie nicht mehr besteht.

Viertens: In Zeiten der Globalisierung gibt es keine Inseln mehr. Und sowohl die aktuellen Informationstechnologien wie die verfügbaren Mobilitätstechnologien versetzen Menschen heute in einer beispiellosen Weise gegenüber den vergangenen Tausenden von Jahren der Menschheitsgeschichte in die Lage, einen zutreffenden Eindruck von den Lebensverhältnissen in anderen Teilen der Welt zu haben und in einem erstaunlich kurzen Zeitraum technisch in der Lage zu sein, einen Punkt auf dem Globus zu erreichen, der günstigere Lebensverhältnisse verspricht als ihr vorheriger Aufenthaltsort. Natürlich war der Entwicklungsunterschied zwischen den europäischen Staaten und den afrikanischen Staaten auch vor 50 oder 100 Jahren ähnlich dramatisch wie heute. Was sich indes verändert hat, ist nicht die Diskrepanz im Lebensniveau, sondern die Kenntnis von der Diskrepanz, das Bewusstsein des Unterschieds. Wer heute durch welches afrikanische Dorf auch immer geht, findet vielerorts noch immer erstaunlich erbärmliche Verhältnisse vor, aber auch Fernsehgeräte und Internetanschlüsse in bescheiden ausgestatteten Domizilen. Was die handfeste Konsequenz hat, dass heute jemand, der im Sudan oder in Mali, in Kenia oder in Somalia aufwächst, nicht nur die Verhältnisse kennt, die er im eigenen Land vorfindet, sondern eine Vorstellung davon hat, wie viel besser die Lebensverhältnisse sind, die man in Europa in der Regel vorfindet. Und so müssen wir uns darauf einrichten, dass wir mit einer gigantischen potentiellen Zuwanderung in den nächsten Jahren und Jahrzehnten zu tun haben werden. Die Vorstellung, man könne beschließen, »Migration findet nicht statt«, ist wirklichkeitsfremd. Wir haben durchaus Optionen im Umgang mit dem Problem, aber wir haben nicht die Option, das Problem zu bestreiten. Wir haben Migration, und wir haben sie in Europa als »Sehnsuchtsort« alle gemeinsam.

Fünftens: Und damit bin ich bei dem eigentlich ärgerlichen Punkt: der aktuellen Verfassung, in der sich Europa befindet. Europa, als verfasste politische Gemeinschaft von jetzt 28 Staaten, weigert sich, diese Herausforderung als gemeinsames Problem zur Kenntnis zu nehmen. Und aus dieser Realitätsverweigerung erwächst die scheinbar logische Konsequenz, Migration eben nicht als gemeinsame Aufgabe zu begreifen. Das ist deswegen doppelt dramatisch, weil es nicht nur eine groteske Verweigerung einer historischen Verantwortung ist, sondern auch die Verweigerung von Lösungen, die natürlich verfügbar wären, wenn man sie denn nur gemeinsam herbeiführen wollte.

Im vergangenen Jahr sind etwa 1,5 bis 1,8 Millionen, ganz großzügig gerechnet etwa zwei Millionen Menschen, nach Europa eingewandert, rund die Hälfte davon nach Deutschland. Von denen hat, was Deutschland betrifft, ungefähr die Hälfte, knapp 500 000, einen Asylantrag gestellt. Diese Menschen reklamieren einen Aufenthaltsanspruch wegen Verfolgung, aus welchen Gründen auch immer. Die andere Hälfte reklamiert einen solchen Anspruch gar nicht. Eine Million oder zwei Millionen Menschen – das sind Zahlen von sehr relativer Bedeutung: Bezogen auf die jeweiligen konkreten Orte, die die Menschen sich selber als Ziel ihrer Flucht oder Zuwanderung vorgestellt haben, sind das relativ viele Menschen. Bezogen auf eine Europäische Gemeinschaft mit 500 Millionen Einwohnern ist das eine sehr übersichtliche Größenordnung. Niemand würde ernsthaft behaupten wollen, Europa sei nicht in der Lage, wenn es denn nötig sein sollte, bis zu zwei Millionen Menschen im Jahr aufzunehmen und zu integrieren. Ich behaupte das genaue Gegenteil. Natürlich sind wir dazu in der Lage. Wir wollen nicht. Dass Europa nicht könnte, ist eine Mischung aus Wirklichkeitsverweigerung und Problemverdrängung.

Sechstens: Die Notwendigkeit, den Schlüssel für eine gemeinsame Lösung des Problems zu suchen, macht es erforderlich, zunächst einmal Zusammenhänge herzustellen und gleichzeitig Unterschiede kenntlich zu machen zwischen zwei Sachverhalten, die ich mit zwei Begriffspaaren markieren will: Migration und Integration einerseits und Zuflucht und Zuwanderung andererseits.

Was den Zusammenhang von Migration und Integration angeht, muss ich hoffentlich jetzt nicht erläutern – was angesichts der Zeitvorgabe auch nicht möglich wäre –, dass der eigentliche Maßstab der für uns verkraftbaren Migration nicht eine schiere Zahl ist, sondern unsere Fähigkeit und Bereitschaft, die Menschen, die kommen, zu integrieren. Unter ihnen gibt es eine geringe Zahl von Ankommenden, die wir nicht integrieren können oder wollen. Diese sind sicherlich das größere Problem als die höhere Zahl derer, die wir integrieren können oder wollen. Und der zweite Punkt, den ich in der Unterscheidung prinzipiell für operativ wichtig erachte, ist der Unterschied zwischen Zuflucht und Zuwanderung. Es gibt, jedenfalls nach unserem europäischen Verständnis, ein Menschenrecht auf Zuflucht, einen Anspruch auf Zuflucht im Fall von Verfolgung aus politischen, aus religiösen, aus ethnischen oder anderen Gründen. Wer auf dieser Welt da nicht bleiben kann, wo er aufgewachsen ist und lebt, weil er verfolgt wird, hat nach unserem gemeinsamen Verständnis einen Rechtsanspruch darauf, Zuflucht zu erhalten. Zugegebenermaßen wird das in den verschiedenen Verfassungen in den europäischen Staaten sehr unterschiedlich ausbuchstabiert, in Deutschland ist es aus naheliegenden historischen Gründen besonders kategorisch. Die gleichwohl groteske europäische Debatte über das Asylrecht verkennt, dass ausnahmslos alle Mitgliedsstaaten der Europäischen Gemeinschaft die Genfer Flüchtlingskonvention ratifiziert haben. Ausnahmslos alle! Und damit haben sich alle völkerrechtlich verbindlich verpflichtet, Menschen Zuflucht zu gewähren, die aus welchen Gründen auch immer verfolgt sind. Dass dies in Europa politisch streitig ist, ist einer der größten Skandale der Gegenwart. Von diesem Anspruch auf Zuflucht muss man das legitime Interesse an Zuwanderung in ein anderes Land, in einen anderen Staat unterscheiden. Dieses Interesse an Zuwanderung haben wir beispielsweise unter den Mitgliedsstaaten der Europäischen Gemeinschaft als Bürgerrecht konstituiert: Freizügigkeit. Das ist der Rechtsanspruch, demzufolge jeder, der hier in Europa als Staatsbürger eines Mitgliedsstaats lebt, einen irreversiblen Anspruch darauf hat, dorthin zu wandern und dort zu bleiben, wo er es schöner oder besser findet. Übrigens auch dann, wenn er keinen Job hat.

Dass Menschen, die miserable Zukunftsperspektiven für sich sehen, lieber einen Ort aufsuchen, an dem sie günstigere Zukunftsperspektiven für sich erwarten, ist ganz gewiss legitim, aber gerade kein Rechtsanspruch. Und das ist eine wichtige Unterscheidung. Es gibt zwei Arten von Migration, die wir deutlich auseinanderhalten müssen – auch und gerade, weil sie gleichzeitig vorkommen. Die freiwillige Migration, weil jemand sagt: »Da, wo ich bin, sehe ich für mich keine hinreichende Zukunftsperspektive, das Leben wird für mich in Berlin oder in Paris oder wo auch immer sehr viel erfolgversprechender«; und es gibt die unfreiwillige Migration, die ausgelöst wird, weil jemand verfolgt und von da vertrieben wird, wo er ursprünglich lebt. Es spricht manches dafür, insbesondere mit Blick auf die Größenordnung der Migration, die ich in Zukunft für realistisch halte, dass wir den Zusammenhang zwischen diesen beiden verschiedenen Ansprüchen deutlich machen und sagen müssen: Ja, wir stehen alle, ohne jede Ausnahme, zu dem von uns völkerrechtlich akzeptierten Grundsatz, dass Menschen, die verfolgt werden, bei uns Zuflucht finden. Aber wir sagen auch genauso unmissverständlich: Wir werden diesen Anspruch nur einlösen können, wenn wir gleichzeitig deutlich machen, dass nicht jeder, der lieber nach Europa kommt, als in seinem Herkunftsort zu bleiben, wo er aufgewachsen ist, zu uns kommen und hier bleiben kann. Das eine ist Voraussetzung für das andere, wenn Migration mit einer realistischen Integrationsperspektive ausgestattet sein soll, was ich für völlig unverzichtbar halte.

Siebte und letzte Bemerkung: Der heutige 17. Juni ist ein nicht ganz unbedeutendes Datum in der jüngeren deutschen Geschichte. Alle Franzosen wissen, dass der 17. Juni natürlich auch ein bedeutendes Datum in ihrer Geschichte ist, seit sich die Nationalversammlung am 17. Juni 1789 zur solchen erklärt hat. Es gibt tatsächlich auch einen Zusammenhang zwischen dem 17. Juni 1953 und dem Thema, das wir heute diskutieren. Am 17. Juni 1953 sind Tausende von Menschen in der DDR auf die Straße gegangen, um nicht nur gegen Lohndiktate zu demonstrieren, sondern gegen staatliche Bevormundung und Verweigerung von fundamentalen Bürgerrechten. Dieser damalige Aufstand ist – wie eine Reihe von Folgeaufständen in den damaligen kommunistischen

Staaten Europas – unter Einsatz von militärischer Gewalt niedergeschlagen worden. Gestern auf den Tag genau vor 55 Jahren – am 16. Juni 1961 – hat der damalige Staatsratsvorsitzende der DDR, Walter Ulbricht, in einer legendären Pressekonferenz den legendären Satz geprägt, niemand beabsichtige eine Mauer zu errichten. Die Berliner Mauer wurde acht Wochen später gebaut. Und sie wurde aus Sicht der SED gebraucht, weil sich Monat für Monat Zehntausende von Menschen aufmachten, um die ihnen im eigenen Land verweigerten Grundrechte dort für sich zu reklamieren, wo sie dafür eine Erfolgsaussicht sahen.

Wenn uns die jüngere Geschichte etwas beigebracht hat, dann will ich sehr hoffen, dass es eben diese Erkenntnis ist: dass dem Freiheitswillen von Menschen auf Dauer auch Mauer und Stacheldrahtzäune nicht im Wege stehen können. Selbst dann nicht, wenn die Mauern und Stacheldrahtzäune mit Schießbefehl und Hundelaufanlagen gesichert werden. Selbst dann werden sie am Ende dem Freiheitswillen der Menschen nicht standhalten. Deswegen bin ich geradezu fassungslos über eine europäische Debatte, die glauben machen will, das Problem der Migration sei dadurch zu lösen, dass wir in Europa wieder Zäune errichten. Es liegt die Zusatzfrage auf der Hand: mit Schießbefehl oder ohne? Und wie lange sollen diese Mauern eigentlich halten? Es ist – mit anderen Worten – weit unter unserem Niveau, wie wir Europäer derzeit mit einem Thema umgehen, dem wir nicht ausweichen können und für das wir aus Gründen der Selbstachtung und im Übrigen mit dem Selbstbewusstsein einer jahrhundertelangen eigenen Erfahrung mit Migration überzeugende Antworten entwickeln müssen und entwickeln können. Das wird nach meiner Überzeugung allerdings nur gelingen, wenn wir es gemeinsam angehen – und nicht jeder für sich und schon gar nicht jeder gegen jeden.

Europa ist nicht nur ein großes Versprechen, es ist auch eine große wechselseitige Verpflichtung

Rede vor dem serbischen Parlament, Belgrad, 15. Juni 2017

Ich bedanke mich herzlich für die freundliche Einladung auch im Namen meiner Kollegen aus dem Deutschen Bundestag und für das besondere Privileg, hier heute im serbischen Parlament über gemeinsame Absichten für die Gestaltung unserer Zukunft in Europa sprechen zu können. Unser Besuch hier in Belgrad ist Ausdruck unseres Interesses an diesem Land, seiner Geschichte, seiner Kultur und insbesondere an der jüngeren Entwicklung einschließlich der Perspektiven, die sich daraus für die überschaubare Zukunft entwickeln und die nicht nur, aber ganz wesentlich von diesem Parlament gestaltet werden müssen. In all den Gesprächen, die wir gestern und heute in unterschiedlichsten Zusammensetzungen geführt haben, gab es zwei immer wiederkehrende Bemerkungen und Einschätzungen.

Erstens: Ausnahmslos alle Gesprächspartner haben uns bestätigt, wie gut die bilateralen Beziehungen zwischen Deutschland und Serbien seien.

Und zweitens: Alle haben mehr oder weniger unmissverständlich deutlich gemacht, dass sie von Deutschland eine besondere Rolle im weiteren Entwicklungsprozess Europas im Allgemeinen und in den Beziehungen Serbiens zu Europa im Besonderen erwarten. Beides ist neu und jedenfalls nicht selbstverständlich. Weder waren die deutsch-serbischen Beziehungen immer schon freundschaftlich, noch hat man immer schon Deutschlands Rolle in Europa als besonders konstruktiv wahrgenommen. Es hat ganz offenkundig Veränderungen gegeben in den vergangenen Jahren. Und das ist für mich auch ein ganz wichtiges vorläufiges Resultat nicht nur dieses Besuches, aber auch dieses Besuches: Veränderungen sind möglich und sie werden auch weiter nötig sein, wenn wir das Ziel gemeinsam erreichen wollen, das immer häufiger, immer unmissverständlicher zuletzt auch und gerade in der Amtszeit Ihres neu gewählten Präsidenten als Regierungschef deutlich geworden ist, nämlich eine strategische Positionierung Serbiens in Europa und mit Blick auf die Europäische Union.

Ich möchte Ihnen gerne von den ja auch nicht ganz einfachen, aber vielleicht aufschlussreichen deutschen Erfahrungen der jüngeren Vergangenheit berichten. Zu unseren Erfahrungen gehört: Demokratie ist ohne Stabilität nicht zu haben, aber Stabilität ohne Demokratie auch nicht. Das eine ist Voraussetzung für das andere. Als mich gestern die Präsidentin darauf aufmerksam machte, dass ich der erste deutsche Parlamentspräsident sei, der nach Belgrad komme, habe ich spontan gesagt, ich vermute, dass es vor mir mindestens einen Besuch des damaligen Präsidenten der Volkskammer der DDR in Belgrad gegeben habe. Dieses Parlament gibt es nicht mehr, den ganzen Staat gibt es nicht mehr, weil dieses vermeintliche Parlament nicht Ausdruck eines souveränen Volkswillens war, sondern ein Instrument zur Entmündigung und Bevormundung eines Volkes, der verlängerte Arm einer Einheitspartei und nicht das, was ein Parlament in einer lebendigen vitalen Demokratie sein will und sein muss, nämlich Ausdruck der unterschiedlichen Auffassungen, Überzeugungen, Interessen und Ansichten, die es in einer modernen Gesellschaft gibt.

Nun wissen Sie alle, meine Damen und Herren, liebe Kolleginnen und Kollegen, Deutschland ist nicht das Mutterland der Demokratie. Wir haben die Demokratie nicht erfunden und die ganze Wahrheit ist, wir haben mehrere Anläufe gebraucht, bis das entstanden ist, was heute die meisten für eine besonders stabile parlamentarische Demokratie halten. Und deswegen weise ich oft darauf hin – übrigens auch in Deutschland immer wieder –, dass der erste Versuch, in Deutschland eine Demokratie zu etablieren, vor ziemlich genau 100 Jahren nach ganzen 13 Jahren schon zu Ende war. Die sogenannte Weimarer Demokratie, nach dem Ersten Weltkrieg und dessen Ergebnis errichtet und von einer übrigens von der Papierform her bemerkenswerten Verfassung begleitet, hat nicht einmal das Volljährigkeitsalter erlebt. Unter Historikern ist heute unstreitig, dass unter den vielen Gründen, die zum Scheitern der ersten deutschen Demokratie beigetragen haben, der wohl wichtigste einzelne Grund das mangelnde Engagement der Demokraten war. Die erste deutsche Demokratie ist daran gescheitert, dass es zu viele Gegner und zu wenige Verteidiger der Demokratie gab und dass diejenigen, die für diese Demokratie eine besondere Verantwortung hatten in Parlament wie Regierung, die Rivalität untereinander für noch wichtiger gehalten haben als die gemeinsame Verantwortung aller Demokraten. An dieser auf Dauer gesetzten unversöhnlichen Rivalität, der Unfähigkeit zum Konsens und der Verweigerung notwendiger Kompromisse ist die erste deutsche Demokratie gescheitert. Und Sie alle wissen, dass die Folge dieses Scheiterns einer Demokratie auf deutschem Boden nicht nur für Deutschland ein verheerendes Resultat nach sich gezogen hat, sondern für ganz Europa zu einem Desaster geworden ist, weil das, was sich an diese gescheiterte Demokratie anschloss, Deutschland und den ganzen Kontinent verwüstet hat.

Ich glaube, man kann ohne Übertreibung sagen, dass die

traumatische Erfahrung des Scheiterns einer deutschen Demokratie und die Erinnerung an die entsetzlichen Folgen dieses Scheiterns in den »genetischen Code« unseres Landes eingegangen sind. Aus der Diktaturerfahrung und der Wahrnehmung einer entsetzlichen historischen Schuld, die wir auch und gerade gegenüber unseren europäischen Nachbarn eingegangen sind, ist ein neues Verständnis von Demokratie und Verfassung gewachsen, auch ein neues Verständnis vom notwendigen Umgang von Demokraten miteinander: ein anderes Verständnis von der notwendigen Balance zwischen Konkurrenz und Konsens, zwischen Konflikt und Kompromiss, zwischen Interessen und Überzeugungen.

Ich will auch heute dafür werben, wie ich das in allen Parlamenten tue, die ich besuche, Kompromisse als unverzichtbare Voraussetzung für die Handlungsfähigkeit eines demokratischen Systems nicht nur zu begreifen, sondern auch zu praktizieren. Das lässt sich – wie ich nur allzu gut weiß – leichter formulieren als in der Realität umsetzen. Wir alle sind zunächst einmal von dem überzeugt, was wir selbst für richtig halten, und es erhöht zunächst auch einmal die Strahlkraft nach außen, wenn es mit dem Anspruch versehen wird, es gehe überhaupt nur so und nicht anders. Aber wenn ein Land sich im Ganzen in seinen politischen Institutionen vertreten fühlen soll, und wenn möglichst alle den Eindruck haben wollen, dass wir nicht einzelne Meinungen gegenüber dem Rest durchsetzen, sondern ein gemeinsamer Weg für möglichst viele gesucht wird, fördert das die Nachhaltigkeit politischer Entscheidungen ganz erheblich.

Wir haben, wie Sie wissen, im eigenen Land durch die Wiederherstellung der deutschen Einheit und die Entscheidung der ersten und einzigen frei gewählten Volkskammer der DDR, dem Geltungsbereich des Grundgesetzes, also unserer Verfassung, beizutreten, im Unterschied zu allen anderen westeuropäischen Nachbarländern im eigenen Land Erfahrungen mit der Transformation eines autoritären in ein demokratisches parlamentarisches System. Und auch wenn natürlich jeder seine eigenen Erfahrungen machen muss, auch machen soll, geben wir das, was sich überhaupt an Erfahrungen vermitteln lässt, gerne weiter und beteiligen uns besonders gerne gerade im Lichte der eigenen Erfahrungen an ähnlichen Prozessen in anderen Ländern.

Ich möchte auch heute darauf hinweisen, dass wir gar nicht oft genug uns selbst und der Öffentlichkeit vermitteln können, dass das, was eine Demokratie charakterisiert, nicht in erster Linie die Existenz von Regierungen, sondern die Existenz von Parlamenten ist. Regierungen gibt es immer; solange es die Menschheit gibt, hat es Regierungen gegeben. Parlamente dagegen sind eine vergleichsweise junge Erfindung der menschlichen Zivilisation, und dass es Regierungen gibt, ist überhaupt gar kein Unterscheidungsmerkmal für ein System im Vergleich mit einem anderen. Aber ob es ein Parlament gibt und ob es auch gegenüber der jeweiligen Regierung eigene Funktionen und Kompetenzen hat, dass es eine Regierung nicht nur ins Amt heben, sondern im Amt kontrollieren kann, das charakterisiert ein politisches System als Demokratie. Ich füge hinzu: Man erkennt eine Demokratie auch nicht daran, dass Mehrheiten entscheiden; das ist zweifellos richtig, aber eher banal. Man erkennt eine Demokratie daran, dass Mehrheiten nicht darüber befinden können, ob es Minderheitsrechte gibt, sondern dass Minderheiten ihre eigenen Rechtsansprüche haben, die nicht zur Disposition einer Mehrheit stehen. Das muss übrigens an keiner anderen Stelle deutlicher werden als im Parlament. Wie soll in einer Gesellschaft das Verständnis von der Nichtverhandelbarkeit von Minderheitsrechten wachsen, wenn dies in Parlamenten nicht als ganz selbstverständliches Verfahren akzeptiert wird?

Schließlich macht ein Parlament nur Sinn, wenn es außer den Parteien, die eine Regierung tragen, auch andere gibt, die sie nicht tragen, sondern wenn die Opposition in gleicher Weise hier ein Forum der eigenen politischen Auffassungen, Interessen und Überzeugungen findet wie die Regierung auch.

In diesem Land ist nun seit einigen Jahren eine Entwicklung zu beobachten, die unseren ausdrücklichen Respekt verdient. Aber ich will dies ausdrücklich verbinden mit der Ermutigung, den offenkundig für gemeinsam notwendig gehaltenen Prozess der Reformen konsequent weiterzugehen. Und dabei im Blick zu behalten, dass das Land sicher nicht nur weitere Wirtschaftsreformen braucht, sondern offenkundig auch politische Reformen, und wenn ich die Antrittsrede des neuen Staatspräsidenten richtig verstanden habe mit seiner Ankündigung, zu einem Dialog auch über konstitutionelle Fragen einzuladen, ist jedenfalls meine Vorstellung, dass der wichtigste einzelne Ort für eine solche Auseinandersetzung dieses Parlament ist. Wo denn sonst soll exemplarisch für das ganze Land die Auseinandersetzung stattfinden, ob und an welcher Stelle man welche Weiterentwicklungen der eigenen Verfassung braucht im Interesse der Entwicklung des Landes im Allgemeinen und schon gar mit Blick auf eine mögliche Mitgliedschaft in der Europäischen Union? Seit fünf Jahren hat Serbien nun einen Kandidatenstatus. Ich hatte gerade die Gelegenheit, mit den Mitgliedern der serbisch-deutschen Freundschaftsgruppe auch über dieses Thema zu reden. Fünf Jahre, das ist schon länger als eine Legislaturperiode, aber ich habe daran erinnert, dass es nach der Transformation der autoritären kommunistischen Systeme in Mittel- und Osteuropa auch vierzehn Jahre gedauert hat, bis Polen, Ungarn, die Tschechische Republik und andere Staaten Mitglied der Europäischen Gemeinschaft geworden sind und dass die Mitgliedschaft in der Europäischen Union kein Automatismus ist, sondern dass es sich um die Entscheidung zur Zugehörigkeit in einer Staatengemeinschaft handelt, die durch gemeinsame Überzeugungen von der Nichtverhandelbarkeit demokratischer Prinzipien gekennzeichnet ist und durch die gemeinsame Bereitschaft, immer mehr Aufgaben gemeinsam wahrzunehmen. Man kann gar nicht überschätzen, wie anspruchsvoll dies ist. Im Ergebnis geht es um nicht mehr und nicht weniger als die Bereitschaft, auf Souveränität zu verzichten, die man alleine haben könnte, aber die man in einer Staatengemeinschaft mit anderen teilt, in der Überzeugung, auf diese Weise einen größeren Einfluss auf die Geschichte und auf die eigenen Angelegenheiten in Zeiten der Globalisierung nehmen zu können.

In diesen Tagen beginnen die Verhandlungen mit einem Mitgliedsland der Europäischen Gemeinschaft, das sich das nicht länger zumuten will. Ich persönlich halte das für eine historische Fehlentscheidung, aber es macht den Rang dieser Staatengemeinschaft aus, dass niemand gezwungen ist, ihr beizutreten, und niemand gezwungen wird, dabeizubleiben, wenn er glaubt, sich außerhalb besser als innerhalb dieser Gemeinschaft entwickeln zu können. Aber das aktuelle Beispiel macht deutlich: Wir reden hier nicht über die Mitgliedschaft in einem Golfclub oder einem Tennisclub, sondern wir reden über die Mitgliedschaft in einer Staatengemeinschaft mit hohen wechselseitigen Ansprüchen, und man muss wissen, ob man sie wirklich eingehen will. Wir haben mit Interesse und Sympathie zur Kenntnis genommen, dass Serbien diese strategische Option für sich selbst reklamiert. Da wir an der Entwicklung dieser Region als Teil Europas ein großes Interesse haben müssen und nachweislich haben, stehen wir dieser strategischen Positionierung nicht nur aufgeschlossen, sondern ausgesprochen freundlich gegenüber. Es ist nicht zu übersehen, dass Deutschland in den letzten

Jahren nicht nur zum wichtigsten Handelspartner Serbiens geworden ist, sondern auch zum wichtigsten Förderer von Entwicklungen im Land, in verschiedensten Bereichen in der Gesellschaft. Das macht unser überragendes Interesse an diesem Land und an dieser Region deutlich.

Liebe Kolleginnen und Kollegen, meine Damen und Herren,
ich habe eine ausgeprägte Vorstellung, wie Historiker später einmal die Entwicklung in Europa zu Beginn des 21. Jahrhunderts beschreiben werden. Jedenfalls leben wir in einer gründlich veränderten Welt, in der längst nicht mehr Europa das natürliche Zentrum des Weltgeschehens ist und in der es schon allein deswegen eine plausible Vermutung gibt, dass wir in einer so gründlich veränderten Welt unsere eigenen Interessen am ehesten gemeinsam mit Erfolg werden wahrnehmen können und sicher nicht jeder für sich und schon gar nicht jeder gegen den Nachbarn. Wir sind alle Europäer diesseits und jenseits der Europäischen Union. Es ist für uns alle die freie Entscheidung, uns an diesem großen europäischen Projekt zu beteiligen oder es bleiben zu lassen. Aber bewusst sein muss uns: Europa ist nicht nur ein großes Versprechen, es ist auch eine große wechselseitige Verpflichtung und nur mit der Erfüllung dieser freiwillig eingegangenen Verpflichtungen lässt sich das große Versprechen einlösen. Daran wollen wir Deutsche gerne weiter mitwirken, dafür wollen wir den Beitrag leisten, den wir leisten können, dazu laden wir alle ein, die daran beteiligt sein wollen, und ich bedanke mich bei Ihnen sehr für diese seltene Gelegenheit, dies in diesem Raum Ihnen erläutern zu dürfen, und freue mich auf die Zusammenarbeit zwischen unseren Parlamenten gerade auch in den nächsten Jahren.

Politiker und ihre Zeit

Auch unter eskalierendem Terror war Widerstand nötig und möglich

Einleitende Worte zur Umbenennung von Parlaments-
gebäuden in Otto-Wels-Haus und Matthias-Erzberger-Haus,
Deutscher Bundestag, 23. März 2017

Heute jährt sich das Ermächtigungsgesetz vom 23. März 1933. Die Selbstaufgabe des Parlaments – wie man damals ahnen musste und heute weiß – bahnte den Weg unumkehrbar in die nationalsozialistische Diktatur. Der Reichstag tagte nach dem großen, mysteriösen Brand schon nicht mehr in diesem Gebäude; ein Parlament wurde fortan auch nicht mehr gebraucht.

Der 23. März verweist als ein Wendepunkt der deutschen Geschichte auf die persönlichen Schicksale zweier herausragender Parlamentarier, die der Deutsche Bundestag von heute an mit der Benennung prominenter Liegenschaften hier in Berlin ehren wird: Otto Wels und Matthias Erzberger.

Mit ihnen verbinden sich die dramatischen Anfänge und das tragische Ende der ersten deutschen Republik, beginnend mit dem Waffenstillstand im Wald von Compiègne 1918, den zu unterschreiben der Zentrumsabgeordnete Matthias Erzberger als Leiter der deutschen Verhandlungsdelegation auf sich nahm, um das sinnlose Gemetzel in Europa nach vier entsetzlich langen Jahren endlich zu beenden.

Als Folge der berechnenden Feigheit verantwortlicher Generäle, ihre militärische Niederlage selbst einzugestehen, blieb nicht nur der Ruf der jungen, gerade neu gegründeten

Republik und der parlamentarischen Demokratie nachhaltig beschädigt; auch Erzberger persönlich, der für die Idee eines Völkerbundes und die Annahme des von vielen als »Friedensdiktat« empfundenen Versailler Vertrags eintrat, wurde Ziel übelster Schmähungen und Verleumdungen und im August 1921 das Opfer eines Mordanschlags.

1933, unmittelbar vor dem Ermächtigungsgesetz, gewährte Reichspräsident Paul von Hindenburg mit einer Verordnung für »Straftaten, die im Kampfe für die nationale Erhebung des Deutschen Volkes, zu ihrer Vorbereitung oder im Kampfe für die deutsche Scholle begangen sind«, Straffreiheit und damit auch den ins Ausland geflüchteten Attentätern Matthias Erzbergers, für deren Rückkehr sich Hitler persönlich aussprach. Sie hatten einer nationalistisch-antisemitischen Terrororganisation angehört, hervorgegangen aus einem Putsch konterrevolutionärer Kräfte gegen die Republik, der im März 1920 an einem Generalstreik gescheitert war. Dieser war damals organisiert und initiiert von Otto Wels.

Dieser war es auch, der als SPD-Vorsitzender am 23. März 1933 in einem Akt demokratischer Selbstbehauptung seine Stimme gegen die Auslieferung der Demokratie an ihre Feinde erhob, als Einziger, mutig und mit bestechender Klarheit. Durch die Kraft der Rede ließ sich die Entwicklung nicht mehr verändern, die Transformation einer labilen Demokratie in einen autoritären, schließlich totalitären Staat. Und doch wurde das Wort zur Tat: zum Widerstand gegen die Anmaßung der neuen Machthaber, zum Signal, zur Botschaft an die Nachwelt, dass auch unter eskalierendem Terror Widerstand nötig und möglich war. Diese historische Erfahrung verdient nicht nur in Deutschland in Erinnerung bewahrt und politisch bewusst zu bleiben. Ähnliche Versuchungen gibt es offenkundig auch heute.

Bei allen Unterschieden in Herkunft und politischer Sozialisation eint Otto Wels und Matthias Erzberger, dass ihr Wirken in der Rückschau auf die existenziellen Krisenmomente reduziert wird. Dabei zeigten sich in ihnen wie in einem Brennglas Charakter und demokratische Gesinnung, die ein viel längeres politisches Leben auszeichneten. Beide gehörten dem Reichstag jeweils fast zwei Jahrzehnte an. Sie organisierten an herausgehobener Position den schwierigen Übergang von der Monarchie zur Republik und formten deren Grundfeste mit – Otto Wels von 1919 an als Vorsitzender seiner Partei, deren führender Kopf er auch im Exil bis zu seinem Tod zwei Wochen nach Kriegsbeginn blieb.

Erzberger wiederum personifiziert das im Kaiserreich gewachsene Selbstbewusstsein des Parlaments. Auch wenn die von ihm initiierte Friedensrevolution, in der sich der Reichstag vor genau 100 Jahren mehrheitlich für einen Verständigungsfrieden ohne Annexionen aussprach, folgenlos blieb, erwies sich das damals geschmiedete parlamentarische Bündnis aller demokratischen Kräfte als tragfähig für die spätere, die Republik stützende sogenannte Weimarer Koalition. In der kurzen Zeitspanne, die Erzberger blieb, um diese Republik mitzugestalten, ist ihm Beachtliches gelungen. Er organisierte ein reichseinheitliches Bahnsystem und schuf als Finanzminister eine der größten Steuerreformen der Geschichte, deren Grundlagen bis in die heutige Zeit reichen, und das übrigens innerhalb von neun Monaten.

Liebe Kolleginnen und Kollegen, dass wir Persönlichkeiten ehren, die in ihrem Kampf um Demokratie und Parlamentarismus scheiterten und dafür sogar mit dem Leben bezahlten, ist keine deutsche Besonderheit, der Schleier des Vergessens aber, der vielfach über den Wegbereitern unserer Demokratie liegt, schon. So gibt es in Berlin einen Hindenburgdamm, aber bis heute keine Straße und keinen Platz, die beziehungsweise der an Matthias Erzberger erinnert. Deshalb freue ich mich, dass der Ältestenrat meinem Vorschlag gefolgt ist, Gebäude und Säle des Bundestages nach bedeutenden Parlamentariern und Parlamentarierinnen zu benennen. Möglichst bald wollen wir so auch eine herausragende Frau des deutschen Parlamentarismus würdigen.

Mit der Benennung des Gebäudes Unter den Linden 50 in »Otto-Wels-Haus« und Unter den Linden 71 in »Matthias-Erzberger-Haus« setzt der Deutsche Bundestag ein überfälliges Zeichen im öffentlichen Raum.

Wir erinnern an die Lebensleistung zweier herausragender Parlamentarier, die beispielgebend moralische Größe und demokratische Haltung bewiesen – zu einer Zeit, als es auch in Deutschland tatsächlich Mut brauchte, um für seine Überzeugungen einzutreten. Ihr Vermächtnis ist und bleibt uns anvertraut.

Der Wahrheit ins Gesicht zu schauen

**Würdigung von Bundespräsident Richard von Weizsäcker,
Deutscher Bundestag, 5. Februar 2015**

Am letzten Samstag ist Richard von Weizsäcker gestorben.
Mit ihm hat unser Land eine seiner herausragenden Persönlichkeiten verloren, ein großes Staatsoberhaupt, für viele
Menschen eine Identifikationsfigur, in dessen Leben sich ein
ganzes Jahrhundert deutscher und europäischer Geschichte
spiegelt.

Zwölf Jahre war er Mitglied dieses Hauses und bekleidete in dieser Zeit führende Funktionen. Als stellvertretender
Vorsitzender der CDU/CSU-Bundestagsfraktion gehörte er
zu den prominenten Parlamentariern der 1970er Jahre. Zuletzt, von 1979 an, war Richard von Weizsäcker Vizepräsident
des Deutschen Bundestages. Ihn verließ er 1981 schließlich,
um – in seinen Worten: als »Schwabe im Exil« – als Regie-
render Bürgermeister Verantwortung in Westberlin zu übernehmen – zu einer Zeit, als die ideologischen wie die realen
Mauern noch für die Ewigkeit errichtet schienen. Die deutsche Teilung und ihre Überwindung sollten seine Amtszeit
als Bundespräsident entscheidend prägen.

»Es kommt meinem Amte zu, Fragen zu stellen und die Arbeit für Antworten auf sie zu ermutigen, nicht aber Rezepte
anzubieten«, sagte er nach seiner Wahl zum Staatsoberhaupt
1984. Sein Amtsverständnis war überparteilich, aber nicht
neutral oder gar meinungslos. Das spürten auch andere Verfassungsorgane, nicht zuletzt die Parteien. Er schonte sie
nicht, wenn er von ihren besonderen Rechten und Pflichten

sprach, dabei wohl wissend und das auch betonend, welche Bedeutung den Parteien im Gefüge der parlamentarischen Demokratie zukommt.

Im Parlament, damals noch in Bonn, hielt Richard von Weizsäcker seine vielleicht persönlichste, ganz sicher aber seine politisch bedeutendste Rede.

Dolf Sternberger hat ihre Wirkung gedanklich vorweggenommen, als er über die Einflussmöglichkeiten eines Bundespräsidenten 1979 schrieb: »Auch Reden sind Taten.« Die Ansprache vom 8. Mai 1985 war eine solche – im Wortsinne – wegweisende Tat. Dass der 8. Mai ein Tag der Befreiung war, hatten andere schon vor ihm gesagt, nachhaltig Wirkung entfaltete der Gedanke aber erst in seinen Worten, kraft seines Amtes wie seiner persönlichen Autorität, seiner Lebensweisheit, den erlittenen Brüchen in seiner Familie, aber auch durch die intellektuelle Schärfe seiner zugleich berührenden Gedanken. Die Rede wirkt nach, weil sie die Deutschen nicht etwa mit der Geschichte versöhnte, sondern sie beauftragte, der Wahrheit ins Gesicht zu schauen, auch wenn es weh tut. Richard von Weizsäcker hat damit einen ganz persönlichen Beitrag zum nachhaltigen Umgang der Deutschen mit ihrer Geschichte geleistet – und das wird bleiben.

In seine Amtszeit fielen mit der Wiederherstellung der deutschen Einheit und dem Ende des Kalten Krieges weltbewegende Ereignisse. Die deutsche Frage hat ihn bereits als Parlamentarier bewegt: Er war Mitglied im Ausschuss für innerdeutsche Beziehungen und er bewies seine Fähigkeit zur wort- und wirkmächtigen Intervention bereits in den kontroversen Debatten um die Ostverträge. Als Richard von Weizsäcker 1990 schließlich der erste Bundespräsident des wiedervereinigten Deutschlands wurde, erkannte er die unterschiedlichen Befindlichkeiten der Menschen in Ost und West. Und er sah es als seine Aufgabe an, sie zusammenzuführen. Am Tag der Deutschen Einheit formulierte er einen Satz, der die Herausforderung des inneren Einigungsprozesses auf den Punkt brachte, indem er jedem Einzelnen seine persönliche Verantwortung zumaß: »Sich zu vereinen heißt teilen lernen.« Es ist sicher im Sinne des Verstorbenen hinzuzufügen, dass dieser Gedanke über die Nation hinaus auch im europäischen Einigungsprozess Geltung beanspruchen kann. Für die europäische Integration, insbesondere die Überwindung der Teilung in Ost und West, hat sich Richard von Weizsäcker mit hohem persönlichem Einsatz engagiert – auch nach seinem Abschied vom Schloss Bellevue. In dieser »dritten Amtszeit«, wie die beträchtliche Wirkung seiner Auftritte als Alt-Bundespräsident anerkennend beschrieben wurde, verfolgte er seine Anliegen mit großer Intensität weiter. Dazu zählten vor allem die freundschaftlichen Beziehungen zu unseren östlichen Nachbarn, die Polen und Tschechen, aber auch sein Einsatz für das deutsch-israelische Verhältnis. Den Staat Israel hatte er als erstes deutsches Staatsoberhaupt besucht. Richard von Weizsäcker genoss überall in der Welt höchste Wertschätzung und blieb auch ohne Amt angesehener Botschafter unseres Landes; sein Wort, wo es ihm wichtig und nötig erschien, hatte Gewicht.

Liebe Kolleginnen und Kollegen, am 11. Februar wird unser Land Richard von Weizsäcker die letzte Ehre erweisen, dann werden wir von ihm Abschied nehmen. Als Abgeordnete verneigen wir uns schon heute vor ihm, in großem Respekt und tiefer Dankbarkeit für seine herausragende politische Lebensleistung im Dienste unseres Landes, in Zuneigung und aufrichtiger Bewunderung. Seine Amtszeit hat Maßstäbe gesetzt, sein Verständnis einer aufgeklärten, reflektierten politischen Kultur wird weiterwirken.

Unsere Gedanken und unser Mitgefühl sind bei allen Angehörigen, vor allem bei seiner Frau Marianne, die ihm zeitlebens, nicht zuletzt im Amt des Bundespräsidenten, die wichtigste, liebevoll stützende Kraft gewesen ist.

Europa ist unsere Zukunft.
Wir haben keine andere

**Würdigung von Hans-Dietrich Genscher und
Guido Westerwelle,
Deutscher Bundestag, 14. April 2016**

Am 31. März verstarb mit 89 Jahren Hans-Dietrich Genscher. Bereits am 18. März erlag Guido Westerwelle seiner schweren Krankheit; er wurde nur 54 Jahre alt.

Dass Hans-Dietrich Genscher 1998 das letzte Mal im Deutschen Bundestag das Wort ergriff, als nach eintägiger, historischer Debatte die Einführung des Euro beschlossen wurde, war wohl mehr als ein Zufall. Er selbst sah, dass sich hier ein Kreis schloss. In seiner von vielen als politisches Vermächtnis verstandenen Rede erinnerte er daran, wie »nationalistische Verblendung und verbrecherischer Vernichtungswille gegen andere Völker« die staatliche Einheit Deutschlands zerstört und einen ganzen Kontinent verwüstet hatten. Als Luftwaffenhelfer und Frontsoldat im Kampf um Berlin hatte er diese blindwütige Zerstörung mit erleiden müssen. Darauf erlebte er als Hallenser, der er in seinem Herzen immer geblieben ist, die Enge der Diktatur in der DDR – prägende Erfahrungen für ein ganzes Leben.

1998 erinnerte Hans-Dietrich Genscher im Bundestag vor allem daran, dass die Deutschen ihre staatliche Einheit nur als Demokraten und als »gute Europäer« wiedererlangen konnten. Genscher wusste, dass nationale Einheit und europäische Einigung zwei Seiten der gleichen Medaille sind.

»Europa ist unsere Zukunft. Wir haben keine andere« – das war sein Credo; es wachzuhalten – auch in Krisenzeiten –, hat er uns aufgegeben.

Hans-Dietrich Genscher verstand in der bipolaren Welt wie kaum ein Zweiter, zwischen den Blöcken zu vermitteln. Mit trockenem Humor und einer schon legendären Freude am Witz baute Genscher über alle politischen Spannungen und ideologischen Gräben hinweg Nähe und Vertrauen auf. Seine Außenpolitik war fest in den westlichen Bündnissen verwurzelt und zugleich der neuen Ostpolitik verpflichtet. So gestaltete er maßgeblich den KSZE-Prozess und trug zum veränderten Klima bei, das den Kalten Krieg überwinden half.

Früher als viele andere hatte er den Reformwillen Gorbatschows erkannt. Im entscheidenden historischen Moment schrieb Hans-Dietrich Genscher Weltgeschichte: In den Zwei-plus-Vier-Verhandlungen ebnete er diplomatisch den Weg zur deutschen Einheit. Unvergesslich bleibt seine Ansprache auf dem Balkon der Prager Botschaft, deren erster Halbsatz weit über den Kreis der Betroffenen hinaus eine fast explosionsartige Wirkung erzeugte.

1992 gab er zur Überraschung auch seiner engsten Mitarbeiter und Freunde die Leitung des Auswärtigen Amtes ab, als dienstältester europäischer Außenminister, hochgeachtet in Deutschland und in der ganzen Welt, zu einem Zeitpunkt, als sich die Außenpolitik angesichts der Herausforderungen einer gründlich veränderten Welt neu orientieren musste.

In mehr als der Hälfte der damals 43 Jahre Bundesrepublik hatte er bis dahin Regierungsverantwortung getragen, zunächst als Innen-, dann als Außenminister, unter drei Bundeskanzlern in zwei verschiedenen Koalitionen, in nicht weniger als neun Kabinetten. Als er 1998 auch den Bundestag verließ, endeten 33 Jahre Abgeordnetentätigkeit, ein Leben im Dienst des Vaterlandes, wie sich Genscher selbst gern ausdrückte, eine herausragende politische Lebensleistung.

Genscher war es auch, der früh die politische Begabung eines jungen liberalen Nachwuchspolitikers erkannt hatte, der wiederum in ihm sein großes politisches Vorbild fand: Guido Westerwelle.

Die Nachricht von seinem Tod hat viele Menschen gerade wegen der Willensstärke und Zuversicht tief getroffen, die Westerwelle ausstrahlte, als er sich im vergangenen Herbst mit einem Buch über seinen Kampf gegen die schwere Erkrankung in der Öffentlichkeit zurückmeldete, um Betroffenen Mut zu machen und andere zu ermuntern, Knochenmark in einer Spenderkartei typisieren zu lassen.

Unser Land verliert mit Guido Westerwelle einen Parlamentarier von großer öffentlicher Präsenz. Über viele Jahre hat er als herausragender Redner die Debattenkultur in diesem Haus wesentlich bestimmt. Dem Deutschen Bundestag gehörte Guido Westerwelle von 1996 bis 2013 an; von 2006 an stand er an der Spitze der FDP-Bundestagsfraktion. Westerwelle focht für seine liberalen Überzeugungen, streitlustig, schlagfertig und scharfzüngig, dabei oft witzig, mitunter beinhart in der Argumentation; er teilte aus und musste einstecken. Sein Verständnis vom Liberalismus wusste er in griffige Formeln zu kleiden, und selbstbewusst ging er, um seinen Themen öffentliche Aufmerksamkeit zu verschaffen, auch ungewöhnliche Wege.

Manche Übertreibungen haben ihn schnell eingeholt. Es sagt viel über seinen Charakter, dass er diese im Nachhinein bisweilen selbstkritisch hinterfragte. Während er als Politiker in der Öffentlichkeit polarisierte, bleibt er allen, die ihn persönlich kannten, als warmherzig, bescheiden, humorvoll und kunstinteressiert in Erinnerung. Das haben viele bewegende Nachrufe, auch von Kollegen in diesem Haus über alle Fraktionsgrenzen hinweg, eindrücklich gezeigt.

Der FDP verhalf Guido Westerwelle 2009 zu einem historisch beispiellosen Wahlergebnis und damit zu neuer Regierungsverantwortung. Nicht zuletzt seinem Vorbild Genscher folgend, suchte er die kräftezehrende, neue Herausforderung im Auswärtigen Amt. Der auf diese Weise entwickelten Leidenschaft für die internationale Verständigung ging er auch nach seinem Ausscheiden aus der aktiven Politik weiter nach. Die Westerwelle Foundation ist das ambitionierte, bleibende Vermächtnis einer Persönlichkeit, die sich um unser Land verdient gemacht hat.

Der Deutsche Bundestag wird Hans-Dietrich Genscher und Guido Westerwelle ein ehrendes Andenken bewahren. Ihren Angehörigen gehört unser Mitgefühl.

Heiterkeit und Härte

Am 24. August verstarb in Bad Krozingen Bundespräsident Walter Scheel – im bemerkenswerten Alter von 97 Jahren.

Wir gedenken mit großem Respekt und mit Dankbarkeit des überzeugten Liberalen, des geschätzten Ministers und beliebten Bundespräsidenten – und hier im Bundestag insbesondere eines überzeugten Parlamentariers. Sein politischer Lebensweg führte über alle parlamentarischen Ebenen von der Kommunalvertretung und der Landesebene in die Bundespolitik und als Abgeordneter in das Europäische Parlament.

In den Bundestag zog er 1953 erstmals ein und verließ ihn erst 1974 wieder, um sein Amt als Staatsoberhaupt in der Villa Hammerschmidt anzutreten. In den Jahren der ersten Großen Koalition, in denen es naturgemäß auch darum ging, die parlamentarischen Rechte der Minderheit zu wahren, nicht zuletzt angesichts einer lautstarken außerparlamentarischen Opposition, amtierte er als Vizepräsident. In der Sitzungsleitung bewies Walter Scheel, was später auch seine Präsidentschaft auszeichnete: Liberalität, Ausgewogenheit und Durchsetzungsvermögen. Walter Scheel prägte die zutiefst demokratische Maxime: »Opposition ist das Salz in der Suppe der Demokratie.«

Wer von Ihnen alt genug ist, sich Bilder von Begegnungen mit Walter Scheel vor Augen führen zu können – soweit ich sehe, wird dies hier im Hause nur dem Kollegen Wolfgang

Schäuble möglich sein, der als Parlamentsneuling ab 1972 Walter Scheel auf der Bonner Regierungsbank beobachten konnte –, wer Fernsehbilder von Walter Scheel vor Augen oder seine Stimme im Ohr hat, wird sich der heiteren Selbstgewissheit entsinnen, die Walter Scheel auszustrahlen vermochte.

Es verwundert indes nicht, dass die von Hans-Dietrich Genscher herausgegebenen Reden Scheels sehr bewusst den Titel »Heiterkeit und Härte« tragen. Denn die noch junge Bundesrepublik war in den Jahren, in denen Walter Scheel sie als Vizekanzler und Außenminister entscheidend mitgeprägt hat, bemerkenswerten politischen Richtungswechseln und Turbulenzen ausgesetzt, nicht zuletzt dem Terror der RAF. Ausgesprochen harte Auseinandersetzungen auch und gerade hier im Parlament wurden um die neue, auf eine Verständigung zwischen Ost und West ausgerichtete Ostpolitik geführt, in denen Walter Scheel eine bedeutende Rolle einnahm – und die es ohne ihn und seine als Parteivorsitzender der FDP geradezu tollkühne Entscheidung, eine Koalition mit der SPD unter Führung Willy Brandts einzugehen, gar nicht so gegeben hätte.

Dem erbitterten wie sachgerechten Streit zum Trotz strahlte die Persönlichkeit Scheels – dank seiner Prinzipienfestigkeit, seines Muts zur Modernisierung und seiner Zielstrebigkeit – Zuversicht und Lebensfreude aus und damit eine imponierende Grundhaltung.

Der Deutsche Bundestag wird Walter Scheel, der sich um unser Land und um die Demokratie verdient gemacht hat, ein ehrendes Andenken bewahren.

Unsere Gedanken sind bei seiner Witwe und seinen Kindern. Wir sprechen allen Angehörigen des ehemaligen Bundespräsidenten unser tief empfundenes Mitgefühl aus.

Nicht nur ein großer Redner,
sondern vor allem ein leidenschaftlicher,
gelegentlich provozierender Debattierer

Würdigung von Bundeskanzler Helmut Schmidt,
Deutscher Bundestag, 12. November 2015

Der Deutsche Bundestag, unser Land trauert um Helmut Schmidt, der am vergangenen Dienstag in Hamburg im Alter von 96 Jahren verstorben ist. Wer diese außergewöhnliche Persönlichkeit begreifen und würdigen will, muss die Perspektive weiten, auch zeitlich. Gestern haben viele unserer Nachbarn an das Ende des Ersten Weltkrieges 1918 erinnert. Um zu erfassen, welche Jahrhundertgestalt mit Helmut Schmidt von uns gegangen ist, reicht es fast aus, daran zu erinnern, dass er nur wenige Wochen später – noch im gleichen Jahr: 1918 – geboren wurde.

Helmut Schmidt war ein Kind der Weimarer Republik. Er erlebte seine Jugend unterm Hakenkreuz, und ihm selbst wurde der Zweite Weltkrieg zum Schicksal. Die Bedeutung dieser prägenden Erfahrungen in einem – wie er in der ihm eigenen, befreienden Deutlichkeit zu sagen pflegte – »Scheißkrieg« hat er immer wieder betont. Schmidt kämpfte als Soldat in der Sowjetunion, später an der Westfront und geriet kurzzeitig in britische Kriegsgefangenschaft.

»Wir alle wollten damals nicht Altes einreißen – da gab es gar nichts mehr einzureißen!«, erinnerte er sich an den Gestaltungswillen seiner Generation nach Kriegsende, »sondern wir wollten etwas Neues aufbauen […].«

Bereits 1953 saß Helmut Schmidt erstmals im Deutschen Bundestag, dem er über drei Jahrzehnte angehörte. Schon bald nach seiner ersten Wahl zählte er zu den profiliertesten Vertretern der jüngeren Generation im Parlament. Die Militär- und Sicherheitspolitik wurde zu seinem eigentlichen Metier. Es ist deshalb nicht ohne Symbolik, dass heute genau vor 60 Jahren die Bundeswehr gegründet wurde; wir haben gestern Abend vor dem Reichstagsgebäude daran erinnert.

Helmut Schmidt war der Armee und den Soldaten in besonderer Weise verbunden. Als Verteidigungsminister – der erste Sozialdemokrat in diesem Amt – reformierte er 1969 im Kabinett von Willy Brandt die Streitkräfte. Die Universität der Bundeswehr trägt auch deshalb heute seinen Namen.

Aufbau und Ausrichtung der Bundeswehr waren auch nach der Entscheidung zur Wiederbewaffnung weiter hochumstritten. Schmidt selbst profilierte sich in dieser Zeit als entschiedener Gegner einer atomaren Bewaffnung. Damals entstand das Bild, das die Öffentlichkeit lange vorrangig mit ihm verband und das erst in seiner Amtszeit als Minister und Regierungschef und später als Elder Statesman in den Hintergrund trat: das des scharfzüngigen Debattenredners. Er war nicht nur ein großer Redner, sondern vor allem ein leidenschaftlicher und ansteckender, gelegentlich provozierender Debattierer, wie aus dem Lehrbuch des Parlamentarismus.

Pathos war seine Sache nicht; er suchte lieber die bissige Pointe, die er meisterlich zu setzen wusste. Seine Rededuelle mit Ludwig Erhard, Franz Josef Strauß und später Helmut Kohl, in denen er teils schneidende Attacken ritt, sind unvergessen.

»Ich bilde mir ein, durch viele Reden – auch im Bundestag – eine ganze Menge moralischer und auch geistiger Pflöcke eingeschlagen zu haben.«

So wusste er sich und sein Rednertalent richtig einzuschätzen. »Einige von denen haben auch Wirkung erzielt«, ergänzte er – und das bestätigen nicht nur die, die ihn im Hohen Hause noch leibhaftig erlebt haben.

Verbindendes Element zwischen dem leidenschaftlichen Streitredner und dem kühlen Analytiker in der Regierungsverantwortung war die Lust daran, argumentativ zu überzeugen – durch Rede und Widerrede. Schmidt war, so hat Sigmar Gabriel das anlässlich seines 95. Geburtstages treffend ausgedrückt, eine Autorität, die sich auf das Argument stützte.

In seiner Amtszeit als Bundeskanzler hatte Helmut Schmidt große Herausforderungen zu bewältigen: von der Wirtschaftsrezession der 1970er Jahre bis zu Deutschlands Rolle im Kalten Krieg. Klarsichtig und entschlossen hat er sie gemeistert. Früher als andere hatte er die Bedrohung durch neue atomare Mittelstreckenwaffen der Sowjetunion erkannt und voller Überzeugung für den NATO-Doppelbeschluss gestritten – wider den Zeitgeist, der damals seinen Ausdruck in einer der größten Demonstrationen im Deutschland der Nachkriegszeit fand. Populär war diese Politik nicht – weder in der eigenen Partei noch in der Öffentlichkeit.

Unvergessen ist seine Standfestigkeit im sogenannten Deutschen Herbst. Schmidt sah sich damals vor unausweichliche Entscheidungen gestellt, die er nicht treffen konnte, ohne Schuld auf sich zu laden, wie er das selber später bekannt hat. Aber er hat sich nicht weggeduckt.

Wer ihn auf zeitgenössischen Aufnahmen sieht, wer ihn über diese Wochen und Monate reden hörte, spürt förmlich die Bürde seines Amtes, kann erahnen, welche Spuren sie auch bei ihm, dem vermeintlich so kühlen Pragmatiker, hinterlassen hat. Dank seiner Entschlossenheit bestand unsere Republik ihre schwerste Belastungsprobe, ohne selbst die Freiheit zu gefährden, gegen die der Terror gerichtet war.

Helmut Schmidt erwarb sich damals hohes Vertrauen

und Ansehen – und das nicht allein in Deutschland, das ihn als Inbegriff des nüchternen, disziplinierten Hanseaten verehrte. In der ganzen Welt genoss Helmut Schmidt höchste Reputation als Staatsmann, der deutsche Politik berechenbar gemacht hat, weil sie auf Nüchternheit und Rationalität, Toleranz und Weltoffenheit beruhte. Die spontane Würdigung durch den französischen Ministerpräsidenten und die Abgeordneten in der französischen Nationalversammlung nach Bekanntwerden des Todes von Helmut Schmidt am vergangenen Dienstag sind ein eindrucksvoller Beleg dieser persönlichen Wertschätzung wie der besonderen Beziehungen zwischen unseren beiden Ländern, und ich möchte die Gelegenheit gerne nutzen, mich bei unseren französischen Kolleginnen und Kollegen dafür ausdrücklich zu bedanken.

Als sich Helmut Schmidt 1986 aus dem Bundestag verabschiedete, verband er das mit einem eindringlichen Appell an die Parlamentarier zur »Besinnung auf das Ethos eines politischen Pragmatismus in moralischer Absicht«. Das kann man durchaus auch für eine passende Orientierung für die aktuelle Flüchtlingskrise halten. Das, was wir erreichen, was wir tun wollen, solle moralisch begründet sein. Der Weg dahin müsse aber realistisch, er dürfe nicht illusionär sein. Und er fügte für ihn fast untypisch emphatisch hinzu:

»Es sollte keiner glauben, dass solch Ethos die politischen Ziele ihres Glanzes beraube oder den politischen Alltag seines Feuers. Die Erreichung des moralischen Ziels verlangt pragmatisches, vernunftgemäßes politisches Handeln, Schritt für Schritt. Und die Vernunft erlaubt uns zugleich doch auf diesem Weg ein unvergleichliches Pathos. Denn keine Begeisterung sollte größer sein als die nüchterne Leidenschaft zur praktischen Vernunft.«

Dass der Bundestag früher als andere die überragende Bedeutung dieses Parlamentariers erkannt hatte, kommt auch in der Souveränität zum Ausdruck, ihm für seine Abschiedsrede eine alle Proportionen, auch von Regierungserklärungens sprengende Redezeit von knapp zwei Stunden zuzubilligen. Die Protokolle des Deutschen Bundestages benötigen für die Aufzeichnung dieser Rede 16 Seiten. Nach zeitgenössischen Berichten soll er mit einem Manuskript von 100 Seiten ans Podium gegangen sein.

Hoher moralischer Ernst prägte das Selbstverständnis dieses herausragenden Politikers. Es ist sein bleibendes Vermächtnis. Noch in diesem Jahr sagte er von sich in demonstrativer hanseatischer Bescheidenheit:

»Ich bin kein Vorbild. Das ist eine Rolle, die mir nicht gefällt.«

Allerdings mochten ihm allenfalls militante Nichtraucher in dieser Einschätzung folgen.

Die meisten Menschen faszinierte seine immense Lebenserfahrung, sie bewunderten seinen scharfen Verstand, nicht zuletzt liebten sie seinen trockenen Humor. Für viele war er, der in Vorträgen als Autor und Mitherausgeber der *Zeit* bis zuletzt die politische Debatte und Kontroverse suchte, mit seiner Meinung ein unverzichtbarer Kompass.

Helmut Schmidt war Politiker, Publizist und Patriot. Als Parlamentarier, als Bundesminister und vor allem als Bundeskanzler hat er sich auf herausragende Weise um Deutschland verdient gemacht. Wir verneigen uns vor einem der bedeutendsten politischen und intellektuellen Köpfe unseres Landes.

Unsere Gedanken sind bei seiner Familie, seinen Freunden und Weggefährten.

Legendär sind seine integrierende Kraft wie seine polarisierende Wirkung

Würdigung von Bundeskanzler Helmut Kohl, Deutscher Bundestag, 22. Juni 2017

Deutschland trauert um Helmut Kohl. Am vergangenen Freitag ist unser langjähriger Bundeskanzler Helmut Kohl in seiner pfälzischen Heimat im Alter von 87 Jahren verstorben.

Dass wir seiner an diesem Ort, im Reichstagsgebäude in der Mitte Berlins, der Hauptstadt des vereinten Deutschlands, gedenken, wäre undenkbar ohne die weltgeschichtlichen Veränderungen, die sich untrennbar mit seinem Namen verbinden. »Welches Haus wurde tiefer gezeichnet von den Spuren der Geschichte?«, fragte Helmut Kohl selbst an dieser Stelle, als neu gewählter Bundeskanzler bei einer Veranstaltung im Januar 1983 hier im Reichstagsgebäude, als unmittelbar dahinter Mauer und Stacheldraht Berlin noch teilten und damit Deutschland und Europa. »Kein Haus«, so der Kanzler damals, »verkörpert mehr als der Reichstag die Geschichte der Deutschen und ihre Hoffnung, in einem freien Europa in Frieden zu leben.« – Die Geschichte der Deutschen und ihre Hoffnung, in einem freien Europa in Frieden zu leben – Helmut Kohl hat diese Hoffnung nie aufgegeben, und wir verdanken es wesentlich ihm, dass sie heute Realität ist: die friedliche Einheit unseres Landes in einem freien und befriedeten Europa.

Als sich 1989 die von manchen längst abgeschriebene Chance ergab, ergriff Helmut Kohl mit dem sicheren Instinkt, der den großen Staatsmann auszeichnet, die Initiative: Mit seinem am 28. November 1989 vor dem Bundestag im Bonner Wasserwerk verkündeten Zehn-Punkte-Programm gab er der friedlichen Revolution in der DDR ihre ehrgeizige politische Richtung: hin zur deutschen Einheit. Es war eine Sternstunde unserer Parlamentsgeschichte und seine politische »Glanzleistung«, wie sein Amtsvorgänger Helmut Schmidt anerkennend befand. Dessen Standfestigkeit als Bundeskanzler beim für die weitere politische Entwicklung bedeutsamen und zugleich hochumstrittenen NATO-Doppelbeschluss hatte Helmut Kohl schon als Oppositionsführer voll mitgetragen und später ausdrücklich bekräftigt, auch als er sich – nun selbst im Amt – heftigen Protesten Hunderttausender Demonstranten im Bonner Hofgarten ausgesetzt sah.

»Ein Politiker, der nicht ein Stück Utopie in seinen Zielen hat, ist ein armer Mann«, vertraute der junge Helmut Kohl 1968 dem *Spiegel* an; damals ging das noch.

Dass die Einheit Deutschlands und Europas keine Utopie blieb, ist maßgeblich seiner Hartnäckigkeit in Grundsatzfragen und seinem entschlossenen Zugriff in der konkreten historischen Situation zu verdanken.

Kohl bewies 1989 eine Weitsicht, die im Westen des geteilten Landes vielen längst abhandengekommen war. Die Anerkennung einer eigenen DDR-Staatsangehörigkeit zum Beispiel, für die es auch in Teilen seiner eigenen Partei zeitweise durchaus Sympathien gab, hat es mit ihm nie gegeben. Was folgte, war die beispiellose Erfolgsgeschichte einer ebenso besonnenen wie zielgerichteten Diplomatie, ihr Ergebnis die deutsche Einheit im Staaten- und Werteverbund des Westens, im Einvernehmen mit allen unseren Nachbarn und mit Unterstützung wichtiger Partner in der Welt.

Kohl wusste, dass dieses große nationale Ziel nur über die Einigung Europas zu erringen war. Die Union der europäischen Staaten war ihm dabei aber nie allein ein Mittel, sondern immer ihr eigener Zweck: das große Friedensprojekt auf dem ehemals verfeindeten Kontinent, das er am Ende seiner Amtszeit auch über die gemeinsame Währung unumkehrbar zu machen suchte.

Die große Anteilnahme in unseren Nachbarstaaten und die weltweiten Reaktionen auf seinen Tod unterstreichen die herausragende Leistung Kohls als Ehrenbürger Europas. Ihm wird deswegen am Samstag der nächsten Woche in Straßburg ein bislang einzigartiger Akt der Würdigung zuteilwerden. Aber es versteht sich beinahe von selbst, dass Art und Ort der Würdigung einer herausragenden politischen Lebensleistung in und für Deutschland bei allem Respekt nicht nur eine Familienangelegenheit sind. Und der Deutsche Bundestag ist dafür wohl der bestmögliche Ort: in Anwesenheit des Bundespräsidenten und seiner Amtsvorgänger, der Kanzlerin und der Mitglieder der Bundesregierung, zahlreicher Botschafter und Vertreter des Diplomatischen Korps unter Führung seines Doyens, des Nuntius.

Meine Damen und Herren, Helmut Kohl wurde 1930 genau an dem Tag geboren, als hier im Reichstagsgebäude ein Misstrauensantrag gegen die damals neu gebildete Regierung unter Heinrich Brüning eingebracht wurde und scheiterte – die erste der Präsidialregierungen, die, wie wir heute wissen, das Ende der Weimarer Republik einläuteten und den Weg in die Diktatur wiesen. An deren Ende standen der vollständige moralische Zusammenbruch und ein Krieg, der sich schicksalhaft in die Familienbiografien von Generationen einschrieb, auch in die Helmut Kohls. 1989 vor der Dresdner Frauenkirche, als der Wille der Menschen zur Einheit für alle spürbar war, erinnerte Kohl an seine Jugend im Krieg mit dem nie ganz verwundenen Tod des älteren Bruders an der Front, und vor der Kirche, die damals noch Ruine war, erneuerte er das Versprechen, das sich seine Generation gegeben hatte:

»Nie wieder Krieg!

Von deutschem Boden muss in Zukunft immer Frieden ausgehen – das ist das Ziel unserer Gemeinsamkeit!«

Ausdruck dieses bleibenden Auftrags und Symbol der Aussöhnung zwischen Deutschen und Franzosen ist der unvergessene Händedruck mit François Mitterrand über den Gräbern von Verdun 1984. Zehn Jahre später markierte der feierlich begangene friedliche Abzug der letzten russischen Soldaten aus Berlin den, wie Helmut Kohl es damals nannte, »Schlusspunkt der Nachkriegsgeschichte Europas«, und alle, die damals dabei waren, haben es ganz genau so empfunden.

Eine Sowjetunion, in die die einst Rote Armee hätte zurückkehren können, gab es schon nicht mehr, dafür aber die allgemeine Erwartung auf einen dauerhaften Frieden. Undenkbar schien damals jedenfalls, dass die von Boris Jelzin ausgerufene »Periode der Freundschaft und Zusammenarbeit« zwanzig Jahre später von der heutigen russischen Führung mutwillig aufs Spiel gesetzt werden könnte – mit der völkerrechtswidrigen Annexion der Krim und den andauernden militärischen Auseinandersetzungen im Osten der Ukraine.

Helmut Kohl dachte in historischen Perspektiven; denn er wusste um die identitätsstiftende Kraft der Geschichte.

»Politik ohne Geschichte ist wurzellos, bleibt ziellos, ohne Grund und Perspektive. Wer die Zukunft politisch gestaltet, muss aus der geschichtlichen Erfahrung leben, ohne bei ihr stehen zu bleiben.«

Die politischen Akzente, die er mit dieser Begründung in seiner Amtszeit – auch gegen Widerstand – zu setzen wusste, werden bleiben; sie prägen unser Geschichtsbewusstsein und unsere Erinnerungskultur: das Deutsche Historische Museum in Berlin etwa und das Haus der Geschichte der

Bundesrepublik Deutschland in Bonn, die unsere nationale Geschichte immer auch europäisch einbetten, aber auch die Neue Wache Unter den Linden, die uns als Gedenkstätte für die Opfer von Krieg und Gewaltherrschaft an die entsetzlichen Verirrungen der deutschen Geschichte im 20. Jahrhundert erinnert.

Liebe Kolleginnen und Kollegen, verehrte Gäste, in den vielen Nachrufen der vergangenen Tage dominieren fast zwangsläufig die immer wieder gezeigten Bilder seiner Kanzlerschaft, die mit 16 Jahren länger währte als alle anderen, und zudem die viele Menschen berührende Tragik seiner letzten Lebensjahre. Dahinter tritt aber auch die Persönlichkeit Helmut Kohls wieder stärker hervor, die fast niemanden gleichgültig lässt. Legendär sind seine integrierende Kraft wie seine polarisierende Wirkung – im Übrigen zwischen den Parteien ebenso wie innerhalb der Union. Ich denke an den leidenschaftlichen Parlamentarier, an den in vielerlei Hinsicht wuchtigen Debattenredner und Oppositionsführer im Bundestag, der in Zeiten Herbert Wehners und Helmut Schmidts hart austeilte und ebenso heftig einstecken musste – ein Mann, der zuvor in seiner rheinland-pfälzischen Heimat der jüngste Parlamentarier im Landtag gewesen war, jüngster Fraktionsvorsitzender und jüngster Regierungschef, ein kraftvoller Modernisierer und mutiger Reformer, freilich zu einer Zeit, als Studenten eher die Revolution erwarteten und einforderten, und über den gleichwohl der *Spiegel* – ausgerechnet der *Spiegel* – 1969 schrieb:

»Wann immer alte Zöpfe abgeschnitten wurden – Kohl führte die Schere.«

Den Menschen zugewandt interessierte er sich auch später, im Bundestag, sehr für neue, junge Abgeordnete, und ich weiß aus eigener Erfahrung: Er beobachtete intensiver, als diese es sich oft hatten vorstellen können, ob sie sich auch so entwickelten, wie er das von ihnen erwartete. Sein Gedächtnis, in politischen wie privaten Dingen, war dabei phänomenal. Und nicht selten verblüffte er seine Gesprächspartner mit Nachfragen oder Beschreibungen aus ihrem Verantwortungsbereich zu Vorgängen, die sie noch gar nicht kannten, er aber wohl.

Die Christlich Demokratische Union, in der er fest verwurzelt war, verstand er immer als seine Familie, ihre Fraktion im Bundestag, die er 2012 noch einmal besuchte – wer dabei gewesen ist, wird sich daran immer erinnern –, bezeichnete er als »seine Heimat«, sie war sein Zuhause. Bodenständig war er und blieb er, was die, die ihn notorisch unterschätzten, als provinziell missverstanden. Ausgestattet mit einem deftigen Charme und einem ausgeprägten, mitunter spöttischen Humor verbanden sich in ihm Gestaltungsanspruch und Machtbewusstsein, ein unbedingter Wille und die bemerkenswerte Begabung, breite Bevölkerungskreise anzusprechen – dank eines ganz besonderen Gespürs für Menschen.

Dabei gelang ihm, auch in den internationalen Beziehungen, politisch enge und persönlich freundschaftliche Beziehungen zu den wichtigen Staatschefs in aller Welt aufzubauen, in Frankreich genauso wie in den USA und in Russland. Er war die »personifizierte vertrauensbildende Maßnahme der Weltpolitik«, wie er dieser Tage in manchen Medien treffend gewürdigt wurde.

Typisch dafür und im Gedächtnis der Polen vermutlich stärker verankert als bei uns sind die Umstände seines Staatsbesuchs in Warschau am 9. November 1989 – ein Besuch, den Kohl zwar unterbrach, um im welthistorischen Moment in Berlin zu sein, aber eben nicht abbrach, sondern zur Überraschung seiner Gastgeber am 11. November fortsetzte.

Liebe Kolleginnen und Kollegen, in seinen *Weltgeschichtlichen Betrachtungen* schreibt der bedeutende Schweizer Historiker Jacob Burckhardt:

Sprichwörtlich heißt es: »Kein Mensch ist unersetzlich.« – Aber die wenigen, die es eben doch sind, sind groß ... Der große Mann ist ein solcher, ohne welchen die Welt uns unvollständig schiene, weil bestimmte große Leistungen nur durch ihn innerhalb seiner Zeit und Umgebung möglich waren und sonst undenkbar sind; er ist wesentlich verflochten in den großen Hauptstrom der Ursachen und Wirkungen.

»Undenkbar«? – Helmut Kohl hat ebenso wenig alleine die deutsche Einheit ermöglicht wie Otto von Bismarck den deutschen Nationalstaat. Aber beide fundamentalen Veränderungen der deutschen Geschichte lassen sich ohne deren beider Namen schwerlich vorstellen.

Die Bonner Republik begann mit Konrad Adenauer und sie endete in der Kanzlerschaft Helmut Kohls, der zugleich dazu beitrug, dass ihre Grundpfeiler auch die Berliner Republik trugen. In bedeutenden Persönlichkeiten spiegeln sich regelmäßig ihre Epochen. Helmut Kohls historische Größe wird darin deutlich, dass er nicht nur eine Ära mitprägte, sondern dass er Verbindungsglied zweier Epochen geworden ist: die eine half er glücklich zu überwinden, für die andere – unsere in einem vereinten Europa – legte er die bleibenden Grundlagen. So war für ihn auch geradezu selbstverständlich, was für viele – auch für mich – damals durchaus diskussionsbedürftig war: dass ein in Frieden wiedervereinigtes Deutschland nicht länger von Bonn, sondern wieder von Berlin regiert und parlamentarisch kontrolliert werden müsse.

Das viele Licht um große Persönlichkeiten wirft Schatten. Das gilt auch für Helmut Kohl, der selbst sein Leben als einen Weg von großen Erfolgen und schweren Niederlagen beschrieben hat. 1976 hatte Kohl als Kanzlerkandidat die Union mit 48,6 Prozent der abgegebenen Stimmen bei hoher Wahlbeteiligung zum zweitbesten Ergebnis aller bisherigen und, wie wir inzwischen wissen, auch künftigen Bundestagswahlen geführt – bis heute stattgefundenen Bundestagswahlen – und wurde Oppositionsführer, weil es zu den ungeschriebenen Regeln einer parlamentarischen Demokratie gehört, dass ein Land auch gegen die mit Abstand stärkste Partei regiert werden kann, wenn es entsprechende parlamentarische Mehrheiten gibt.

Kohls Weg säumten nicht zuletzt Verletzungen, die er selbst erlitt und die er anderen zufügte. Manche Fehler räumte Kohl selbst ein. Dass sein Abschied nach dem Verlust der Regierungsverantwortung auch aus der aktiven Politik so wurde, wie es – in der Formulierung seines Biografen Hans-Peter Schwarz – die Umstände der »kreativen Verschleierung von Parteispenden« am Ende erzwangen, hängt wieder mit der außergewöhnlichen, bisweilen auch außergewöhnlich sturen Persönlichkeit Kohls zusammen.

Sein Tod bedeutet einen tiefen Einschnitt. Mit der Generation Schumacher, Heuss und Adenauer verschwanden einst die Biografien, die weit vor die NS-Zeit ins Kaiserreich zurückreichten. Mit den verstorbenen Willy Brandt, Walter Scheel, Helmut Schmidt, Richard von Weizsäcker, Roman Herzog, Hans-Dietrich Genscher und nun auch Helmut Kohl werden uns die Generationen fehlen, für die die Epoche der Weltkriege keine Erzählung, sondern eine Erfahrung war und Europa deshalb immer auch eine Frage von Krieg und Frieden. Sich dieses Erbes zu vergewissern, ist offensichtlich notwendiger denn je.

Helmut Kohl hat Konrad Adenauer, dessen Erbe er sich maßgeblich verpflichtet fühlte, als einen »Glücksfall für Deutschland« bezeichnet. Er selbst war es auch: ein Glücksfall für Deutschland und für Europa. Wir Deutschen können uns glücklich schätzen angesichts von Persönlichkeiten seines Formats, um die uns manche Nachbarn beneiden.

Wir verneigen uns in Respekt und Dankbarkeit vor dem Lebenswerk Helmut Kohls, dem Kanzler der Einheit und Ehrenbürger Europas. Unser Mitgefühl gilt seinen Angehörigen. Wir wünschen ihnen in ihrer Trauer Kraft und Trost.

Ich möchte Sie bitten, sich als Zeichen des Respekts, unserer Dankbarkeit und unserer Trauer im Gedenken an Helmut Kohl von den Plätzen zu erheben.

Schlussbemerkung:
Das eigene Land zuerst?

Demokratische Haltung erwächst in Deutschland mehr als irgendwo sonst aus dem Wissen um die Geschichte

Ansprache zur Eröffnung der 16. Bundesversammlung, Deutscher Bundestag, 12. Februar 2017

Ich begrüße Sie alle, die Mitglieder und Gäste, herzlich zur 16. Bundesversammlung im Reichstagsgebäude in Berlin, dem Sitz des Deutschen Bundestages. Ich freue mich über die Anwesenheit unseres früheren Bundespräsidenten Christian Wulff und des langjährigen österreichischen Bundespräsidenten Heinz Fischer. Seien Sie uns herzlich willkommen!

Meine Damen und Herren, der 12. Februar ist in der Demokratiegeschichte unseres Landes kein auffälliger, aber eben auch kein beliebiger Tag. Heute vor genau 150 Jahren, am 12. Februar 1867, wurde ein Reichstag gewählt, nach einem in Deutschland nördlich der Mainlinie damals in jeder Hinsicht revolutionären, nämlich dem allgemeinen, gleichen und direkten Wahlrecht. Der Urnengang zum konstituierenden Reichstag des Norddeutschen Bundes stützte sich auf Vorarbeiten der deutschen Nationalversammlung in der Frankfurter Paulskirche. Bei deren Wahl 1848 war das Stimmrecht in den Einzelstaaten noch an die berufliche Selbstständigkeit des Wählers geknüpft gewesen. Arbeiter und Dienstboten blieben wie Bedürftige deshalb weitgehend ausgeschlossen. Die Entscheidung ausgerechnet Otto von Bismarcks für ein allgemeines Wahlrecht, nur für Männer freilich – ich habe jetzt keine Empfehlung vorgetragen, sondern auf historische Entwicklungen aufmerksam machen wollen –, folgte im Ringen um die nationale Einheit unter preußischer Führung rein taktischen Erwägungen, wie Bismarck rückblickend bekannte. Öffentlich tat er allerdings 1867 kund, »kein besseres Wahlgesetz« zu kennen, und würdigte dieses allgemeine Wahlrecht als »Erbteil der Entwicklung der deutschen Einheitsbestrebungen«. Mit der Einschätzung, dass das allgemeine Wahlrecht ein unaufgebbarer Erbteil der deutschen Einheitsbestrebungen sei, behielt Bismarck ungewollt mehr recht als mit seiner persönlichen Erwartung, das Volk würde schon selbst einmal einsichtig genug werden, sich vom allgemeinen Wahlrecht wieder frei zu machen. Das hat sich glücklicherweise nicht bestätigt.

Bis heute wählen wir – inzwischen selbstverständlich auch die Frauen – nach diesem Prinzip unsere Repräsentanten: in die Stadt- und Gemeinderäte, in die Landtage und in den Bundestag. Und weil unsere Demokratie aus noch immer überzeugenden Gründen im Kern repräsentativ verfasst ist, haben die Mütter und Väter des Grundgesetzes im klug austarierten Zusammenwirken der Verfassungsorgane die Wahl des Bundespräsidenten ganz bewusst der Bundesversammlung anvertraut, einem Gremium, in dem Sie, meine Damen und Herren, beauftragt sind, die Gesellschaft im Ganzen zu repräsentieren.

Diese 16. Bundesversammlung ist mit 1260 Mitgliedern die drittgrößte seit Gründung der Republik; größer waren nur noch zwei in den 1990er Jahren, nach der Wiedervereinigung und der ihr folgenden Vergrößerung des Bundestages, die aus guten Gründen mit Wirkung zur 15. Legislaturperiode 2002 auf 598 Abgeordnete zurückgeführt wurde. Ich hoffe, dass auch die nächste Bundesversammlung wieder im Reichstagsgebäude stattfinden kann, jedenfalls dann, wenn der Gesetzgeber das jetzt geltende Wahlrecht so verändert, dass sich die

Anzahl der Sitze im Deutschen Bundestag und die damit korrespondierende doppelte Gesamtzahl der Wahlmänner und Wahlfrauen der Bundesversammlung nicht in beliebigen, unabsehbaren Größenordnungen bewegen kann.

Meine Damen und Herren, die Bundesversammlung macht schon durch ihre Zusammensetzung die herausragende Bedeutung der Wahl des Staatsoberhauptes deutlich: Sie tritt nur zu diesem Zweck und nie wieder in der gleichen Besetzung zusammen. So wenig alltäglich also das Zusammenkommen von Bundestag und den Vertretern der Länder in der Bundesversammlung ist, so außergewöhnlich sind auch die Erwartungen an den Bundespräsidenten. Nicht selten sind es übertrieben hohe Ansprüche. Richard von Weizsäcker, von dem wir – wie auch von Walter Scheel und Roman Herzog – in den vergangenen zwei Jahren Abschied nehmen mussten, hat in seiner Antrittsrede als Bundespräsident 1984 festgestellt:

»Unsere Verfassung spricht ausführlich von unseren Rechten als Bürger. Pflichten dagegen werden kaum erwähnt. In umgekehrter Weise behandelt das Grundgesetz das Amt des Bundespräsidenten [...].«

2014 hat das Bundesverfassungsgericht aus gegebenem Anlass diese Rechte und Pflichten präzisiert. Der Bundespräsident hat demnach insbesondere den Auftrag, »im Sinne der Integration des Gemeinwesens zu wirken«. Wie er diese Aufgabe wahrnimmt, entscheide er dabei grundsätzlich autonom und – dem knappen Amtsverständnis Richard von Weizsäckers folgend – »überparteilich, aber nicht neutral und nicht meinungslos«.

Wir entscheiden heute in dieser Bundesversammlung über die Neubesetzung dieses Amtes, das aus Sicht der Hüter des Grundgesetzes die Einheit des Staates verkörpert und das, wie es die Mitglieder des Bundesverfassungsgerichts formu-

liert haben, auf »vor allem geistig-moralische Wirkung angelegt« ist. Ihnen, sehr geehrter Herr Bundespräsident Gauck,
ist das in den vergangenen fünf Jahren auf überzeugende
Weise gelungen.

Ich wollte noch in zwei folgenden Sätzen das zum Ausdruck bringen, was Sie nun in demonstrativer Weise bereits
getan haben.

Ihnen, Herr Bundespräsident, lag das solidarische Miteinander der Bürgerinnen und Bürger ganz besonders am Herzen, und Sie haben die Gesellschaft auch immer wieder nach-
drücklich in die Pflicht genommen, sich weder verängstigen
noch spalten zu lassen, auch nicht in Zeiten terroristischer
Gefahren. Dabei haben Sie selbst einen bedeutenden Beitrag zum demokratischen Zusammenhalt geleistet, indem
Sie entschieden das Recht und die Notwendigkeit zur politischen Auseinandersetzung, auch zum heftigen Streit, beton-
ten und zugleich Respekt vor dem politischen Gegner und
Augenmaß einforderten. In den verbleibenden Tagen Ihrer
Amtszeit, Herr Bundespräsident, wird es noch mehrfach Gelegenheit geben, Ihre großen Verdienste um unser Land zu
würdigen. Aber im Namen der Bundesversammlung möchte
ich Ihnen in aller Form unseren Dank und unseren Respekt
aussprechen.

Meine Damen und Herren, den demokratischen Grundkonsens zu artikulieren, ist schwieriger geworden in einer
Gesellschaft, die immer mehr Einzelinteressen kennt, und in
einer Öffentlichkeit, die gern das Trennende gegenüber dem
Einigenden betont, das Besondere gegenüber dem Allgemeinen. Das macht die Aufgabe des Bundespräsidenten gewiss
nicht einfacher, aber seine Bedeutung im Verfassungsgefüge
umso größer, erst recht in einem Moment, der von manchen
Beobachtern bereits zur beunruhigenden Zeitenwende dra-
matisiert wird.

Dabei ist die Zukunft heute keineswegs offener als früher. Sie war immer ungewiss und forderte ordnende Gestaltung, schon gar in den vergangenen 25 Jahren seit Wiederherstellung der staatlichen Einheit Deutschlands, die wir rückblickend als eine Epoche der besonderen Herausforderungen, der besonderen Hoffnungen und Chancen begreifen. Die Zukunft scheint derzeit allenfalls unberechenbarer, weil vermeintliche Selbstverständlichkeiten, gewachsene Einsichten und Überzeugungen sowie seit Jahrzehnten gültige Regeln infrage gestellt oder auch mutwillig gebrochen werden.

Meine Damen und Herren, vor 100 Jahren, zum Ende des Ersten Weltkriegs, konstituierte sich mit dem Kriegseintritt der USA aufseiten der liberalen Demokratien in Europa das, was wir heute wie selbstverständlich »den Westen« nennen: eine weltumspannende Wertegemeinschaft. Folgen wir dem Historiker Heinrich August Winkler, so ist die Geschichte dieses normativen Prozesses, dem sich unser Land erst nach entsetzlichen Verirrungen mit Gründung der Bundesrepublik angeschlossen hat, immer auch eine Geschichte von Verstößen gegen die eigenen Werte gewesen und zugleich eine Geschichte der produktiven Selbstkritik und Selbstkorrektur. Beides braucht es auch heute mehr denn je, Selbstkritik und Selbstkorrektur, innerhalb der westlichen Staatengemeinschaft und innerhalb unserer liberalen Gesellschaften. Nicht etwa die Werte des Westens stehen infrage – sie haben nichts von ihrer Gültigkeit verloren –, aber unsere Haltung zu Menschenrechten, Gewaltenteilung, Rechtsstaatlichkeit und den Prinzipien der repräsentativen Demokratie.

Wer Abschottung anstelle von Weltoffenheit fordert, wer sich sprichwörtlich einmauert, wer statt auf Freihandel auf Protektionismus setzt und gegenüber der Zusammenarbeit der Staaten Isolationismus predigt, wer zum Programm erklärt »Wir zuerst!«, darf sich nicht wundern, wenn es ihm andere gleichtun – mit allen fatalen Nebenwirkungen für die internationalen Beziehungen, die uns aus dem 20. Jahrhundert hinreichend bekannt sein sollten.

Noch schöner wäre, wenn wir dieser Botschaft selber auch gerecht würden.

Die wirklich großen Herausforderungen können unter den Bedingungen der Globalisierung allesamt nicht mehr von den Nationalstaaten allein bewältigt werden, nicht in der Finanzwelt, nicht im Umgang mit den weltweiten Migrationsbewegungen, nicht im Kampf gegen den Terror oder gegen den Klimawandel. Das gilt gewiss für jedes einzelne Land in Europa, aber auch für unser großes Partnerland jenseits des Atlantiks, in dem vor wenigen Wochen ein vom Volk direkt gewähltes Staatsoberhaupt zugleich die Regierungsverantwortung übernommen hat. Jeder Versuch, diese Herausforderungen je einzeln zu bewältigen, schafft mindestens so viele neue Probleme, wie damit angeblich gelöst würden.

Wir Europäer werden nur durch das Teilen von Souveränität einen möglichst großen Rest von dem bewahren können, was früher die Nationalstaaten mit Erfolg reklamierten und heute allenfalls rückwärtsgewandte Zeitgenossen irrig für sich beanspruchen, nämlich unabhängig von anderen die eigenen Angelegenheiten selbstständig regeln zu können. Deshalb brauchen wir die Union der europäischen Staaten.

Und wenn, meine Damen und Herren, weder der russische Staatspräsident noch der amerikanische Präsident ein Interesse an einem starken Europa erkennen lassen, ist dies ein zusätzliches Indiz dafür, dass wir selbst dieses Interesse an einem starken Europa haben müssen.

Meine Damen und Herren, demokratische Haltung erwächst in Deutschland mehr noch als irgendwo sonst aus dem Wissen um die Geschichte mit ihren Abgründen, aus dem verantwortungsvollen Umgang mit der eigenen Vergangenheit. Dazu haben unsere Bundespräsidenten, von Theodor Heuss angefangen, wichtige Beiträge geleistet als Seismografen des gesellschaftlichen Geschichtsbewusstseins und als Impulsgeber: Richard von Weizsäcker mit seiner denkwürdigen Rede zum 8. Mai, Roman Herzog mit der Proklamation des 27. Januar zum Gedenktag für die Opfer des Nationalsozialismus, Horst Köhler und Christian Wulff mit ihren nachdrücklichen Hinweisen auf die Bedeutung Afrikas und des Islam für die Zukunftsperspektiven auch und gerade Europas und zuletzt Sie, Herr Bundespräsident, mit Ihrer Mahnung, historische Schuld nicht dazu zu benutzen, um dahinter – wie Sie es formuliert haben – »Weltabgewandtheit oder Bequemlichkeit zu verstecken«.

Bequem ist die Auseinandersetzung mit der eigenen Vergangenheit nie, aber sie ist eine demokratische Tugend. »Nur wer mit sich selbst im Reinen ist, kann mit Sinn gestalten. Ähnlich sehe ich das bei einem Staat.« Das schrieb mir nach der diesjährigen Gedenkstunde des Bundestages am 27. Januar, dem Tag der Erinnerung an die Opfer des Nationalsozialismus, ein 24-jähriger Student, berührt und »auch stolz«, wie er schreibt, angesichts des Willens zur Aufarbeitung unserer Geschichte. Keine Schwäche, wie manche behaupteten, sei das für ihn, betonte er, sondern »das exakte Gegenteil: eine unserer größten Stärken.«

Und tatsächlich hat das erstaunliche Ansehen, das Deutschland heute in der Welt genießt, wesentlich mit unserem verantwortungsvollen Umgang mit der eigenen Gewaltgeschichte zu tun. Wer daran aus welchen Motiven auch immer rüttelt, muss wissen: Er gefährdet die internationale Reputation unseres Landes und hat die überwältigende Mehrheit der Deutschen gegen sich.

Zum historischen Werden Deutschlands gehört im Übrigen auch seine zwar wechselvolle, aber beachtliche Freiheits- und Demokratiegeschichte. Ihr angemessen und würdig zu gedenken, ist ebenso unverzichtbar wie konstitutiv für das Selbstverständnis unserer Nation. Ein Freiheits- und Einheitsdenkmal an einem zentralen Ort unserer Republik bleibt darum die noch immer ausstehende notwendige Ergänzung unserer vielfältigen Gedenklandschaft in Berlin, so wie es der Deutsche Bundestag übrigens längst beschlossen hat, symbolträchtig an einem 9. November, vor inzwischen fast zehn Jahren.

Meine Damen und Herren, ich habe noch eine Bemerkung zum Datum für die historisch Interessierten unter Ihnen, denen ich schon bei der letzten Bundesversammlung mit meinen Hinweisen zum 18. März und seiner Bedeutung – von der Mainzer Republik über die Aufstände in Berlin bis zur Volkskammerwahl im März 1990 – eine besondere Freude gemacht habe. Der 12. Februar ist in der deutschen Geschichte immer wieder ein Tag der Inthronisation gewesen, an dem bereits früher Staatsoberhäupter in Amt und Würden gekommen sind: 881, heute vor 1135 Jahren – kein Mensch kann sich mehr daran erinnern – wurde in Rom Karl der Dicke zum Kaiser gekrönt, der über große Teile eines Territoriums herrschte, aus dem sich sehr viel später Deutschland entwickeln sollte. 861 Jahre später, am 12. Februar 1742, wurde dem Wittelsbacher Karl Albrecht von Bayern in einer prunkvollen Zeremonie – wieder nicht in Aachen – in Frankfurt die römisch-deutsche Kaiserwürde verliehen. Als Karl VII. unterbrach er nicht nur die Serie habsburgischer Kaiser, sondern er war auch der letzte Bayer an der Spitze – bis Roman Herzog kam. Dann war die Welt wieder in Ordnung.

Dass im Jahre 1111 die bereits begonnene Kaiserkrönung Heinrichs V. wegen Protesten der versammelten Bischöfe und Tumulten unter der römischen Stadtbevölkerung im

Chaos abgebrochen werden musste, sollte uns heute und wird dieser Bundesversammlung gewiss nicht als Vorbild dienen.

Ein einiges, freiheitliches und rechtsstaatliches, ein demokratisches Deutschland gab es in keiner dieser Epochen unserer wechselvollen deutschen Geschichte, genauso wenig wie heute einen gesalbten Monarchen an der Spitze unseres wiedervereinten Landes. Wir haben uns versammelt, um jetzt für fünf Jahre unser Staatsoberhaupt zu wählen – nicht von Gottes Gnaden, sondern als Repräsentanten des deutschen Volkes.